휴머노믹스

HUMANOMICS

사람 중심 정책, 대한민국을 말하다

휴머노믹스
사람 중심 정책, 대한민국을 말하다

초판 1쇄 발행 2021년 3월 10일

지은이   이종인·전병조 외
펴낸이   김형근
펴낸곳   서울셀렉션㈜
편 집   지태진
디자인   이찬미

등 록   2003년 1월 28일(제1-3169호)
주 소   서울시 종로구 삼청로 6 출판문화회관 지하 1층 (우03062)
편집부   전화 02-734-9567 팩스 02-734-9562
영업부   전화 02-734-9565 팩스 02-734-9563
홈페이지   www.seoulselection.com
이메일   hankinseoul@gmail.com

휴머노믹스
HUMANOMICS
사람 중심 정책, 대한민국을 말하다

이종인 전병조 외 재단법인 여시재 정책제안 연구팀

서울셀렉션

2016년 1월, 재단법인 여시재는 첫 연구사업을 시작했습니다. 한반도와 동북아, 나아가 인류의 미래를 위한 솔루션을 개발하기 위한 정책 연구를 시작했습니다.

세계의 변화, 지속 가능성과 디지털 전환, 동서양을 넘어선 미래 가치라는 낯선 이름의 연구과제를 가지고 연구를 시작했습니다. 연구 초기만 해도 익숙지 않던 단어들이 이제는 일상에서 자연스럽게 회자되는 세상이 되었습니다. 그만큼 여시재의 활동도 조금씩 세상에 알려지고 있습니다. '솔루션 디자이너'들의 '솔루션 탱크'라는 여시재의 정체성도 서서히 확산되고 있습니다.

2020년 우리는 뉴 노멀이란 단어를 수없이 되뇌었습니다. 코로나19가 몰고 온 유례없는 감염병의 확산은 우리가 익숙하던 삶의 방식을 강제적으로, 그리고 신속하게 바꾸어놓았습니다. 인류의 삶의 방식에 대한 반성이 제기되었으며 기존의 관습과 생산방식과의 결별이 인류 앞에 놓였습니다.

그러나 사실 지난 한 해 우리가 맞닥뜨린 도전과 변화는 새로운 것이 아니었습니다. 이미 우리 앞에 다가왔으나 회피하고 뒤로 미루기 급급했던 시대적 과제들이 한꺼번에 가시화되었을 뿐입니다.

그런 의미에서 코로나19는 전환이 아니라 변화를 가속화시킨 것에 지나지 않는다던 리처드 하스(Richard Haas) 미국외교협회 이사장의 진단은 정확했습니다.

국민의 보건과 경제적 안정을 유지하기 위한 정부의 능력이 모든 국가에서 평가받기 시작했습니다. 디지털 전환 속에 심화된 불평등의 문제가 제기되었고 지속 가능한 환경을 위한 책임 있는 생산과 소비에 대한 관심도 어느 때보다 높아졌습니다. 시민의 안전을 위해 개인의 자유와 정보를 어디까지 제한해야 하는지를 두고 각각의 사회에서는 저마다 균형점을 모색하기도 했습니다.

한국은 코로나19에 발빠르게 대응하며 새로운 성장 전략을 내놓았습니다. 위기를 기회로 삼아 도약하겠다는 한국 정부의 도전적인 정책에 대해 해외에서 많은 관심을 표명하기도 했습니다.

나아가 이제는 뉴 노멀이 당연해진 세상에서 대한민국의 미래를 설계할 장기적인 정책 제안이 필요합니다. 여시재는 가속화되고 결정적인 미래에 능동적으로 대응하기 위해 다음 정부를 위한 정책 제안을 공개합니다. 어느 당의 후보이든, 어떤 이념을 가진 사람이든 수긍할 만한 절박함과 필요성을 가진 분야에 대해 전문가들이 초당적 해법을 제시하고자 노력했습니다.

여시재는 출범 이래 줄곧 솔루션을 찾기 위해 고민해왔습니다. 시대가 직면한 과제를 분석하고 이를 해결하는 방법을 찾기 위해 노력해왔습니다. 이러한 솔루션이 현실로 진화하는 것이 정책입니다. 정책이란 국가적 과제를 달성하기 위해 필요한 법률과 원칙을 세우고 효율적인 예산을 집행하도록 하는 절차와 제도입니다. 구체적이고 타당하고 실현했을 때의 효과를 예상할 수 있는 것이 정책입니다. 오늘을 사는 사람들의 문제를 해결하고 미래 세대에게 책임과 비용을 떠넘기지 않는 것이 중요합니다. 미래 세대와 함께할 10년 후 한국을 위해 필요한 정책이 무엇인지, 전문가들과 함께 토론과 고민을 거듭해 정책 제안을 도출했습니다. 그간의 노력이 낳은 작은 결실을 책으로 묶었습니다. 여시재와 함께 고민해온 전문가들의 고민과 해법을 도출하는 과정 자체가 정치가 아닌 정책을 지향하는 여시재의 정체성을 구축하는 시간이었습니다.

2021년 재단법인 여시재는 여섯 번째 해를 맞이합니다. 지난 5년간 여시재는 국내외 전문가 800여 명을 만나 시대적 과제를 함께 논의하고 미래를 위한 정책 방향을 고민해왔습니다. 미래를 위한 정책 제안을 제시하고 이를 논의할 전문가들의 플랫폼이 되고자 노력해왔습니다.

고민의 결과가 완벽하다고는 자신할 수 없습니다. 다만 여시재가 던진 정책적 화두가 2021년의 한국 사회에서 건전하고 지속 가능한 정책에 대한 논의를 일으킬 소중한 불씨가 되리라 믿습니다. 이 책의 기획부터 출간에 이르는 시간 동안 함께 고민하고 연구를 진행한 여시재의 윤준영, 권민아 두 솔루션디자이너에게도 감사를 전합니다.

여시재는 앞으로도 모두를 위한 미래 합의를 도출할 수 있는 공론장의 역할을 계속하기 위해 노력하겠습니다.

이종인(여시재 원장 직무대행)

사람이 희망인 세상, '휴머노믹스'를 말하다

전병조(여시재 대표 연구위원·전 KB증권 사장)

'각자도생'의 사회

'금수저', '흙수저', '헬조선', '이생망'. 어느 순간 냉소 가득한 신조어들이 우리 사회를 축약하는 술어로 자리 잡아가고 있다. 좌절과 불안을 나타내는 비극의 언어들이다.

한국은 경제발전과 민주화를 동시에 달성한 나라로 인정받는 비교적 '성공한 나라'다. 그러나 '나라는 잘되는데, 왜 나는 이렇게 불행할까?' '방송에서나 SNS에서나 행복한 삶들이 넘쳐나는데, 나는 왜 자꾸 뒤처지는 느낌일까?'

불안은 지극히 개인적인 문제로 치부되어왔다. 각자도생이 사회의 기본이 된 지 오래되었다. 주기적으로 반복되는 경제 위기, 사건·사고, 전염병 위기, 빠른 사회 변동 속에서 이를 해결하느라 개인의 불안을 보살필 여력이 없었는지 모른다. 불안 문제에 대한 정부나 사회적 지원이 결핍된 가운데 고립되어가는 개인들이 점차 늘어났다.

각자도생의 사회의 어두운 면은 우리 '느낌' 속에만 머물지 않고 '현상'으로 나타나고 있다. 세계에서 가장 높은 수준인 자살률이 그것을

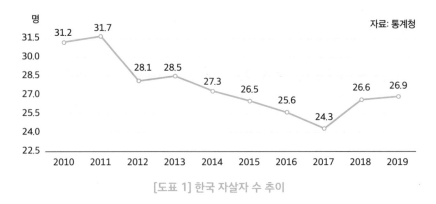

[도표 1] 한국 자살자 수 추이

말해준다. 보건복지부와 중앙자살예방센터가 발표한 《2020 자살예방 백서》에 따르면 2011년 31.7명으로 정점을 기록한 자살률은 2017년 24.3%까지 떨어지는 등 얼마 동안 다소 개선 추세를 보이다가 최근에 다시 증가한 26.9%를 기록하고 있다. 2010년 5,000명을 넘던 교통사고 사망자 수가 꾸준히 감소하고 있는 것과 대비된다. 무슨 차이일까?

교통사고는 사람들의 인식의 문제가 아니라 행위에 관련되어 눈에 보이는 규제/통제(예: 음주운전 단속), 투자(예: 도로교통 시설 개선)를 통해 어느 정도 줄일 수 있다. 반면 자살은 정서적인 측면이 강해 미리 예측하기도 어려울 뿐 아니라 수많은 요인이 영향을 미치므로 단순한 행위 규제나 투자를 통해 방지하기 어렵다. 자살은 불안이 퇴행적으로 심화된 상태(극심한 좌절 · 분노 · 절망)에서 유발된다고 보면, 불안을 유발하는 근원적 문제를 겨냥하지 않는 한 개선이 어렵다.

흔히 불안은 빈곤과 관계가 있다고 생각한다. 먹고사는 기본적인 문제가 해결되지 않고 앞으로도 막막하다면 불안감이 클 수밖에 없다. 그러나 가난한 사람만 불안한 것이 아니다. 경제 상황이 비교적 안정적인 사람도 불안을 느끼기는 마찬가지다. 한국보건사회연구원은 '사회불안은 삶의 만족이나 행복감, 긍정적 정서와 상관없다', '우리 사회에는 비교적 경제 사정이나 행복 수준이 높아도 불안을 느끼는 사람들이 다수 있다'는 연구 결과를 제시하고 있다. 예를 들어 우리 사회에서 비교적 안정적인 삶을 유지하고 있다고 여겨지는 '정규직 그룹'도 불안을 느끼고 있다는 인터뷰 조사 결과를 제시하고 있다.

"정규직이지만 이 직장에서 안 잘린다는 보장이 없잖아요. (중략) 이직 대비해서 자격증 공부를 하는데, 회사 사람들이 옛날 문화가 있어서 직장에서 거의 12시간 있어요. 제가 집이 멀어서 준비를 못해요. 게다가 정규직도 사유를 갖다 붙이면 해임이 가능하다, 조심해라 엄포를 놓으니까 잘릴 수도 있겠다는 생각이 들어서 불안해요."

"제가 일하는 미래 기술 분야에서 한국은 불안한 상태여서 앞으로 현 상황이 유지될 거라는 보장이 없어요. 앞으로는 평생직장이 없는데 제가 어떻게 가족과 잘 지낼 수 있는지 금전적 고민이 많아요. 제가 부동산에 관심이 많은데 집값이 워낙 많이 오르고 어떻게 될지 몰라서 긴장 상태예요. (중략) 제가 개선할 힘이 없고 따를 수밖에 없는 상황이 안타까워요."

"서울 올라와서 정규직 틀에 들어오면서, 나도 남들처럼 살아보자 생각했어요. 이 사회가 요구하는 대로, 한 직장에 오래 다니고 경력 쌓고 살아보자 하니까 남하고 비교하게 돼요. 이때에는 이런 걸 성취해야 한다는 사회적 틀 안에서 살고 있는 친구들하고 비교가 되고 거기서 불안이 시작돼요."

불안은 개인의 책임, 각자도생의 사회

한국보건사회연구원은 불안에 대한 대처가 지극히 개인적인 차원에서 이루어지고 사회적 지지/지원은 매우 제한적이라고 지적한다. 즉 우리가 불안을 개인의 문제이고 자기 책임하에 해결해야 하는 문제로 이해하고 있다는 것이다. 불안에 대응하는 시스템적 방안의 결여는 역으로 불안을 심화시키는 요인이 된다. 한국보건사회연구원은 이러한 각자도생이 사회를 이루는 기본이 되게 한 근원적인 계기는 1997년 외환 위기라고 지적한다.

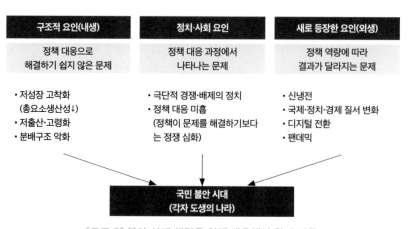

[도표 2] 불안 시대 해결을 위해 대응해야 할 요인들

앞으로 우리 사회의 불안을 더욱 심화시킬 다양한 요인들이 등장하고 있다. [도표 2]는 불안 사회 극복을 위해 대응해야 할 요소들을 예시하고 있다. 전염병 대유행과 동시에 새로이 등장한 도전 요인과 더불어 구조적 요인, 정책 대응 요인들을 불안 문제 극복을 위한 과제들로 제시하고 있다.

전염병 대유행을 전후하여 개인과 국가의 삶을 변화시키는 복합적인 위협 요인들이 동시에 등장하고 있다. '대전환의 시대'가 도래하고 있는 것이다.

〈대전환의 3대 요인〉
전염병 대확산 전염병 주기의 단축, 기후변화 심화
미중 경쟁의 심화 새로운 국제정치 · 경제 질서로의 변화
디지털 전환 산업지형과 일자리 유형을 변화

3대 변화 요인들은 우리 경제에 위험뿐 아니라 커다란 기회를 제공하는 측면도 있다.[1] 성공적인 방역 성과, 그로 인한 경제적 하방 위험을 성공적으로 방어해낸다면, 코로나 위기 이후 우리 경제의 위상과 국가 브랜드 가치는 크게 높아질 것으로 예상된다. 디지털 전환 역시 우리 경제가 새로운 성장 동력을 확보할 수 있는 기회 요인으로 작용할 가능성이 높다.

---

1 전병조, 〈포스트 COVID-19 세계 경제 순위, 크게 뒤바뀐다〉, 여시재 인사이트, 2020. 8.

코로나 위기와 디지털 전환이 경제에 일으키는 순기능적 시너지는 향후 비대면/디지털 경제의 활성화를 예고하고 있으며, 이러한 경제적 변화는 우리 예상을 훨씬 뛰어넘어 빠른 속도로 진행되고 있다. 잘 준비하고 기회를 살린다면 우리 경제의 새로운 성장 기반이 되기 충분하다.

그러나 이러한 변화들은 불안의 관점에서 보면, 우리의 일상을 크게 흔들고 불확실성을 높여 불안을 가중할 가능성도 동시에 내포하고 있다. 코로나 위기로 인한 경제 위축은 경제적 어려움 속에 개인을 가두어놓는다. 전염병 확산 이후 취약계층의 일자리가 가장 먼저 그리고 크게 타격을 받고 있다. 특히 청년 계층의 일자리 감소가 두드러지게 나타나고 있다. 코로나19 확산 이후 월별 청년 취업자 추이를 보면, 2019년 12월 395만 3,000명에 달하던 15~29세 청년 취업자 수는 2020년 3월과 4월 360만 명대로 떨어졌다. 이후 청년 취업자는 370만~380만 명 사이에서 오가는 상황이다.[2] 생활형편소비자동향지수(CSI)의 경우 2020년 4월 봉급생활자와 자영업자의 지수 격차가 27p로 가장 크게 나타났다. 코로나19의 영향을 직접적으로 받는 자영업자의 생활형편소비자동향지수가 57까지 추락해 관련 통계를 작성하기 시작한 2008년 이후 최저치를 찍었기 때문이다.[3]

더욱이 변화 속도가 빨라지면서, 개인과 사회의 변화 속도 차이를 더욱 확대하고 유리시킬 것이 분명하다. 기존 연구 결과들에 비추어 생각해보면, 개개인이 겪게 될 '파괴적 혼란(disruption)'의 수준은 더

---

2   김유빈, 〈코로나 19 전후 청년고용 현황과 청년일자리 정책방향〉, 한국노동연구원, 2020. 12. 8.

3   "코로나로 자영업자·직장인 생활형편 인식 격차 대폭 확대", 〈연합뉴스〉, 2020. 7. 27.

욱 커질 것이고, 따라서 불안을 더욱 심화시킬 것이라는 점은 어렵지 않게 예상할 수 있다.

빠르고 광범위한 경제사회의 변화는 비교적 안정적인 생활 계층의 불안을 더욱 심화할 가능성도 높다. 포스트 코로나 시대는 기존 산업의 대변화와 일자리 지형의 변화를 예고하고 있다. 새로운 변화에 적응할 기술적 역량과 기회를 이미 갖춘 부분 집단을 제외하고는 모두가 불안을 느끼게 될 것이다.

새로운 도전 요소 외에도 이미 내생적으로 자라온 구조적 문제들도 있다. 저성장의 고착화(잠재성장률의 하락), 저출산·고령화, 분배구조의 악화 등이 그것이다. 이들 문제는 단기간에 해결이 어려운 구조적인 문제들이다. 이들 요소들은 이미 사회불안의 근원적 요인으로 작용하고 있다는 점은 앞서 살펴본 연구 결과들에서 확인할 수 있다. 포스트 코로나 시대에 등장한 새로운 도전들은 이러한 내재적인 문제와 여러 경로로 상호작용하면서 불안 문제를 더욱 확대할 것이다.

문제는 여기에 그치지 않는다. 구조적 문제와 새로운 도전과제에 대응하는 우리의 해결 역량과 관련된 문제들도 있다. 바로 '정치'와 '정책'의 난맥상이다. 정책은 가치를 담는다. 단순한 학술이나 이론의 문제가 아니다. 특정한 정치적 지향에 따라 '특정한 가치'를 지향한다. 따라서 정책은 순수한 논리적 정합성 외에 가치를 담게 되는 것이다. 정책의 관점에서 이론은 가치를 실현하는 도구적 역할을 맡는다. 정치는 이러한 정책을 생산하는 과정이다. 가치(국민이 원하는 것)를 반영하는 최적의 대안을 찾는 과정이다. 정치의 생산성은 바로 가치를 얼마나 효과적으로 담아내느냐에 달려 있다.

이러한 기대에 우리 정치가 부응하는가? 좋은 평가를 받기 어렵지 않을까? 타협 과정을 통해 시대가 요구하는 정책을 적기에 생산 · 제공하는 정치의 역할은 점점 약해지고 있다는 평가가 온당할 것이다. 정치권에서 제기하는 정책이 문제를 해결하기보다는 오히려 새로운 정쟁의 씨앗이 되어 정책 과정을 더욱 어렵게 만드는 사례들이 늘고 있다. 나의 문제를 외면하는 정치에 좋은 평가를 보내기는 어렵다.

불안 문제는 새로운 시대적 과제로 대두되고 있다

불안이 다양한 사회구조적인 문제, 특히 정치 · 경제 · 정책 등의 요소와 밀접한 관계가 있는 '사회적 현상'이라는 연구 결과로 미루어 보건대 포스트 코로나 시대의 예상되는 변화가 불안 문제를 더욱 증폭시킬 위험성이 있다는 점은 어렵지 않게 예상할 수 있다. 나아가 새로운 도전과제들이 구조적인 문제, 정치과정상의 문제들과 복합적으로 작용하면서 불안을 더욱 증폭시킬까 두렵다.

불안 문제가 사회적 현상으로 자리 잡고 있다는 점은 새로운 시대의 과제로서 대응해야 함을 시사하고 있다. '개인의 생존과 발전에 대한 불안' 문제를 해결하는 것이 이른바 '시대정신'의 하나로 자리 잡아가고 있다. 불안 문제를 개인의 책임으로 방치하지 않고 어떤 형태든 국가 차원의 종합적인 대응이 필요하다는 점에서 국가의 비전도 이에 적극 부응하는 방향으로 재정립해야 할 것이다.

새로운 국가의 비전은 개인의 불안 문제에 적극적으로 대응하여 개인의 성장과 발전을 지향한다는 의미에서 '사람답게 사는 세상' 또는 '누구나 살고 싶어 하는 나라'로 설정하는 것을 제안하고자 한다.

'사람답게 사는 세상'은 소극적으로는 개인의 불안 요소를 해소하는 차원에 국한되지 않고, 변화하는 경제사회의 구조적 위험과 불확실성에도 불구하고 개인의 발전과 성장을 적극적으로 추구하도록 도와주는 국가와 사회를 의미한다. 개인의 발전과 성장을 돕는 사회적 개입과 지원이 필요한 까닭은 우리 사회가 직면한 변화의 폭과 속도, 위험의 질적·양적 속성이 개인 차원에서 대응할 수 있는 차원을 넘어서고 있기 때문이다. 코로나 위기, 경제 침체, 디지털 전환 등으로 인한 개인의 위험과 불안을 어떻게 개인 차원에서 모두 해결한단 말인가. 새로운 비전은 '각자도생' 패러다임을 국가와 사회의 공통 과제로 옮겨 감을 의미한다.

'누구나 살고 싶어 하는 나라'는 다른 나라와 비교해 삶의 질 측면에서 상대적으로 나은 나라를 만든다는 의미다. 디지털 기술 환경에서 비대면/온라인 경제의 확산은 국경 개념을 무색하게 만든다. 이제 개인은 '이민'이나 '해외 투자'를 통해서만 나라를 선택할 수 있는 것이 아니다. 한 나라에 거주하면서도 디지털 세계를 통해 다른 나라에서도 얼마든지 실질적인 활동을 할 수 있게 되어가고 있다. 기존의 오프라인 방법과 온라인 방법을 적절하게 혼합한다면 개인이 국가를 선택하는 일은 적은 비용과 빠른 속도로 가능해질 것이다.

디지털 세계에서 국가 선택이 이처럼 용이해지면 사회적 불안은 장기적인 국가 경쟁력에도 영향을 미치게 된다. 국가를 선택할 수 있는 역량이 개인마다 다르다는 점을 감안할 때(소득수준과 디지털 역량이 높은 개인은 국가 선택 역량도 높다), 불안 수준이 높은 '불안 국가'는 역량 있는 국민을 장기적으로 유지할 수 없을 것이다. 일종의 '역선택 현상'도 발생할 가능성이 있다. 불안의 척도에서 상대적으로 유리한 국가는 물리적 영토 내에 있는 국민은 물론 세계 국민들을 잠재적인 국민으로 끌어들이는 국가가 될 것이다. 결국 불안 대응 역량은 국가의 장기적인 경쟁력, 흔히 말하는 '시스템 경쟁력'과 밀접하게 관련되어 있는 셈이다.

어느 나라 국민이 보더라도 한국이 자신의 성장과 발전, 나아가 자식들의 인생을 펼쳐가는 데 유리하다고 생각하는 사람들이 많아질수록 우리나라의 경쟁력은 높아질 것이다. 인재와 돈이 몰리는 나라가 양적·질적 성장을 이루어가는 데 유리한 것은 자명하다. '누구나 살고 싶어 하는 나라'는 이러한 국가 경쟁력 관점에서 설정한 국가 비전이다.

불안 문제는 사회정책 차원을 넘어 종합적인 정책 대응을 요구한다

불안 문제가 사회구조적인 위험과 다방면에서 중첩되어 있고, 특히 거시적인 이슈인 정치·경제·정책 이슈들과 밀접하게 연관되어 있다는 사실은 불안이 단순히 사회정책 차원에서 좁게 다룰 문제가 아님을 의미한다.

더욱이 지금까지 누적되어온 사회구조적 위험에 대한 대응 방식이나 미흡한 성과는 앞으로 대응 방식의 대전환이 필요하다는 것을 의미한다.

나아가 새로운 국가 비전을 단순히 불안을 해소하는 차원을 넘어, 적극적으로 '개인의 성장과 발전'을 지원하는 시스템으로 발전시키려면 사회정책은 물론 종합적인 정치·경제 정책의 대응이 필요하다. 이는 불안 문제에 대한 국가정책의 대응을 새로운 관점에서, 종합적인 관점에서 재설계해야 한다는 점을 시사한다.

새로운 경제철학은 사회정책과의 융합을 요구한다

새로운 국가 비전을 실현하기 위한 새로운 경제정책은 단순한 복지 정책적 관점을 강조하는 보완적인 차원을 넘어 '사회정책과의 적극적 융합'을 필요로 한다. 사회정책과의 융합을 특징으로 하는 새로운 경제철학은 '개인의 성장과 발전'을 경제정책의 최우선 목표로 설정하는 것을 의미한다. 따라서 새로운 경제철학은 '인본주의 경제철학(휴머노믹스)'이다.

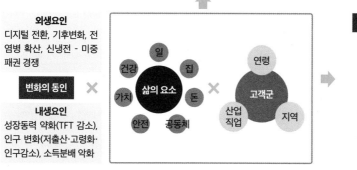

[도표 3] 휴머노믹스 정책 설계의 체계

[도표 4] 휴머노믹스 정책 설계의 관점

　새로운 경제철학이 사회정책과의 적극적 융합을 지향한다는 점은 무엇을 의미하는가? 개인의 삶의 구성요소(삶의 7대 구성요소는 일자리/소득/주거/건강/안전/공동체/가치를 말한다)들 중심으로 경제 · 사회 · 정치 이슈들이 이들 요소에 미치는 영향을 정밀하게 포착하여 정책을 설계한다는 것을 의미한다.

　이러한 정책 설계의 새로운 관점은 앞서 살펴본 불안 연구 결과를 토대로 한다. 빅데이터 분석이 제시하는 바와 같이, 정치 · 경제 · 사회 정책 등 거시적 이슈들은 개인의 삶과 연계된 모든 요소들, 즉 일자리, 소득, 주거, 건강, 안전 등의 이슈와 밀접하게 연계되어 있다. 새로운 경제철학, 즉 휴머노믹스는 정책 설계 단계에서부터 직접적으로 개인의 삶과 관련된 관점에서 영향을 분석하고 해결 방안을 모색한다는 지향성을 명확히 한다. [도표 3]은 휴머노믹스 정책 설계의 체계를 나타내고 있다.

[도표 4]는 휴머노믹스 경제정책 설계의 관점을 예시하고 있다. 휴머노믹스 경제정책은 삶의 (외생적·내생적) 변화 요인들이 삶의 구성 요소에 미치는 영향을 파악하는 것으로 시작한다. 변화 요인들이 삶에 미치는 영향을 세대별·직업별·지역별로 미시적으로 분석·정리할 것이다. [도표 4]는 휴머노믹스가 일자리 정책을 바라보는 관점을 예시하고 있다. 일자리에 영향을 미치는 변수들을 종합적으로 고려하되, 정책 대응은 크게 일자리를 만드는 측면('혁신')과 일자리를 보호하는 측면('포용')을 모두 고려한다는 점을 나타내고 있다.

이러한 관점은 전혀 새로운 것이 아니다. 적어도 모든 정책들이 이러한 점을 조금씩은 염두에 두고 형성되어왔다. 그러나 휴머노믹스는 이런 관점들을 명시적으로 고려함으로써 정책 선택의 기준을 제시한다는 점이 기존의 정책 설계 과정과 사뭇 다른 점이다.

경제정책은 같은 목적을 지향하는 경우에도 다양한 정책 수단을 선택 및 조합할 수 있다. 정책은 또한 자원의 투입을 요구하는데, 관점에 따라 자원을 어느 정도 투입할 것인지도 달라진다. 휴머노믹스가 명시적으로 개인의 삶의 관점을 정책 설계와 선택의 기준으로 제시한다면 매우 색다른 정책 수단과 재원 투입 수준이 결정될 것이다. 이런 의미에서 경제철학이 단순한 '정치적 표어(political motto)'에 머물지 않고, 구체적인 경제정책의 내용과 수준을 결정하게 된다.

이러한 정책 설계의 관점에서 본서는 10가지 정책과제들을 다루었다. 앞서 제시한 개인의 삶을 구성하는 7가지 요소, 일자리, 소득, 주거, 건강, 안전, 공동체, 가치에 입각하여 분야별 전문가들과 정책 제안을 도출했다. 정책 제안은 1부와 2부로 나누어 구성했다. 1부에서는 휴머노믹스 시대의 불안 요소들을 점검하고 이를 해소하는 것에 초점을 맞추었다.

1장에서는 복지제도를 검토했다. 노동시장의 불안정성을 고려하고 기존의 복지 사각지대를 해소하는 방안을 모색했다. 사각지대 없는 복지제도를 통해 공동체의 행복을 제고할 수 있으리라 보았고 이를 위한 정책을 제시했다.

2020년 대한민국의 가장 뜨거운 이슈였던 주거 역시 공동체 측면에서 접근했다. 주택의 소유 여부가 사회적 분열을 야기하고 있는 가운데 주택 소유자도 무주택자도 모두 만족하지 못하는 주택 정책이 계속되어왔다. 주택이 가지는 재화의 특수성을 고려하면서 한국 사회의 공동체 회복을 도모하는 주택 정책을 찾고자 고민했다. 특히 2장에서는 생애주기별 이동을 고려하여 주거 완충지대를 형성하기 위한 정책을 제안했다.

지속 가능성의 위기는 공동체의 운명과도 긴밀하게 연결되어 있다. 산업화 시대의 편의가 낳은 환경문제의 극단이라는 점에서 쓰레기 문제를 고민했다. 쓰레기는 개인이나 집단만의 문제가 아니라 국경을 넘어 인류 전체의 삶을 위협하고 있다. 3장에서는 넘쳐나는 쓰레기를 어떻게 처리하고 줄여나갈 것인지, 인류 공동의 과제라는 측면에서 해결 방안을 제시하고자 했다.

인구문제 또한 공동체의 지속 가능성을 위협하는 중요한 요인이다. 빠르게 진행되고 있는 고령화와 저출산으로 인해 한국은 2020년 인구 감소 사회로 진입했다. 인구 감소는 지방을 중심으로 공동체의 존립 자체를 위협하고 있다. 4장에서는 인구 감소 시대를 대비하며 공동체의 삶을 유지하고 발전시키기 위한 정책을 제안했다.

2부에서는 휴머노믹스를 실현하기 위한 산업 혁신과 사회 혁신에 초점을 맞추었다. 모든 산업에 대한 해결책을 제시하기보다는 여시재가 그간 미래 산업 연구를 진행하며 성장 동력이라고 주목한 핵심 분야들에 초점을 맞추었다. 수소경제사회와 생명과학입국, 스마트 국방이 그것이다.

파리기후협약 이후 모든 국가들은 지속 가능성의 위기를 해결해야 할 의무를 부여받았다. 한국 역시 2050년 탄소 중립을 선언했다. 탄소 중립 사회를 실현하기 위한 핵심 정책으로 수소경제로의 전환에 주목했다. 수소경제 실현이 탄소 중립 사회를 실현할 유일한 해결책은 아니다. 다만 기술의 진보로 향후 성장 가능성이 큰 수소경제로의 전환을 통해 산업 경쟁력을 확보하고 경제 활성화를 도모할 수 있을 것이다. 5장에서는 수소경제로의 전환을 위한 정책적 과제들을 짚어보았다.

생명과학산업은 100세 인간이 탄생할 21세기의 주력 성장 분야다. 대한민국이 생명과학입국을 통해 새로운 도약을 시도하기 위해 필요한 정책 제안을 고민했다. 자원 빈국 한국이 반도체 산업, IT산업 강국이 된 가장 큰 원인은 인재 육성에 있었다. 생명과학입국 역시 생명과학산업을 이끌어 갈 우수한 인재를 키우는 것에서 시작해야 한다. 6장에서는 생명과학입국을 주도할 연구하는 의사를 양성하기 위한 정책을 제안했다.

국방 역시 과학기술의 진화를 신속하게 받아들여야 하는 분야다. 빠르게 변화하는 과학기술을 신속하게 도입하여 군사력을 업그레이드하는 것은 물론이고 이를 통해 민간과 군이 협력하여 기술산업의 경쟁력을 향상시키는 것에 주안점을 두었다. 4차 산업혁명의 핵심 기술로 손꼽히는 인공지능, 데이터, 통신 등의 기술을 어떻게 융합하느냐가 관건인 분야들이다. 7장에서는 관련 산업과 경제, 나아가 일자리 창출에 기여할 수 있는 방안이라는 관점에서 스마트 국방을 달성할 정책을 제안했다.

디지털 전환과 미중 경쟁이라는 시대적 전환 속에 한국이 고민해야 할 공동체의 가치는 무엇인지에 대해서도 다루었다. 먼저 한반도의 미래를 설계하는 데 있어 어떠한 외교전략이 필요할지 고민했다. 8장에서는 이념이나 정파에 치우치지 않고 한국의 생존과 평화를 확보하기 위한 주도적 외교 정책이 무엇일지 제안했다.

코로나로 인해 가속화된 디지털 전환은 정치 참여에도 새로운 도전을 가져왔다. 가짜 뉴스의 확산, 포퓰리즘의 만연 등이 디지털 민주주의의 발전을 위협하기도 한다. 한편으로는 블록체인과 같은 디지털 신뢰 기술을 활용해 시민이 직접 참여하고 투명하게 운영되는 공론자의 가능성도 대두했다. 9장에서는 블록체인의 잠재력을 활용해 디지털 민주주의를 실현할 방안을 제안했다.

각각의 정책 제안을 도출하는 과정에서 매번 자연스레 정부 조직에 관한 논의가 제기되었다. 지능화, 정보화되어가는 시대에 대응하는 유연한 정부 조직의 필요성은 모든 분야 전문가들이 공통적으로 느끼는 사항이다. 10장에서는 융합적 조직 재설계를 통해 휴머노믹스를 구현할 수 있는 정부 조직을 제안했다.

어느 시대 국가든 그 시대의 국민적 열망을 담아내지 못하면 장기 발전을 보장할 수 없다. 우리나라는 경제 발전과 정치적 민주화를 이루어낸 몇 안 되는 '성공한 국가'다. 그러나 총합적인 성과는, 일부를 제외하고는, 개인 차원의 발전, 성장, 행복으로 이어지지 못했다. 국가의 생존 자체가 위협받던 시절, 수많은 '내일에 대한 약속'을 믿고 묵묵히 일해온 국민들은 은퇴와 함께 노후생활을 오롯이 혼자 책임져야 한다. 경제 규모가 두 배로 커지는 가운데서도 상황은 별반 달라진 것이 없다. 급작스런 국가적 위기 속에 사회에 나온 세대는 좁아진 취업 관문에 전전긍긍해왔다. 미래에 대한 불안감에 매일 공시 학원과 스펙 학원을 드나들며 자기 고립을 심화시키고 있다.

불안이 세대와 계층을 불문하고 확산되고 깊어가는 사회는 건전한 장기 발전과 성장을 이어갈 수 없다. 내일이 오늘보다 더 막막한 사람들이 많은데 '공허한 내일'에 대한 약속을 헛되이 되풀이하는 시스템은 어쩌면 더 큰 비극적 위기를 맞이할지 모른다.

이제는 개인의 불안, 개개인의 삶의 질에 대해 국가와 사회가 체계적, 구체적으로 관심을 기울일 때가 되었다. '사람 사는 세상'은 그 시작을 알렸다. 이제 '사람답게 사는 세상'을 만들기 위해 노력해야 한다. 이것이 '시대정신'이라고 생각한다. '휴머노믹스'는 개인의 성장과 발전을 정치와 경제정책의 최우선 목표로 삼는 경제철학이며 개인의 삶에 관심을 기울여야 한다는 시대정신을 담아내는 그릇이다.

CONTENTS

인사말
이종인 여시재 원장 직무대행

서문   사람이 희망인 세상, '휴머노믹스'를 말하다
        전병조 여시재 대표 연구위원

1부   어떻게 불안을 해소할 것인가

No. 1   2030 한국형 사회보장혁신체계   ··· 31
        송보희 한국청년정책학회 학회장

No. 2   주택정책, 이제는 양방향 접근이 필요할 때   ··· 56
        윤준영 여시재 솔루션디자이너

No. 3   그린아시아 그리드   ··· 81
        이동학 쓰레기센터 대표

No. 4   인구절벽 시대 '지방' 생존전략   ··· 105
        이종인 여시재 원장 직무대행

2부 　어떻게 휴머노믹스를 실현할 것인가

No. 5　수소로 그리는 미래 사회, 수소경제사회　　　　… 141
조성경 명지대 방목기초교육대학 교수

No. 6　생명과학입국을 주도할 연구하는 의사 만들기　… 168
황세희 여시재 글로벌전략실장

No. 7　'스마트 국방' 추진 전략과 정책 과제　　　　　… 190
장원준 산업연구원 연구위원

No. 8　대한민국의 외교 전략과 한반도 평화 프로세스 2.0　… 213
김영준 국방대 안전보장대학원 교수

No. 9　디지털 민주주의와 미래 혁신　　　　　　　　… 236
허태욱 경상국립대 행정학과 부교수

No. 10　지능정보 시대, '융합적' 정부 조직을 만들자　… 261
전병조 여시재 대표 연구위원

1부
어떻게 불안을 해소할 것인가

2030 한국형 사회보장혁신체계

송보희(한국청년정책학회 학회장)

위기의 시대, 그리고 '먹고사는 문제'

4차 산업혁명으로 인한 기술의 급격한 발전과 팬데믹의 위기, 저성장 경제가 함께 맞물리며 개인의 노력만으로는 '먹고사는 문제'를 풀어내기 어려운 상황에 직면했다. 전 세계는 사상 유례없는 적극적 재정정책을 펼치며 구제 노력을 하고 있지만, 위기 극복이 과연 가능한지, 언제쯤 회복될지는 아무도 장담하기 어렵다.

4차 산업혁명 디지털 전환 시대에는 실직과 소득의 상실이라는 위기가 상시적으로 존재한다. 특히 기술 기반의 고숙련자, 테크(tech) 기업 외에는 소득과 고용을 안정적으로 유지하기 어려워지면서 소득 상실의 위험에 놓이는 신규 취약계층이 생겨나게 된다.

상담 안내 사무직, 계산대 매니저(캐셔) 등을 대표적인 예로 들 수 있다. 기술 발달로 무인 안내기(키오스크)나 챗봇 등 기술로 쉽게 대체할 수 있는 단순 노무직에 해당한다. 이들은 코로나와 같은 국가적 재난, 위기 속에서 소득 감소를 넘어서 일자리를 잃을 위험에 놓여 있고 상황이 장기화될 경우 저소득 취약계층인 극빈층으로 전락할 확률이 높다.

국민의 대부분을 차지하는 중산층 역시 코로나와 같은 위기가 지속될수록 해당 직군 및 직무에 따라 언제든지 소득 감소 및 실직을 당할 수 있는 위기 상황에 놓여 있다. 그에 대한 대비와 안전망을 구축하지 못한 채 상황이 장기화되면 개인의 노력만으로는 해결하기 어려워질 것이고, 이는 중산층 역시 신규 취약계층으로 이동하는 결과를 낳게 될 것이다. 즉 고숙련자를 제외하고 모든 계층은 소득이 감소하거나 소득을 상실하고 개인의 노력으로 벗어나기 어려운 하위 계층으로 하락할 위험에 놓여 있다고 볼 수 있는 것이다.

이러한 상황은 실제 통계 수치로도 확인할 수 있다. 2020년 1분기 가계동향조사(통계청) 마이크로데이터 분석 결과 코로나19로 인해 2020년 취약층으로 하락 이동한 새로운 계층이 존재한다. 바로 35~49세 인구, 1인 가구, 자영업자 계층이다.

저소득에 해당하는 소득 1분위에 전 연령층 대비 35~49세가 2.4%p로 가장 많이 증가했고, 1인 가구 중에서는 특히 50~64세 1인 가구의 증가폭이 1.5%p로 가장 높다. 자영업자 또한 소득 3~5분위 분포 비율은 감소하고 1~2분위는 높아지는 고분위에서 저분위로 이동하는 양상을 보이며, 당분간 이러한 추세는 지속될 것으로 예상된다. 그리고 이러한 예상은 2020년 11월 코로나 3차 대유행이 본격화되면서 현실이 되어가고 있다.

어느 누구도, 내 삶의 완전한 보장을 장담하기 어려운 시대가 되었다. 과거 전통적 의미의 '완전고용 시대'는 이미 지나간 지 오래다. 특히 2020년 코로나라는 갑자기 불어닥친 사회적 위기에 제대로 대응하지 못한 채 거리의 가게들은 문을 닫고, 직장인들은 일자리를 잃는 등 직격탄을 맞게 되었다.

개인의 노력만으로 해결할 수 없는 '먹고사는 문제', 일자리와 소득 감소 및 상실 문제를 국가가 일정 부분 해결해주는 제도가 바로 사회보장제도이며, 이는 '복지'의 개념으로도 풀이된다. 1960년대 국가 주도의 산업 발전적 관점에서 형성된 개발국가형 생활보장체제는 1990년대 중반 세계화와 민주화를 맞이하며 해체되고, 2000년대 초반 복지국가로 탄생하게 된다. 그 과정에서 사회보험의 개혁과 적용 범위가 확장되고, 다양한 공공부조와 사회 서비스가 만들어지며 지금의 복지제도에 이르렀다.(홍경준, 2020)

사회보장지출 규모는 해마다 증가하고 있다. 특히 2020년 코로

사회보험	공공부조	사회 서비스
4대 보험, 공적연금, 특수직역연금, 노인장기요양보험	기초연금, 의료급여, 생계급여, 주거급여, 장애인연금	고용, 복지, 문화, 환경, 건강, 주거, 교육 분야
국민에게 발생하는 사회적 위험을 보험의 방식으로 대체함으로써 국민의 건강과 소득을 보장하는 제도	국가·지자체 책임하에 생활 유지 능력이 없거나 생활이 어려운 국민의 최저생활을 보장하고 자립을 지원하는 제도	도움이 필요한 국민에게 인간다운 생활을 보장하고 상담, 재활, 돌봄, 정보 제공, 시설 이용, 역량 개발, 사회 참여 지원 등을 통해 국민 삶의 질이 향상되도록 지원하는 제도

[도표 1-1] 사회보장제도

나 위기로 4차 추가경정예산이 편성되며 정부 예산도 본예산 512.3
조 원에서 554.7조 원으로 크게 늘었을 뿐만 아니라 증가하는 속
도 또한 빠르다. 정부가 발간한 2015년 장기재정전망 보고서에서
는 2020~2030년 복지 지출 증가율을 연 4.0%로 추정했지만, 실제
〈2020~2024년 국가재정운용계획〉에 수립된 2021년 보건복지고용
총지출 증가율은 전년 대비 10.7%로 5년 전에 전망한 수치보다 2배
이상 상회한다.

　코로나와 같은 팬데믹 위기가 아니더라도 이미 저출산 고령화로 인
해, 매년 사회보장지출 비중이 증가할 것으로 전망되는 상황에서는 그
어느 때보다 질적 성장과 관리가 중요하다. 사회보장제도의 사각지대
문제, 효율적이지 못한 전달 체계, 재정의 지속 가능성 문제 등 고착화
되고 만성화된 사회보장의 문제점들을 타개하고 정책의 목표와 성과
가 온전히 실현될 수 있도록 사회보장체계의 혁신이 필요한 시점이다.

기본소득, 대안이 될 수 있는가?

　2016년 스위스는 월 2,500스위스프랑(월 300만 원), 미성년자에게
는 월 625스위스프랑(70만 원)을 지급하는 기본소득 국민투표에서 반
대 76.9%로 집계되어 부결된 바 있다. 부결의 주된 이유는 '막대한 비
용을 부담할 구체적인 재원 조달 방식이 불투명하며, 이러한 기본소득
도입으로 인해 기존 복지제도가 감축될 것을 우려'한 것이었다.

　홍남영(2017)에 따르면 스위스 연방정부는 기본소득에 필요한 재원
을 약 2,080억 스위스프랑(약 233조 원)으로 추정했다.(스위스의 빈곤선

은 2,378스위스프랑, 약 267만 원) 해당 필요 재원 중 550억 스위스프랑은 사회복지지출로 충당하고, 나머지 1,280억 스위스프랑은 고용주가 노동자에게 급여 형태로 제공하도록 했다. 그리고 실제 정부가 추가로 부담해야 하는 재원은 250억 스위스프랑(약 28조 원)으로 추산했다. 그러나 스위스 연방정부 지출액이 1년에 679억 스위스프랑(약 75조 원)임을 감안할 때 1/3 수준의 추가 부담 재원을 마련하는 것이 현실성이 없음을 우려한 것이다.

세계 많은 나라에서 기본소득에 대한 실험을 진행하고 있다. 그중에서도 저소득, 극빈층, 실직자를 대상으로 빈곤을 개선하고 사회 안전망을 강화할 목표로 하는 기본소득 실험이 다수 진행되고 있다. 캐나다 온타리오주, 이탈리아, 스페인, 아프리카, 인도, 오스트리아, 네덜란드 등에서는 특정 기준(소득, 복지제도 가입 여부 등)에 부합한 대상자에게 일정 금액을 지급하여 빈곤 및 고용 개선 효과가 있는지를 실험하는 형태로 운영하고 있다. 이와 달리 스위스, 핀란드, 캐나다 일부 지역, 미국과 앞으로 진행할 독일 등은 모든 국민에게 조건 없이 지급하는 보편적 기본소득을 실험하고 있다. 일본의 경우 한국의 긴급재난지원금과 같이 모든 국민에게 경기 활성화를 목적으로 2009년 일회성으로 지급한 정액급부금 제도 등이 사례로 소개되고 있다.

[표 1-1] 해외 기본소득 실험 주요 내용

국가	제도명	대상 및 비용	추진 경과
모든 국민에게 조건 없이 지급하는 보편적 기본소득			
스위스	기본소득	성인 월 2,500스위스프랑(월 300만 원, 해당 액수 이상의 소득자는 대상에서 제외) 미성년자 월 625스위스프랑(78만 원) 지급	2016년 국민투표 76.9% 반대
캐나다 매니토바주 일부 지역	기본소득	1,300가구에 16,500달러 조건 없이 지급	1974~1979년 시범 운영
미국 캘리포니아주 스톡턴	기본소득 실험	무작위 선정 주민 125명에게 월 500달러 지급	2019년 2월~2021년 1월 종료 예정
독일	기본소득 실험	'마인 그룬트아인콤멘(나의 기본소득)' 캠페인 54명에게 1년간 월 1,000유로(약 128만 원) 지급	2014년부터 진행 중
독일	기본소득 실험	기본소득협회, 막스플랑크연구소, 쾰른대학이 협력하여 진행하는 독일경제연구소의 '기본소득' 연구 프로젝트 100만 명 신청자 중 다양한 계층 120명 선정 120명과 유사한 1,380명 비교군 선정 120명에게 월 1,200유로(약 170만 원), 총 43,200유로(약 6,000만 원)를 3년간 지급	2020년 8월 참가자 모집 2021년부터 3년간 진행 예정 약 520만 유로 기금 필요 15만 명의 개인 기부자들에게 자금 조달
미국 알래스카주	알래스카 영구기금	1982년부터 석유 판매 금액의 일부를 자금으로 한 '알래스카 영구기금' 조성 1년 이상 알래스카에 거주하는 모든 주민에게 매년 1,600달러(약 196만 원) 지급	40년간 지속
모든 국민에게 경기 활성화 목적으로 일회성 지급			
일본	정액 급부금 제도	자국민, 합법적 외국인 체류자 대상 12,000엔(약 139,000원) 지급 18세 이하, 65세 이상 8,000엔 추가 지급 2008년 회계연도 추경예산 가결로 시행 총액 2조 엔(약 23조 원) 규모	2009년 자민당 아소 다로 정권 경기 활성화 목적으로 일회적 실시
저소득, 극빈층, 실직자 대상, 빈곤 개선과 사회 안전망 강화 목표로 하는 기본소득			
핀란드	기본소득	25~58세 실업자 2,000명에게 매월 560유로(약 70만 원), 2년간 연 840만 원 지급 준비 기간 5년, 총 2,000만 유로(274억 원) 투입	2017년부터 2년간 시행 후 종료 고용 취업에 큰 영향 없었으나 삶의 질, 생활 만족도 향상
캐나다 온타리오주	기본소득	저소득층 4,000명(1년 이상 거주 주민 18~64세) 월 1,320캐나다달러(약 115만 원) 지급 1인당 연간 1,000만~1,500만 원 소요	2017년 7월 시행, 3년 실험을 목표로 했으나, 2018년 재정 부담으로 폐지

이탈리아	시민소득	극빈층, 실업자 대상 월 40~780유로로 지급 가구당(부모, 자녀) 월 최대 1,300유로로 지원	2019년 도입 생계 보조금 성격
스페인 바르셀로나 시	최소 소득보장 실험	빈민 지역 1,000가구 무작위 선정 가구당 월 1,000유로(약 135만 원) 지급	2017년 진행
	기본소득	사회 안전망 강화 차원 빈곤층 85만 가구 약 230만 명에게 가구 내 성인, 아동 수에 따라 14등급으로 나누 어 최저생계비 월 462~1,105유로(63만~151만 원) 차별적 지급	2020년 6월 시작 소득 일정 수준 이하 차액 지 원, 지원액 확정 이후 소득 증가해 도 지원 액수 유지
아프리카 나미비아 오미타라	기본소득 실험	나미비아에서 가장 낙후된 지역 주민에게 월 100나미비아 달러(약 15,000원) 지급 21세 미만은 돌봄 제공자에게 지급	2008~2009년, 2년간 시험 프로젝트 진행 극빈 18%, 기아빈곤 39%, 5세 이하 영양실조 25% 감소
인도 마디야 프라데시	기본소득 실험	8개 마을 주민, 극빈층 부족 마을 주민 대상 총 6,000여 명 기본소득 지급	2011~2013년 정상 체중 어린이 21% 증가 어린이 학교 출석률 제고
오스트리아 빈	일자리 보장제 실험	지자체 노동 당국, 영국 옥스퍼드대 세계 최초 보편적 일자리보장제 실험 실직 기간 1년 이상 주민 약 150명에게 유급 장기 일자리 제공을 목표로 함	2020년 10월부터 3년간 진 행 2021년 봄 예비 실험 결과 2024년 최종 보고서 발표 예 정
네덜란드 19개 지방정부	기본소득 (시민급여)	복지 수당을 받는 250명 대상 개인 월 972유로(128만 원), 부부 월 1,389유로(184만 원) 지급 자원봉사 참여 시 150유로 추가 지급 대상별 그룹 나누어 진행	2018~2019년, 2년간 진행

출처: 언론보도 등을 참고하여 정리한 것으로, 전체 흐름을 고찰하기 위해 작성. 해외에서 추진하고 있는 모든 기본소득 관련 실험 내용을 포함하는 것이 아님을 밝힘.

매년 최소 180조 원의 재원 마련, 가능한가?

우리나라에서는 과연 어떤 논의들이 이루어지고 있을까? 기본소득 재원 마련과 관련해서는 기존의 복지 재원 일부를 조정하거나 통합하고, 로봇세, 디지털세 등 목적세를 신설하겠다는 내용이 주된 방안으로 제안되고 있다. 수치는 현실이다. 국민 1인당 30만 원으로 지급할

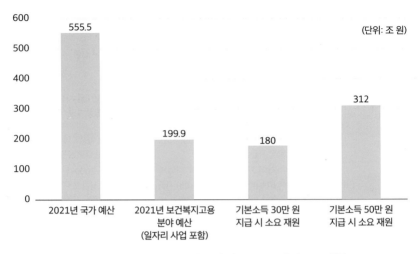

시 최소 180조 원을 시작으로 매년 그 이상의 재원을 지속적으로 마련하기 위한 방안으로 보기에는 구체적인 계획이 부족하다. 기존 복지 제도를 통합할 경우 해당 제도 수혜 대상자의 저항과 증세에 대한 사회적 합의도 쉽지 않을뿐더러 기존 제도를 조정하고 통합한 금액이 과연 기본소득 재원을 충당할 수 있는 정도의 규모가 되는지, 만약 부족하다면 과연 어디에서 필요 재원을 추가로 마련할 것인지 면밀하게 검토하지 못한 추정치에 불과하다.

만약 우리가 공격적으로 재원을 확보하여 모두에게 기본소득으로 나눠 준다고 가정해보았을 때, 과연 우리가 바라고 그리는 완벽한 복지로 향하는 사회보장 시스템을 마련할 수 있을까? 우리가 놓치지 않고 냉철하게 짚어봐야 할 지점은 여기에 있다.

　많은 이들이 이상적인 기본소득이 그대로 반영되어 실현된다면 사각지대가 사라지고 소득재분배를 통해 사회보장제도의 한계를 해결할 수 있을 것이라는 막연한 기대감을 가지고 있다. 내가 어느 정도 수준이고 해당 조건을 갖추고 있는지 아닌지를 증명하지 않아도 누구에게나 동일한 금액으로 지원해주는 기본소득은 새로운 사회의 모습을 상상하게끔 만들기도 한다.

　그러나 이러한 상상이 실현되기 위해서는 재원 마련은 차치하더라도 금액의 충분성을 충족해야 한다. 기본적 삶을 영위할 수 있는 수준의 금액, 즉 충분성이 보장되어야만 기본소득의 본래 정책적 목표를 실현할 수 있다.

　그렇다면 과연 기본적 삶을 영위할 수 있는 수준의 금액은 얼마일까?

　우선 2021년 기준 공공부조에 해당하는 기초생활보장제도에서 중위소득 30% 이하 가구에 지원되는 생계급여 선정 기준은 1인 가구의 경우 월 548,349원이다. 중위소득 30%와 소득 인정액의 차액을 지원해주는 형태로, 중위소득(2021년 기준 1,827,831원)이 기준이 된다. 즉 혼자 사는 가구의 월 소득액이 54만 원이 넘지 않을 경우 부족분을 보완하여 지원해주는 것이다. 이와 함께 생계급여만으로는 기본 생활을 보장할 수 없으므로 생계 외 의료, 주거, 교육에 대하여 추가 보장한다. 생계급여 선정 기준인 54만 원은 그야말로 최소한으로 생계를 유지하기 위한 수준에 불과한 것이다.

　현재 주로 논의되는 기본소득의 현실화 금액은 30만 원이다. 현재의 예산 범위 내에서 현금성 복지 지출 비용(총 73.39조 원)을 통합하여 전 국민에게 현금으로 지급할 경우, 지급할 수 있는 금액은 단 11만 원뿐이다.(양재진, 2020) 막대한 재원 마련 방법은 우선 차치하더라도, 당장 기본소득 제도를 시행했을 때 과연 기본소득에 기대했던 정책적 효과를 거둘 수 있을까? 긍정적으로 답하기 어렵다.

[표 1-2] 2021년 급여·소득 기준

2021년 기준	금액(원/월)	
	1인 가구	4인 가구
생계급여 선정 기준(기초생활보장제도, 중위 30%)	548,349	1,462,887
주거급여 선정 기준(기초생활보장제도, 중위 45%)	822,524	2,194,331
임차가구 기준 임대료(서울)	310,000	480,000
중위소득	1,827,831	4,876,290
법원 인정 최저생계비(중위소득 60% 수준)	1,096,698	2,925,774
빈곤선(중위소득 50% 수준)	913,916	2,438,145

사회보장체계 혁신을 위한 전제 조건

완벽한 복지국가, 과연 존재할까? 그런 나라는 존재하지 않는다. 대한민국이 벤치마킹할 국가의 정책 사례도 많지 않다. 설사 다른 나라가 완벽하게 복지국가를 구현해냈다 하더라도 해당 정책을 국내에 도입했을 때 같은 결과를 만들어낼 수 있다고 단언하기 어렵다. 미래를 전망하고 이에 대비하기 위해 전략과 정책을 수립할 때는 근거 있는 창의력을 발휘하여 사회보장체계를 혁신해야 한다.

현재의 사회보장체계를 혁신하기 위해서는 두 가지 조건을 갖추어야 한다. 첫째는 정책, 둘째는 체계와 시스템에 관련된 사항이다.

① 범위의 포괄성: 적용 대상이 적절했는가?
② 지원의 충분성: 지원 정도가 효과가 있을 만큼 충분한가?
③ 재정의 지속성: 장기적으로 정책 재원을 지속적으로 마련할 수 있는가?

국가 재원은 무한하지 않다. 결국, 정책을 집행하기 위해 필요한 재원을 마련하기 위해서는 미래 세대의 자원을 미리 끌어다 쓰며 빚을 지거나 고소득자의 소득을 전체에게 분배하거나 기존 복지체계를 통합하거나 폐지해서 충당하거나 증세밖에는 답이 없다. 그러나 그 어느 것 하나 쉬운 것은 없다.

무한하지 않은 국가 재정, 저출산으로 인한 생산가능인구 감소로 줄어들 세입과 고령화에 따른 사회보장지출 등 증가할 수밖에 없는 정부 지출 구조를 보면 우선순위에 따라 정책 사업을 선정하여 시행할 수밖에 없다. 실제로 총수입과 총지출 추이를 보았을 때 2021년 총수입은 483조 원으로 2020년 대비 1.2조 원 증가에 그친 반면 총지출은 555.8조 원으로 2020년 본예산에 비해 43.5조 원 증가했다.

무엇보다 중요한 것은 한정된 국가 재원으로 어느 시기에, 어떤 정책을 우선적으로 시행하여 그에 따른 효과와 정책적 목표를 달성하는 가이다.

사회보장 복지제도도 마찬가지다. 사회적 위험이 닥쳐도 모든 국민이 기본적인 생활을 영위할 수 있게 하기 위해서는 한정된 재원을 효과적이고 효율적으로 사용해야 한다. 최소한의 비용으로, 혹은 한정된 재원으로 최대한의 성과를 내는 것, 이를 목표로 이 시기에 가장 필요한 정책과 제도를 설계해야 한다.

정책 적용 대상이 적절했는지, 지원 정도가 효과가 있을 만큼 충분한지, 장기적으로 해당 정책을 시행할 때 재원을 지속적으로 유지할 수 있는지에 대한 고려가 필요하다. 범위의 포괄성, 지원의 충분성, 재정의 지속성 측면, 세 가지 조건에 대한 고려가 필요한 것이다. 해당 질문에 '그렇다'고 답할 수 있는 항목이 많은 정책일수록 우선하여 수립해야 한다. 해당 조건들을 모두 검토하고 타당성이 입증된 정책과 제도를 시행할 때 더 많은 국민이 안정적이고 예측 가능한 미래를 기대하며 살아갈 수 있는 것이다. 그것이 사회보장체계를 혁신해야 하는 이유이기도 하다.

사회보장혁신 둘째 조건: 전달 체계의 효율성, 중앙부처의 연계성

전달 체계의 효율성: 정책과 사회 서비스가 국민에게 잘 전달되고 있는가?
중앙부처의 연계성: 부처별 관련 정책이 유기적으로 연계되고 있는가?

중앙정부와 지자체 정책은 직접 국민에게 도달되기까지 다양한 중간 전달 기관을 거친다. 정책 대상에게 직접 전달되는 것이 아니기 때문에 전달 체계의 효율성 측면과 관리의 측면에서 일정 부분 한계를 지닌다. 특히 복지 정책은 더욱 그러하다.

사회보장 전달 체계의 한계는 인력·자원의 한계, 제도 관리의 한계로 나눌 수 있고, 특히 제도 관리의 측면에서 제도 간 중복 및 연계 부족 등이 정책의 효과를 감소시킨다. 다시 말해 앞의 세 가지 조건을 갖춘 우선순위 높은 정책이라 하더라도 전달 체계에서 한계를 극복하지 못하면 당초 수립했던 정책적 목표를 달성하기 어렵다.

뿐만 아니라 사회보장제도를 계획하고 집행하는 중앙정부 부처의 사업 단위는 현재 분야별, 단계별로 분절화되어 있다. 각 부처가 사업을 계획하고 정책을 시행하는 과정에서도 개별적으로 운영된다. 그렇다 보니 때로는 종합적으로 시행해야 하는 정책이 부처 간 연계 고리가 약한 탓에 사업 조정이 되지 못한 채 각기 따로 시행되는 경우도 종종 벌어지곤 한다.

전달 체계의 한계를 극복하기 위해서는 중앙집중식 컨트롤타워가 아닌 연계와 조정 기능을 갖춘 중앙부처로서 역할 재조정이 이루어지

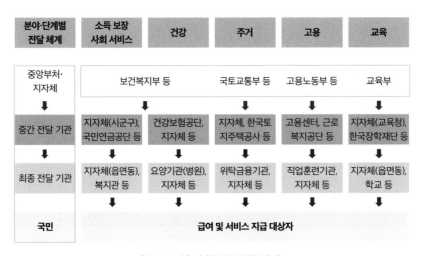

[도표 1-3] 사회보장 전달 체계

출처: 국회예산정책처, 《사회보장정책 분석(총괄)》, 2020, 120쪽 표 재가공

고 중앙정부와 지자체 간의 역할 분담이 원칙적으로 정립되어야 한다. 정책을 아무리 잘 설계해도 전달 체계를 포함하여 효율적인 체계와 시스템이 뒷받침하지 못하면 정책의 성과는 오롯이 국민에게 닿지 못한다.

사회보장체계 혁신 방향, 어디로 가야 하는가?

혁신형 사회보장체계를 구축할 때 가장 중요한 것은 국가의 역할을 정확히 구분하는 것이다. 〈사회보장기본법〉 제3조는 "사회적 위험으로부터 모든 국민을 보호하고 국민 삶의 질을 향상시키는 데 필요한 소득 및 서비스를 보장"하는 것으로 사회보장의 의미를 정의하고 있다. 위기의 시대일수록 제도의 정의와 본질로 되돌아가야 한다.

모든 국민이 최소한 아플 때 진료를 받을 수 있고(의료), 아무리 돈이 없어도 굶어 죽지는 않으며(음식), 최소한의 주거 기준이 충족된 곳에서 인간답게 살아갈 수 있는 공간(주거)에서 삶을 영위할 수 있어야 한다. 바로 이것이 21세기 국가가 국민을 위해 놓치지 않고 강화해야 할 영역이며, 보장해줘야 하는 범위다.

물론 지금도 사회보장 사업의 목적과 정책 대상에 따라 다양한 분야에서 실제 정책이 집행되고 있다. 그러나 여전히 각각의 제도가 미치지 못하는 사각지대가 발생하고 있고, 그로 인해 인간의 삶을 유지하기 위해 기본적으로 필요한 부분들을 제공받지 못하는 사례들이 여전히 존재한다. 언론을 통해 많이 알려진 '송파 세 모녀 사건' 등 질병, 빈곤, 사망의 사회적 위험으로부터 모든 국민은 마땅히 보호받아야 함에도 제도 안전망 밖에서 안타까운 상황들을 맞이한다.

이를 해결해야 한다. 먹고 자고, 아플 때 치료를 받을 수 있는 100% 보장을 해주는 것, 즉 삶의 기본적인 욕구를 제공받지 못하고 최소한의 보호를 받지 못하는 사각지대에 놓인 국민이 없게 하는 것, 이것이 혁신형 사회보장체계가 그리는 비전이자 목표다.

2030 한국형 사회보장혁신체계, 생계급여 수혜 범위 확대한 '기초소득'이 답이다

다가오는 미래를 대비하고 예측되는 사회적 위험으로부터 국민을 보호하기 위한 '2030 사회보장혁신체계' 구축을 제안하는 바다. 이는 누구나 먹고, 자고, 아플 때 치료받을 수 있는 기본적 삶을 보장받는

비전	사각지대 없이, 누구나 기본적 삶을 보장받는 사회 구현		
목표의 방향성	보편성(누구나)	이동성(자립 가능하게)	연계성(효율적으로)
	↓	↓	↓
추진 전략	사회적 위험으로 소득이 축소되거나 상실된 위기의 국민을 위한 사회적 안전망 강화	사회적 취약계층이 자립하고 상향 이동이 가능하도록 하는 적극적 기회 제공	자원의 효율적 배분과 사업의 효과를 높일 수 있도록 유기적인 거버넌스 체계 구축
정책과제	1. 기초소득 82만 원 보장 (중위 45%, 기초생활 보장) 2. 전국민소득보험 추진	1. 기초자립 사업 추진 2. 적극적 노동정책 강화 (아동 및 근로연령대 대상)	1. 사회복지부 신설(공공 사회복지예산 통합) 2. 중앙·지자체 핫라인 구축
이니셔티브	한국형 사회보장혁신체계를 위한 로드맵 구축(2020~2030)		

[도표 1-4] 2030 한국형 사회보장혁신체계

사회를 구현하려는 비전을 바탕으로 한 것이다.

단순히 보장해주고 보호하는 데서 그치는 것이 아니라 사회 구성원으로서 의지와 노력을 전제로 자립이 가능토록 하는 구축 방안을 제안한다. 그리고 이는 유기적으로 연계된 거버넌스 체계와 자원의 효율적 배분과 사업의 효과를 높일 수 있는 시스템을 기반으로 한다. 그중에서도 위기에 처한 국민을 위한 기초소득을 제안한다.

현재 기준중위소득 30~50% 이하 수준으로 소득을 유지하지 못하는 경우 기초생활보장제도의 대상으로 해당 수준까지 소득을 보장받고 있다. 생계, 의료, 주거, 교육 급여를 가구원 수 기준으로 산정하여 지급하고 있으며, 기준은 아래 표와 같다.

[표 1-3]2021년 급여 선정 기준

2021년 기준	금액(원/월)	
	1인 가구	4인 가구
생계급여(중위소득 30%)	548,349	1,462,887
의료급여(중위소득 40%)	731,132	1,950,516
주거급여(중위소득 45%)	822,524	2,194,331
교육급여(중위소득 50%)	913,916	2,438,145

이에 생계급여에 해당하는 기준중위소득 30%(548,349원)를 45% 수준으로 높여 월 822,524원 수준을 기초소득으로 보장하는 것을 제안하는 바다. 앞서 설명한 바와 같이 최소한 아플 때 진료받고(의료), 아무리 돈이 없어도 굶어 죽지는 않으며(음식), 최소한 인간답게 살아갈 수 있는 공간(주거)에서 사는 것을 기본적 삶을 영위하는 수준으로 보았을 때 국민건강보험제도로 일부 보장할 수 있는 의료 분야를 제외

하고 주거급여 기준인 중위소득 45% 수준을 최소한으로 보장해야 하는 기초적 소득으로 본 것이다.

2020년 기준 기초생활보장급여 제도에 투입된 예산은 13조 3,681억 원이다. 그중에서 생계급여는 4조 3,379억 원이 편성되었으며, 보장해주는 소득기준을 기존 30%에서 45%로 상향 보장할 경우 필요 재원은 대략 6조 2,848억 원으로 추정된다. 2020년 6월 기존 제도의 대상자였던 127만 명(중위소득 30% 이하, 생계급여 대상자)에서 주거급여 제도의 대상자 수준인 184만 명(중위소득 45% 이하)이 해당 기초소득의 대상자로 단순 추정된다.

[표 1-4] 기초생활보장급여 예산 및 대상(중복 포함) 현황

(단위: 억 원)

기초생활보장	2019년		2020년		기초소득안 (생계급여 45% 상향)
	예산(억 원)	대상(명)	예산(억 원)	대상(명)	
생계급여	37,216	1,232,325	43,379	1,274,332	생계급여 필요 재원 6조 2,848억 원 대상자 184만 명(2020년 6월 기준)
주거급여 지원	16,729	1,681,041	16,305	1,839,633	
의료급여(경상보조)	64,374	1,379,631	70,038	1,420,269	
교육급여	1,317	292,773	1,016	294,663	

출처: 국회예산정책처, 《사회보장정책 분석 II 소득보장》, 2020, 20쪽; 관계부처합동, 〈제2차 기초생활보장 종합계획(2021~2023)〉, 2020, 15쪽 표 재가공

〈제2차 기초생활보장 종합계획(2021~2023)〉에 따르면 부양의무자 기준 폐지를 통해 생계급여 수급자가 2020년 127만 명에서 2023년에는 26만 명 증가한 153만 명 이상으로 확대될 전망이다. 새롭게 확대될 기초생활보장 대상자를 기준으로 한다면, 2021년 기초소득이 시행될 경우 수혜 대상자는 최소 210만 명, 그에 따른 필요 재원은 최소 7조 1,729억 원으로 추정된다.

　기초소득은 개인의 노력 부족이 아닌 사회적 위험으로 인해 소득 감소 혹은 상실된 신규 취약계층과 가정, 스스로의 힘으로 자립할 수 없는 극빈층을 위한 사회적 안전망을 강화하여 빈곤의 사각지대를 해소하고 삶의 보장 수준을 강화하는 것에 목적이 있다.

　현재 우리나라의 빈곤율 기준(중위소득 50%)으로 조세와 공적이전소득 이전(19.7%)과 이후의 빈곤율(17.4%) 개선은 2.3% 수준에 그친다. 이는 OECD 회원국 중 최하위권 수준이며 최근 불안정, 저소득 일자리 증가로 시장소득 빈곤율은 악화 추세다.

　이러한 상황에서 악화되는 빈곤율을 낮추기 위한 사회보장제도가 시급하며, 기초소득은 빈곤 및 빈곤율 감소 효과를 지니며 높은 효율성을 지닌다. 이는 기초소득과 대상자 및 체계가 동일한 기존 기초생활보장급여 제도(생계급여, 주거급여 등)에 대한 수직적 지출 효율성과 빈곤율 감소 수치로 확인할 수 있다.

　먼저, 수직적 지출 효율성이란 해당 지원금이 얼마나 빈곤층을 대상으로 지원되었는지를 나타내주는 지표로, 빈곤 가구의 전체 급여에서 제공된 지원금의 총액이 차지하는 비율로 계산할 수 있다. 2018년 기초생활보장제도의 지원금(생계, 주거급여 등)의 수직적 지출 효율성은 89.6%로 높은 수준이다. 또한 빈곤 감소에도 효율적이다. 실제로 기초생활보장제도의 총 지원금 중 83.7%가 빈곤 감소에 기여하고 있다.

　실제로 기초생활보장제도를 통한 빈곤율 감소 효과는 매년 조금씩 나아지고 있다. 기준 중위소득 40% 이하 가구의 시장소득 대비 기초보장급여의 빈곤율 감소 효과는 2018년 기준 5.9%로 2015년(빈곤율

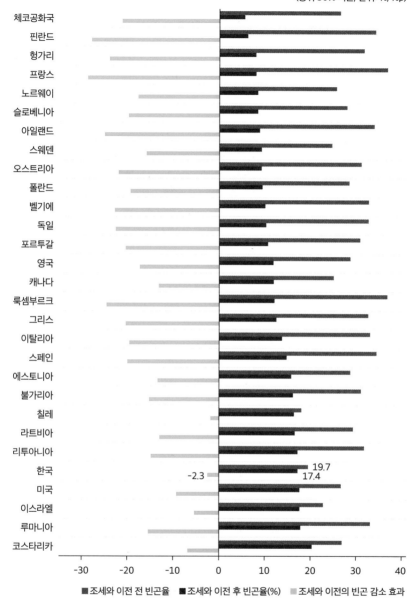

(중위 50% 기준, 단위: %, %p)

국가	
체코공화국	
핀란드	
헝가리	
프랑스	
노르웨이	
슬로베니아	
아일랜드	
스웨덴	
오스트리아	
폴란드	
벨기에	
독일	
포르투갈	
영국	
캐나다	
룩셈부르크	
그리스	
이탈리아	
스페인	
에스토니아	
불가리아	
칠레	
라트비아	
리투아니아	
한국	-2.3 / 19.7 / 17.4
미국	
이스라엘	
루마니아	
코스타리카	

-30 -20 -10 0 10 20 30 40

■ 조세와 이전 전 빈곤율   ■ 조세와 이전 후 빈곤율(%)   ■ 조세와 이전의 빈곤 감소 효과

[도표 1-5] 2017년 각국 조세와 공적 이전의 빈곤 감소 효과

주: [조세와 이전의 빈곤 감소 효과(%p)] = [조세와 이전 전 빈곤율(%) – 조세와 이전 후 빈곤율(%)]
출처: OECD, Income Distribution Database, 2020; 관계부처합동, 〈제2차 기초생활보장 종합계획〉, 2020

감소 효과 4.9%)보다 1%p 상승했으며, 빈곤율도 0.4%p 감소했다. 기준 중위소득 50%일 때에도 2018년 빈곤율은 2015년보다 0.2%p 감소했으며, 빈곤율 감소 효과는 0.5%p 높아졌다.

[표 1-5] 가구 빈곤율 및 빈곤율 감소 효과(빈곤선: 기준 중위소득 40, 50%)

구분		2015년		2018년		2015년 대비 변화	
		빈곤율	빈곤율 감소 효과	빈곤율	빈곤율 감소 효과	빈곤율	빈곤율 감소 효과
40%	시장소득	18.5%	-	18.3%	-	0.2%p↓	-
	가처분소득	11.6%	36.9%	7.4%	59.3%	4.2%p↓	22.4%p↑
	시장소득 + 기초보장급여	17.6%	4.9%	17.2%	5.9%	0.4%p↓	1.0%p↑
	시장소득 + 사회보험급여	15.8%	14.4%	13.4%	26.9%	2.4%p↓	12.5%p↑
50%	시장소득	22.1%	-	22.0%	-	0.1%p↓	-
	가처분소득	17.9%	18.9%	13.4%	39.0%	4.5%p↓	20.1%p↑
	시장소득 + 기초보장급여	21.6%	2.3%	21.4%	2.8%	0.2%p↓	0.5%p↑
	시장소득 + 사회보험급여	19.5%	11.8%	17.4%	21.0%	2.1%p↓	9.2%p↑

출처: 관계부처합동, 〈제2차 기초생활보장 종합계획(2021~2023)〉, 2020, 27쪽 표

기초소득을 논의하는 과정에서 빼놓을 수 없는 제도 개선 사항이 있다. 바로 현금성 복지사업의 체계성 확보다. 예를 들어 기초연금의 경우 중앙정부에서 일괄적으로 지급하는 복지제도이지만 각 지자체에서 기초연금에 더해 현금성 지원을 추가적으로 운영하고 있다. 청년자산형성 사업의 경우에도 중앙에서 내일채움공제 사업을 진행하고 있지만 그 외 지역형 사업으로 추가 운영하는 경우도 있다. 그렇다 보니 뚜렷한 정책적 목표와 성과 실현보다는 지자체 간 경쟁의 일환으로 운

영되는 경우도 부지기수다.

자원의 효율적 배분과 정책 효과를 높일 수 있는 방법으로 유기적인 거버넌스 체계를 구축한다는 전제하에 지자체 내 현금성 복지사업을 체계화하고, 중앙과 지방정부 간 역할 배분이 이루어져야 한다.

약 7조 원의 기초소득 재원,
넓고 촘촘하게 세원 확보율 높인 공평 증세로 마련

7조 원 규모의 재원을 매년 장기적이고 안정적으로 마련할 수 있는 방법은 무엇일까. 기본소득을 논의할 때 100조 원 단위의 재원 마련을 고민하다 보니 7조 원의 규모는 크지 않게 느껴질지 모른다. 그러나 이 역시도 국민의 세금으로 운영되며, 장기적이고 지속적이어야 하기에 재원을 마련할 방법도 깊이 고민해봐야 한다.

가장 설명하기 쉬운 방안으로는 2018년 GDP 대비 약 11%인 우리나라 사회복지지출 비율을 OECD 평균인 21%까지 높여 재원을 확보하는 방법이 있다. 그러나 이것 또한 양재진 연세대 교수에 따르면 향후 고령화로 인한 자연 증가분을 7%로 감안해야 하며, 이를 제외하고 실제 가용 가능한 재원은 3%, 약 60조 원 정도로 보인다. 2030년까지 단계적으로 3%를 증가시킨다면 기초소득 재원은 쉽게 마련할 수 있다. 그러나 이 역시 3%를 증가시키기 위해서는 세금을 높이거나 기존에 집행되었던 예산 항목을 폐지하거나 통합시켜 마련해야 한다.

[표 1-6] 중기 재정수입 전망 및 재정지출 계획

구분	2020년		2021년	2022년	2023년	2024년	연평균 증가율
	본예산	추경					
재정수입	481.8	470.7	483.0	505.4	527.8	552.2	3.5%
재정수입 중 국세수입	292.0	279.7	282.8	296.5	310.1	325.5	2.8%
재정지출	512.3	546.9	555.8	589.1	615.7	640.3	5.7%

(단위: 조 원)   출처: 기재부, 〈2020~2024년 국가재정운용계획〉, 2020

저출산 고령화로 재정지출은 '가만히 나눠도' 증가할 수밖에 없다. 재정지출 대비 정체되거나 감소하는 재정수입을 조정하여 국가재정이 지속 가능하도록 만들기 위해서 증세는 불가피하다. 그러나 이는 새로운 세제를 신설하는 접근 방식이 아니라 넓고 촘촘하게 세원 확보율을 높이는 방향으로 이루어져야 한다. 소득세만 놓고 보더라도 소득이 있는 모든 국민이 수익을 번 만큼 공평하게 세금을 내는 세원 확보 체계를 마련해야 한다. 또한 전국민고용보험을 추진하는 데 전제가 되는 실시간 소득/매출 정보 파악 시스템(Real Time Information, RTI)을 구축하여 소득 정보를 투명하게 파악할 수 있어야 한다.

국세청에 따르면 2018년 기준 근로소득세 납세 대상자는 총 1,857만 7,885명으로 이 중에서 면세자는 721만 9,101명으로 전체 근로자의 38.9%에 해당한다. 면세자는 1년 총 급여에서 기본 공제 등을 제외하고 세금을 전혀 내지 않는 근로자를 의미한다. 또한 전체 고액·상습 체납자는 6,965명에 달하고 전체 체납액 또한 4조 8,203억 원에 달한다. 조세 확보 차원을 넘어 적어도 세금을 내야 할 사람이 내지 않는 경우는 없어야 한다.

"모든 국민의 삶의 기본 단위가 보장되는 삶,

그것이 국가가 지켜줘야 할 최소한의 안전망이자 보루다."

참고문헌

국회예산정책처, 《사회보장정책 분석, NABO 브리핑 제85호》, 2020.

국회예산정책처, 《사회보장정책 분석(총괄)》, 2020.

국회예산정책처, 《사회보장정책 분석 Ⅱ(소득보장)》, 2020.

기재부, 〈2020~2024년 국가재정운용계획 주요내용〉, 2020.

보건복지부 외 관계부처합동, 〈제2차 기초생활보장 종합계획(2021~2023)〉, 2020.

홍경준, 〈밀린 과제와 닥친 도전, 한국 사회보장 혁신방안 모색〉, 여시재 세미나, 2020.

홍남영, 〈스위스 기본소득 논의와 그 함의〉, 《사회보장법연구》, 제6권 제2호, 2017, 137~169쪽.

OECD, Income Distribution Database, 2020.

"코로나19 겪은 세계, '기본소득' 필요할까", 〈머니투데이〉, 2020. 6. 9. https://news.mt.co.kr/mtview.php?no=2020060814525799538

""소득절벽 넘을 필수 처방" vs "재정 바닥인데 현금 살포""[코로나19 재난기본소득 찬반 논란], 〈연합뉴스〉, 2020. 3. 29. http://www.fnnews.com/news/202003291742210124

[김민철의 뉴스 저격] "이런저런 복지 없애고, 모두에게 '기본소득' 50만 원씩 준다면", 〈조선일보〉, 2019. 2. 8. https://www.chosun.com/site/data/html_dir/2019/02/07/2019020702840.html

[팩트체크] "재난기본소득 국내법 근거와 해외사례는?", 〈연합뉴스〉, 2020. 3. 12. https://www.yna.co.kr/view/AKR20200312164000502

[하정민의 핫 피플] "기본소득 실험하는 시필레 핀란드 총리", 〈동아일보〉, 2017. 2. 23. https://www.donga.com/news/article/all/20170223/83032455/1

[100세 시대 리포트 ⑩] "고령화 문제, 해외선 어떻게 대처할까 Ⅱ", 〈시사위

크〉, 2019. 1. 2. http://www.sisaweek.com/news/curationView.html?
idxno=117152

"해외의 기본소득 사례", 〈뉴스퀘어〉, 네이버 블로그 되물림, 2017. 9. 13.
https://blog.naver.com/cojaya/221096227557

"기본소득의 사례들 - 이병수", 네이버 블로그 뉴딜정치연구소, 2016. 2. 21.
https://blog.naver.com/newdeal2015/220633564377

주택정책, 이제는 양방향 접근이 필요할 때

윤준영(여시재 솔루션디자이너)

대한민국 주택정책은 '주택가격'과의 전쟁이었다. 조세와 금융을 이용해 주택수요를 조절하려던 시도부터 민간 건설 및 임대사업자를 이용해 주택공급을 조절하려던 시도 모두 궁극적으로는 주택가격을 잡기 위함이었다. 그러나 대개 그 시도는 실패로 돌아갔다. 주택수요와 공급의 가격탄력성이 모두 비탄력적이기 때문이다. 주택은 인간의 가장 원초적인 욕구 두 가지, 안정적인 주거와 부의 축적을 동시에 약속하는 재화인 까닭에 웬만한 페널티로는 주택수요를 잡기 어렵다. 또한 주택은 짓는 데 오래 걸릴 뿐만 아니라 한번 지어놓으면 최소 30년은 사용 가능한 내구재이므로 기존 주택 거래도 활발히 이루어진다. 그래서 주택공급은 지가·건설비·최소 이윤을 합친 최소마진비용(Minimum Profitable Production Cost, MPPC)을 초과하지 않는 한 즉각적으로 늘어나기 힘들다.[1]

주택시장에서 공급곡선은 일반적인 재화와 달리 굴절(kinked)된 우

---

1 Edward Glaeser and Joseph Gyourko, "The Economic Implications of Housing Supply", *Journal of Economic Perspectives*, Volume 32, Number 1, 2018, pp.3~30.

상향 패턴을 보인다. 주택은 지가, 건설비, 최소 이윤을 합친 값인 최소 마진비용이 초과될 때 공급이 발생한다. 최소마진비용을 밑돌 때는 신규 공급이 이루어지지 않는다. 신규 공급이 이루어지지 않는 상황에서 기존 재고는 (거의) 그대로 유지되기 때문이다.

이렇듯 주택은 독특한 재화다. 그럼에도 여느 재화와 다름없는 시장적 접근으로만 다뤄왔다. 결과는 어떤가? 자산으로서 주택의 위상이 공고한 가운데, 주택수요는 충분히 줄지 않고 주택공급은 충분히 늘지 않아 주택가격의 계속적 상승 기제가 유지되어왔다. 주택가격 상승은 임금 상승을 압도한 지 오래다. 최근 5년간 주택가격 상승률은 임금 상승률의 10배에 달하는 실정이다.[2] 주택시장 안에서 가격을 조절하는 데 골몰하는 접근법은 실패했다는 의미다. 이제는 주택시장 밖에서도 해결책을 모색하는 양방향 접근이 필요하다. 주택시장 밖 해결책은 '공공주택'[3]을 활용해 주택가격과 무관하게 작동하는 필드를 개발하는 것이다. 이때 '민간주택시장'에 필적할 새로운 '공공주택시장'은 가난한 사람 일부를 위한 저품질 주택이 아니라 국민 일반을 위한 적정 수준의 주택공급을 목표로 한다. 자산으로서 주택을 거래하는 민간주택시장과 주거로서 주택을 거래하는 공공주택시장으로 주택시장구조가 이원화되면, 비로소 주택정책은 자산과 주거의 건강한 양립을 도모할 수 있을 것이다.

---

2 정영철, "'한방에 역전' 부동산이 삼켜버린 '노동가치'", 〈노컷뉴스〉, 2020. 5. 29. https://www.nocutnews.co.kr/news/5351805

3 공공주택은 공공(국가 또는 지자체)의 재정을 지원받아 건설, 매입 또는 임차를 통해 공급하는 주택을 가리킨다(〈공공주택 특별법〉 시행령 제2조에 의거). https://www.law.go.kr/LSW//lsSideInfoP.do?lsiSeq=204184&urlMode=lsScJoRltInfoR&joNo=0002&joBrNo=00&docCls=jo

주택의 본질은 자산에 앞서 주거에 있다. 주거는 생명과 가족을 유지하는 기본 토대이므로 적정한 주거는 인간의 기본적인 권리라 해도 과언이 아니다. 그럼에도 우리나라에서 '주거'의 공적 해결은 도외시되어왔다. 주거는 온전히 개인이 해결할 몫이라는 인식이 만연해온 탓이다. 이를 방증하듯 우리나라 민간주택시장에서는 전세를 비롯해 사글세, 고시원, 쪽방 등 다양한 공간 점유 형태가 거래되고 있다. 이 인식은 역대 주택정책으로 말미암아 더욱 심화되고 가속화되어왔다.

철거민에게도 분양권 판매한 박정희 정부

박정희 정부는 도시화가 급속히 진행되던 1960년대 말, 영동(永東)지구 구획정리사업[4]과 한강 연안 공유수면 매립사업[5]을 통해 강남을

---

4   영동은 오늘날 강남을 가리키는데, 영등포의 동쪽 또는 영등포와 성동의 중간을 의미한다. 토지구획정리사업은 도로나 하천 등을 정돈해 토지의 이용가치를 높이는 방식을 말한다. 토지의 가치 상승이 확실히 보장되므로 해당 토지 소유자들은 현물 출자의 형태로 정부에 토지를 제공한다. 즉 영동지구 구획정리사업은 경부고속도로의 일부 토지를 무상으로 확보하는 데 일차적 목표가 있었다. 영동지구 구획정리사업에 대한 내용은 다음을 참고했음을 밝힌다. 전강수, 《부동산공화국 경제사》, 여문책, 2019; 손정목, 《서울 도시계획 이야기》, 한울, 2019.

5   공유수면은 바다, 강, 하천 따위의 수면을 가리키며 모두 국유지다. 국가로부터 매립 면허를 얻으면 공유수면에 제방을 새로 쌓거나 기존보다 안쪽에 쌓아 생기는 면적을 매립할 수 있다. 그러면 매립 후 사유지로 전환할 수 있다. 오늘날 강남을 대표하는 압구정, 잠실, 반포와 같은 지역은 공유수면 매립을 통해 탄생했다. 엄청난 이권을 담보하는 데다 집단 택지를 조성하기 유리했던 한강 연안 공유수면 매립사업과 영동지구 구획정리사업은 현대건설과 같은 주요 건설사와 대한주택공사가 강남을 대규모 아파트 단지로 채우는 구심점이 되었다. 한강 연안 공유수면 매립사업에 대한 내용은 다음을 참고했음을 밝힌다.

개발했다. (거의) 무상으로 확보한 공공택지를 대규모 아파트 단지로 채웠다. 이 과정에서 무허가 건물 철거가 불가피했는데, 박정희 정부는 철거민에게까지 7.5~13평형의 분양권을 팔았다. 물론 철거민들은 분양 능력이 없었기에 웃돈을 얹어 되파는 것이 최선이었다. 공공(대한주택공사)이 공공택지에 건설한 주택이었음에도, 자력으로 주거를 해결할 수 없는 국민이 머물 공간은 일체 고려하지 않은 것이다. 오히려 국가가 주도해 민간주택시장을 규제 없이 개발해 주택가격 폭등을 야기했다.[6] 한국부동산원에 따르면, 박정희 정부 말에 이르러 서울시 주거지역 지가는 정권 초에 비해 87배 상승했고 강남 지역은 176배 상승했다(강남을 대표하는 압구정동은 875배, 신사동은 1,000배 폭등했다).[7] 한국은행에 따르면, 이 기간에 전국 평균 지가는 73배가량 올랐다.[8] 해당 기간 소비자물가지수가 5~6.4배 오른 점을 감안하면 서울 및 강남 지역 지가 상승세가 얼마나 가팔랐는지 짐작할 수 있다.[9]

이옥희, 〈서울 강남지역 개발과정의 특성과 문제점〉, 《한국도시지리학회지》, 제9권 제1호, 2006, 15~32쪽.

6   우리나라 정부가 부동산 시장에 처음 개입한 것은 1967년 〈부동산투기억제에 관한 특별조치법〉에 따라 1968년에 시행된 부동산투기억제세를 통해서다. 양도소득세의 일종으로, 서울과 부산에서 토지 양도 시 차액 50%에 대해 과세하는 것을 골자로 한다. 고율을 적용했음에도 이미 부동산 시장이 과열되면서 가격 급등이 반복돼, 결국 1974년 말 부동산투기억제세를 폐지하고 전국을 대상으로 하는 양도소득세를 도입했다. 국가 주도의 투기 광풍이 몰아친 후 사후약방문식 정책이라 그 효과는 미미했음을 짐작할 수 있다.
연세대학교 경제연구소, 《부동산 관련 조세정책의 경제적 효과와 정책방향》, 2003.

7   전강수, 앞의 책, 109~110쪽.

8   한국은행이 발표한 전국 평균 지가는 1964년 19.6원, 1970년 155원, 1975년 387원, 1980년 1,424원으로 16년새 72.65배 올랐다.
하남현, "쌀값 50배, 기름값 77배 뛰는 동안 땅값은 3000배 올랐다", 〈중앙일보〉, 2015. 11. 17. https://news.joins.com/article/19080234

9   한국은행 소비자물가지수(기준연도 2015년, 전국)는 1965년 1월부터 데이터를 제공하고 있다. 1965년 1월 2.628, 1977년 13.155로 12년새 소비자물가지수는 5배 증가했다.

전두환 정부 때는 심화되는 인구 과밀화에 따른 도시 주택난과 더불어 중동 건설 붐, 3저(저금리·저유가·저환율) 호황, 88서울올림픽 개최 등을 계기로 외환 유입이 가속화되어 시중에 유동성이 계속 팽창하면서 주택시장 과열이 반복되었다.[10] 이에 정부는 시장에 불이 붙으면 허겁지겁 달려가 물을 끼얹는 사후약방문식 대응으로 일관했다. 1983년 토지 및 주택 문제 종합대책과 부동산 투기 억제 대책과 같이 조세와 금융을 활용해 대대적인 수요 조절 정책을 펼친 것도 이 때문이다. 뿐만 아니라 전두환 정부는 주택가격을 직접적으로 조정하는 분양가 상한제를 최초로 도입했다.[11] 분양가 상한제는 신규 주택에 한정적으로 적용되기 때문에 전체 주택가격 조정에는 큰 영향을 미치지 못한다. 도리어 분양가를 감당할 수 있는 사람들로 하여금 상대적으로 저렴하게 주택을 구매한 뒤, 분양가를 감당할 수 없는 사람들에게 상대적으로 비싼 임대료를 받을 수 있는 기형적 구조를 양산했을 뿐이다. 민간 주택시장 내 인위적 가격 통제가 오히려 부작용을 양산한 경우라 할 수 있겠다.

10　이진순, 〈부동산 투기 억제 정책의 전개과정〉, 《철학과현실》, 1990년 가을호, 279~296쪽.

11　전두환 정권은 85m² 초과 민영아파트 분양가를 3.3m²당 134만 원으로 못 박으며 '분양가 상한제'를 도입했다.

김유나, "역대 정부 굵직한 부동산 정책, 무엇이었나", 〈레이더P〉, 2020. 7. 10. https://raythep.mk.co.kr/newsView.php?cc=15000002&no=22219

공공주택시장 문을 연 노태우 정부

노태우 정부는 그간의 주택정책 문제점을 부족한 주택공급에서 찾았다. 주택공급을 획기적으로 늘리기 위한 택지 확보에 집중했으며, 그 결과 주요 도시 토지 소유 면적을 제한하는 〈택지소유상한법〉을 포함하는 토지공개념 3법은 물론 토지의 단위면적당 가격을 공시하는 공시지가제를 시행했다. 이를 바탕으로 주택 200만 호 건설과 노후 아파트 재건축 사업을 추진했다. 노태우 정부 역시 주택시장 안에서 주택가격을 안정화할 방법에 골몰했지만, 주택정책에서 처음으로 주거를 고민했다는 점은 괄목할 만하다. 1989년 최저소득층의 주거 안정을 위한 '영구임대주택'을 도입한 것이다. 입주 자격에 청약 가입자를 포함한 점, 적정 수준의 주거를 연동하지 않은 점(전용면적이 대부분 40m² 이하의 초소형 규모)은 아쉽지만 주거의 공적 해결의 효시였다는 데 의의가 있다.

건설 경기 활성화에 골몰한 김대중 정부

김대중 정부는 외환 위기로 주택을 포함한 자산 가치가 폭락하는 경기침체기에 출범했다. 그래서 이 시기 주택정책은 경기 진작을 위한 건설산업 활성화에 방점이 있었다. 새로운 공공임대주택 유형인 '국민임대주택'을 신설한 것도 이런 맥락에서 해석할 수 있다. 건설 경기 회복을 위해 전방위적으로 규제를 완화했다. 토지공개념 제도 완화, 양도소득세 완화, 분양권 전매 허용, 분양가 전면 자율화는 물론 외국인에게 주택시장을 개방하기도 했다. 출범 이후 주택 경기 활성화 대책을 35차례나 발표한 결과, 주택 전세가격이 폭등하면서 주택을 매입해 임대하려는 수요도 덩달아 증가했다. 임기 말에는 주택시장에 실수요, 투기수요, 투자수요가 한데 얽힌 초과수요가 발생했다.

공공주택시장을 전면에 내세운 노무현 정부

노무현 정부는 김대중 정부의 전방위적 규제 완화로 폭등한 주택가격을 잡기 위해 주택시장 내 가용할 수 있는 모든 수단을 동원했다. 주택시장 내 초과수요를 억제하기 위한 방편으로 건설 경기 연착륙 방안부터 투기과열지구 내 분양권 전매 제한, 행정중심복합도시와 혁신도시를 중심으로 한 지방균형발전사업, 종합부동산세[12] 도입 및 양도소득세 강화, 주택담보대출비율(Loan-to-Value, LTV)과 총부채상환비율(Debt-to-Income, DTI) 규제 도입, 주택거래 신고제 도입 등에 이르기까지 다양한 대책을 단행했다. 또한 저렴한 주택공급을 늘리기 위한 방편으로, 토지와 건물 소유권을 분리하는 '토지임대부 분양'을 처음

---

12 노무현 정부 이전 부동산보유세(지방세·국세 일원화)=재산세(건물에 과세)+종합토지세(토지에 과세)
노무현 정부 이후 부동산보유세(지방세·국세 이원화)=재산세(건물·토지 통합 과세, 지방세)+종합부동산세(건물·토지 통합 과세, 국세)
노무현 정부는 부동산보유세를 전면 개정했다. 첫째, 종합토지세를 폐지하는 대신 종합부동산세를 도입했다. 둘째, 건물과 토지 분리 과세 방식을 건물과 토지 통합 과세로 바꾸었다. 셋째, 지방세로 일원화되어 있던 부동산 보유세를 재산세는 지방세로, 종합부동산세는 국세로 이원화했다. 종합부동산세의 경우 부동산 소유자 전체를 대상으로 하는 것이 아니라 고가의 부동산을 소유한 일부를 대상으로 하며, 누진세율을 적용한다. 종합부동산세는 부동산교부세로 대부분 지자체에 배분되므로 지자체 간 재정 격차를 메워주는 역할을 한다.

으로 추진했으나 실패했다.

이렇듯 노무현 정부는 김대중 정부가 남긴 숙제를 해결하는 데 집중함과 동시에 '주거'로서의 주택정책도 전면에 내세웠다. 공공임대주택을 가장 많이 공급했을 뿐만 아니라 공공임대주택의 대상 범위를 국민 일반으로 확대했기 때문이다. 공공임대주택의 정책 목표를 저소득층 주거 안정에서 '서민' 주거 안정으로 확장함으로써 공공임대주택을 시혜적 복지로 연결하던 인식에 균열을 일으켰다.

공공주택시장까지 민간주택시장화한 이명박근혜 정부

이명박 정부의 주택정책 기저에는 노무현 정부의 것이라면 무엇이든 부정한다는 ABR(Anything But Roh) 정서가 깔려 있다. 이명박 정부는 "아파트 값을 세금으로 잡는 정부는 전 세계 어디에도 없다"고 주장하면서 노무현 정부가 도입한 종부세를 무력화하는 데 전력을 다했다. 종부세뿐만 아니라 취득세와 양도세 등 각종 세금 부담을 완화했다.

또한 "1가구 1주택은 국가가 책임져야 한다"며 역점 사업으로 '보금자리주택'을 발표했다. 보금자리주택은 공공임대와 공공분양을 모두 포괄하는 공공주택을 표방했으나, 실상은 공공분양주택에 더 방점이 있었다. 그래서 서민 주거 안정을 위한다는 취지가 무색하게도 공공임대주택 공급량은 절반 이하로 떨어졌다. 보금자리주택은 다음 정권 임기 말까지 서울시 주변의 그린벨트를 해제한 땅에 150만 호를 건설하겠다는 계획이었다. 이에 시세보다 15~50%까지 저렴해 일명 '반값 아파트'로 불렸다. 그린벨트까지 해제해 확보한 공공의 땅에서 다음 아닌 정부가 분양 장사를 벌인 것이다. 게다가 강남·서초 등 일부 보금자리주택 단지에 토지 가격을 뺀 '토지임대부'까지 적용해 수분양자에게 과도한 시세차익을 남기게까지 했다.[13] 그래서 '반의 반값 아파트'라 불리기도 했다.[14]

이외에도 강남3구를 제외한 모든 투기지역 및 투기과열지구를 해제하고 LTV 규제도 완화했다. 일련의 규제 완화로 주택가격 상승 불안감이 지속되고 보금자리주택이 공급되면서 전국적으로 매매보다는 전월세에 머물기를 선호하는 현상이 만연했다. 이에 전월세가가 폭등했다. 이를 반영하듯 이 시기에는 '전세난민', '렌트푸어', '하우스푸어' 등의 신조어가 대거 등장하기도 했다.

박근혜 정부의 주택정책 기조는 이명박 정부의 것과 대체로 유사했다. 이명박 정부가 완수하지 못한 양도세 중과 제도를 폐지했고 분양가 상한제 폐지, 재건축 초과이익환수 유예, 재건축 조합원에 3채까지 분양 허용하는 부동산 3법[15]을 도입했으며 LTV와 DTI를 대폭 완화했다. 다만 폭등한 전월세가를 이어받은 데에 대한 대응책으로 임대차 시장에 초점을 맞춘 정책들을 마련했다는 점에 차이가 있다.

---

13 안장원, "강남인데 분양가 2억도 안돼…… 땅 없는 아파트가 진짜 로또", 〈중앙일보〉, 2020. 7. 25. https://news.joins.com/article/23832923#none

14 정영철, "'반의 반값 아파트' 가능한데 토지임대부 왜 못하나", 〈노컷뉴스〉, 2020. 7. 8. https://www.nocutnews.co.kr/news/5374269

15 부동산 3법은 박근혜 정부가 2014년에 민간택지에서 공급되는 주택에 대한 분양가 상한제를 사실상 폐지하고, 재건축 초과이익 환수제 유예기간을 2017년까지 3년 연장하고, 수도권 과밀억제권역에서 재건축 조합원이 최대 3주택까지 분양받을 수 있도록 하는 주택법 개정안이다.
이소라, "'부동산 3법 찬성하고 특혜 본 사람이 국토위 간사?'……6년 만에 소환된 부동산 3법", 〈한국일보〉, 2020. 7. 28. https://www.hankookilbo.com/News/Read/A2020072813240003006

박근혜 정부는 전월세난에 대한 대응으로 '행복주택'이라는 공공임대주택을 신설하고 '기업형 임대주택(일명 뉴스테이) 사업'을 개시했다. 행복주택은 도심에 살기 원하는 대학생, 사회 초년생, 신혼부부 등 젊은 세대의 주거 안정을 목표로 공급한 공공임대주택이다. 공공임대주택 대상 범위를 다변화한 의미는 있으나 특정 지역 대규모 단지에 일괄적으로 14.2평의 소형 평수만을 제공하는 바람에 지방의 경우 공가율이 45.4%에 달하고 임대료 수준이 주변 시세와 비슷해 현금 동원능력이 있는 일부 가구에 혜택이 돌아가는 결과를 낳았다.

뉴스테이 사업은 민간임대주택의 공급 주체를 기업으로 다변화한 시도로 뉴스테이 사업에 참가한 기업에 대해서는 기금 출자 및 저리의 융자 지원은 물론이거니와 그린벨트 해제, 토지 조성원가 공급, 용적률 상향, 토지수용권까지 부여하는 특혜를 쏟아부었다. 시장가격보다 고작 5% 낮은 민간임대주택을 공급하기 위해 공적 자원을 이렇게까지 투입한 것은 전례가 없는 일이었다.[16] 일명 이명박근혜 정부로 이어지는 기간 동안 주택의 본질인 주거는 등한시되고 빚을 내서라도 내 집 마련에 투신하도록 유도하는 사회로 변질되었다.

주택 충분성, OECD 37개국 중 30위 최하위권

주택 충분성을 판단하는 지표로는 '주택보급률', '천 인당 주택수', '자가소유율' 등이 있다. 주택보급률은 집계에 사용하는 '주택 수'는 과

---

16 최은영, "'공공지원 민간임대주택', 박근혜 정부 '뉴스테이'와 뭐가 다른가?", 〈한겨레〉, 2018. 4. 23. http://www.hani.co.kr/arti/economy/property/841672.html

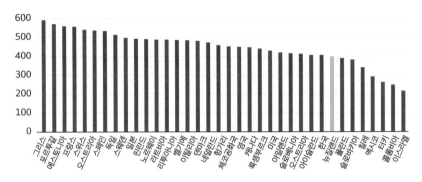

[도표 2-1] OECD 천 인당 주택 수

출처: HelgiLibrary https://www.helgilibrary.com/indicators/dwellings-per-1000-people

다하게, '가구 수'는 과소하게 추정돼 주택의 배분 상태나 주거 수준을
제대로 반영하지 못하는 한계가 있다.[17] 천 인당 주택 수는 가구 단위가
아니라 개인 단위로 주택 재고를 파악하기 때문에 국제적 비교도 용이
할뿐더러 1~2인 가구가 급증하는 현실을 잘 나타낸다는 점에서 좀 더
적절한 지표다.[18] 우리나라 천 인당 주택 수는 403호이며 OECD 37개

---

17 주택보급률은 가구 수 대비 주택 재고의 충분성을 판단하는 지표로, 주택 수를 가구 수로
나눈 값이다. 우리나라 주택보급률은 2008년부터 100%를 상회했고 2018년에는 104.2%로
집계돼, 언뜻 보기에는 주택 공급량이 충분한 것으로 보인다. 그러나 주택보급률을 판단 근거
로 삼기에는 무리가 있다. 주택보급률 집계에 사용하는 주택 수의 경우, 한 가구가 독립적으로
사용할 수 있는 공간 단위로 집계돼 공간을 불법으로 개조한 쪽방이나 안정적인 주택으로 보
기 어려운 에어비앤비도 적정 주택으로 집계한다. 또한 가구 수의 경우는 일정 기간 안정적으
로 주거가 이루어지는 '일반가구(가족으로 이루어진 가구, 가족과 5인 이하의 남남이 함께 사
는 가구, 가족이 아닌 5인 이하의 남남이 함께 사는 가구, 1인 가구)'를 중심으로 설계되므로 적
법하게 체류하는 외국인 가구(외국인으로만 구성된 가구, 한국인과 외국인이 함께 사는 가구
는 '일반가구'로 분류)는 물론 집단가구(가족이 아닌 6인 이상이 생활하는 가구, 기숙사, 노인
요양시설, 보육원 등 사회시설에 살고 있는 가구)도 집계에서 누락된다. 이렇다 보니 국제적으
로 통용되는 주택공급 지표는 '천 인당 주택 수'다. https://www.index.go.kr/potal/stts/idx-
Main/selectPoSttsIdxMainPrint.do?idx_cd=1227&board_cd=INDX_001; https://kostat.
go.kr/understand/info/info_qst/2/2/index.board?bmode=read&aSeq=71991

18 김진유, "한국 주택보급률 100% 넘는데…… 왜 항상 부족하다고 느껴질까", 〈한국일보〉,

국 중 30위로 최하위 수준으로 확인된다.[19] 이마저도 적정 수준의 주거를 담보하지 못하는 노후주택과 최저주거기준 미달 주택이 포함된 결과다. 20년 넘은 노후주택의 비중은 전체의 48%,[20] 최저주거기준미달 가구가 전체의 5.3%이며 이 중 65%가 저소득층이다.[21] 또한 가구당 주택소유율은 56.3%, 개인당 주택소유율은 28.6%다.[22] 이를 종합했을 때, 우리나라 주택공급이 충분하다고 판단하긴 어렵다.

공공주택 충분성, 공공주택 재고량 사실상 4% 남짓

공공주택도 마찬가지다. 공공주택은 자력으로 민간주택시장에 진입하기 어려운 무주택 서민의 주거 안정을 목표로 국가나 지자체와 같은 공공이 공급하는 주택을 일컫는다. 공공주택은 분양을 목적으로 공급하는 '공공분양주택'과 임대 또는 일정 기간 임대 후 분양으로 전환되는 용도의 '공공임대주택'으로 구분된다. 공공임대주택은 다시 공공

2020. 7. 11. https://www.hankookilbo.com/News/Read/A2020070912070005692

19 OECD, "Housing Stock and Construction", HelgiLibrary, 2020, Dwellings Per 1,000 People.

20 육혜민, "국내 거주인구 50% 수도권 거주…… 20년 이상 노후주택 총 주택의 절반 가량", 〈건축사신문〉, 2020. 9. 1. http://www.ancnews.kr/news/articleView.html?idxno=10727

21 국토교통부, 〈2019년 주거실태조사〉, 2020, 88쪽; 토지주택연구원, 〈공공임대주택의 주거 빈곤 완화 및 소득재분배 효과〉, 2020, 35쪽. https://index.go.kr/smart/refer.do?stts_cd=801401&idx_cd=8014&clas_cd=8&period=Y&periodS=2018&periodE=2019&clas_div=&idx_clas_cd=&m=1

22 통계청, 〈행정자료를 활용한 2019년 주택소유통계 결과〉, 2020. 2019년 기준 2,034만 3,000가구 중 1,145만 6,000가구가 주택을 소유하고 있으며 5,000만 인구 중 1,433만 6,000명이 주택을 소유하고 있는 것으로 집계되었다. http://kostat.go.kr/portal/korea/kor_nw/1/1/index.board?bmode=read&aSeq=386145

주택사업자가 직접 건설해 공급하는 '공공건설임대주택'과 직접 건설하는 대신 기존 주택을 매입해 공급하는 '공공매입임대주택'으로 나뉜다. 따라서 현행법상 공공임대주택은 총 7가지로, 영구임대주택·국민임대주택·분양전환공공임대주택·행복주택·장기전세주택·기존주택매입임대주택·기존주택전세임대주택이 있다. 공공분양주택은 현금 동원 능력이 있는 일부 가구에게 혜택이 돌아가기 때문에 공공주택의 충분성은 공공임대주택 재고로 파악하는 것이 옳다.

우리나라 무주택 가구는 전체의 43.7%, 소득 10분위 중 하위 1~4분위는 전체의 37.4%, 중위소득 이하 가구는 전체의 65.6%에 달한다. 그러나 무주택 서민의 주거 안정을 위해 도입한 공공임대주택 재고는 전체의 8.4%에 불과하다.[23] 이마저도 5년 또는 10년 뒤에 분양으로 전환돼 소실되는 물량이 포함되어 있다.

실제로 공공임대주택 물량 중 국민임대주택 다음으로 많은 비중을 차지하는 유형이 바로 분양전환공공임대주택이다. 문제는 이뿐만이 아니다. 행복주택·분양전환공공임대주택·기존주택매입임대주택·기존주택전세임대주택의 경우 입주 자격이 소득수준과 무관하며,[24] 행복주택·분양전환공공임대주택·장기전세주택은 임대료가 시세와 비슷해 민간주택에 비해 경쟁력이 낮다.[25] 입주민이 장기간 안정적으로

23 http://stat.molit.go.kr/portal/cate/statFileView.do?hRsId=37&hFormId=&hSelec-tId=&sStyleNum=&sStart=&sEnd=&hPoint=&hAppr=

24 정규효, "임대아파트에 외제차…… 분양전환가 논란 속 따가운 시선", 〈시장경제〉, 2018. 5. 15. http://www.meconomynews.com/news/articleView.html?idxno=13653

25 유한빛, "현금 5억 원 있어야 들어가는 SH 장기전세…… 서민용 맞나요?", 〈조선비즈〉, 2020. 10. 7. https://biz.chosun.com/site/data/html_dir/2020/10/06/2020100602439.html

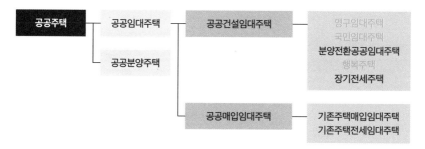

[도표 2-2] 공공주택 유형(〈공공주택 특별법〉)

주거할 수 있는 공공임대주택은 영구임대주택과 국민임대주택 두 가지뿐인데, 해당 물량은 전체의 4%에 불과한 실정이다.

턱없이 부족한 공공임대주택 재고는 주택가격의 계속적 상승과 무관하지 않다. 공공주택시장에서 주거를 해결하지 못한 사람들이 민간주택시장에 의존할수록 임대료는 상승하고, 이것이 자연히 주택가격까지 끌어올리기 때문이다.

[표 2-1] 2019년 공공임대주택 재고 현황

(단위: 호)

영구임대주택	국민임대주택	분양전환공공임대주택	행복주택
209,290	541,622	274,040	63,355
장기전세주택	기존주택전세임대	기존주택매입임대	총 주택 수
33,180	265,647	146,040	18,127,000

[표 2-2] 공공임대주택 유형

구분		입주 자격	임대료	거주 면적	거주 기간
장기공공 임대주택	영구임대주택	최저소득	시세의 30%	전용 40m² 이하	50년 이상/영구
	국민임대주택	소득 4분위 이하	시세의 50~80%	전용 85m² 이하	30년
분양전환공공임대주택		청약저축 무주택자	시세의 90%		5년/10년
행복주택		젊은 층(대학생, 사회초년생, 신혼부부)	시세의 60~80%	전용 45m² 이하	6~20년
장기전세주택		소득 4분위 이하	시세의 80% 이하	전용 85m² 이하	20년
기존주택매입임대주택		저소득층, 청년, 신혼부부	시세의 30~50%		
기존주택전세임대주택			지역별 일정금액 지원		

현 주택정책, 공공주택의 고질적 병폐 해결 중

'주택 공공성 강화'를 기치로 내세운 현 정부는 주택시장의 이분화를 적극적으로 꾀하는 것으로 보인다. 민간주택 시장의 수요 조절을 위해 다주택자 및 법인 중과세·투기과열지역 및 조정대상지역 확대·주택담보대출비율과 총부채상환비율 강화·총체적원리금상환배율(Debt Service Ratio, DSR) 도입을 통한 대출 상환 능력 검증 강화·갭투자 방지를 위한 전세자금대출보증 이용 제한 강화, 분양가 상한제 적용 기준 확대 등을 단행하는 한편 공공주택시장을 안착시키기 위한 다양한 개편안을 마련했다.

토지임대부 분양주택의 경우 전매 시 공공에 환매를 의무화해 수분양자들이 과도한 시세차익을 누릴 수 없도록 하는 개정안을 통과시켰다.[26] 또한 출범 초기부터 내놓은 '주거복지로드맵'을 보완해 이행 중반기에 접어든 2020년 3월에 '주거복지로드맵 2.0'을 발표했다. 공공주택 공급 확대와 인구구조 변화에 맞춘 생애주기별 주거 지원, 주거 수준 상향, 공공주택의 부정적 이미지 해소라는 4가지 주요 목표는 초창기 주거복지로드맵과 동일하나 세부 이행 계획에서는 다음과 같이 주목할 만한 차이가 있다.

1. 연평균 21만 호 공공주택 공급계획을 당초 2022년에서 2025년까지 확장한다.
   이로써 2025년에는 (장기)공공임대주택 240만 호를 달성해 선진국 수준의 공공임대 재고율을 확보하겠다는 계획이다.
2. 7가지 공공임대주택 유형 가운데 영구임대주택 · 국민임대주택 · 행복주택 3가지를 통합한다.
   이에 따라 입주 자격, 임대료, 거주 면적, 거주 기간도 통합한다. 입주 자격은 중위소득 130% 이하(1인 기준 228만 원, 3인 기준 503만 원) 등[27]으로, 임대료는 소득에 연계하고(최저소득계층은 시세의 35%, 일반은 시세의 65~80%), 거주 면적은 가구원 수에 연계(1인 18m^2, 2~3인 36m^2, 4인 이상 56m^2 등)한다.
3. 인구구조 변화에 따른 맞춤 프로그램을 확대한다.

---

26 윤종석, "'토지임대부 주택에 환매 의무화' 주택법 국회 통과", 〈연합뉴스〉, 2020. 12. 9. https://v.kakao.com/v/20201209171326276?from=tgt
27 통합공공임대주택(영구·국민·행복) 입주 자격은 다음과 같다. 소득은 기준 중위소득 130% 이하로 통일(2020년 기준으로 1인 가구 228만 원, 3인 가구 503만 원), 자산은 2.88억 원 이하(자동차 기준액은 2500만 원 × 전년도 운송장비 소비자물가지수)로 통일한다.

고령가구의 경우 문턱을 제거하고 안심센서가 부착된 주택을, 청년 독신 가구에게는 일자리를 연계한 주택을, 신혼부부 및 다자녀 가구에게는 돌봄지원 서비스가 지원되는 주택을 제공하는 것이다.

4. 쪽방 등 비주택 거주 가구의 주거 상향을 지원한다.

비주택 거주 가구에 대해 공공임대주택 우선 입주를 적용하고, 이주 및 정착지원금을 제공하는 한편 지자체 및 공기업과 협업해 주요 쪽방촌을 재정비해 공공임대주택 단지로의 전환을 꾀한다.

5. 주거급여 지원을 강화하기 위해 표준 임대료 현실화를 병행한다.

이상의 5가지 이행안에 따르면 2025년에는 3가구 중 1가구가 공공주택을 위시로 하는 주거복지 프로그램을 이용하게 되며, 무주택 임차가구 10가구 중 3가구 이상이 공공임대주택에 거주하게 될 전망이다. 입주 자격을 중위소득 130%로 일괄 통합해 대상 범위를 확장하고, 주거수요를 고려한 주택공급을 모색한다는 점, 그리고 임대료를 소득과 연계함으로써 임대료를 현실화해 공공주택 운영의 지속 가능성을 제고한 점이 특히 괄목할 만하다. 이로써 공공주택시장의 고질적인 병폐로 손꼽히던 공공주택의 양적, 질적 문제를 상당수 해소할 것으로 기대된다. 다만, 공공주택시장이 민간주택시장에 비견할 만한 경쟁력을 갖추기에는 '주거 이동성' 측면에서 한계가 있다.

주거 이동성은 단순히 공간적 이동을 한다는 의미를 넘어 더 나은 주거를 선택할 수 있는 가능성을 의미한다. 현행의 공공임대주택 설계에는 주거 이동성에 대한 고민이 부재하다. 우선, 공공임대주택은 입주민에게 주거 면적을 선택할 권리를 부여하지 않는다. 주거 면적이 거주하는 가구원 수에 따라 결정되기 때문이다. 주거복지로드맵 2.0에 따르면 1인 가구에는 5평(18㎡), 2~3인 가구에는 10평(36㎡), 4인 이상 가구에는 16평(56㎡)으로 공급된다. 소득과 무관하게 가구원 수에 따라 주거 수준이 결정된다는 점에서, 소득이 오르더라도 주거 상향은 불가능하다.

또한 중위소득 130%를 초과하는 경우 공공주택시장에서 주거를 해결할 방법이 없다. 일례로 공공임대주택에 거주하던 사람이 소득이 올라 중위소득 140%를 넘어서는 경우, 더 이상 공공임대주택에서 주거를 해결할 수 없다. 중위소득 130%와 140%의 소득 차이는 20만 원도 채 되지 않는다. 소득이 조금 오른 대가로 주거의 안정성이 위협받는다면 근로 의욕 상실로 이어질 가능성이 높다. 또한 자산이 부족해 민간주택시장으로 진입하기는 부담스럽지만 중위소득 130%를 넘는 사람들은 꼼짝없이 민간주택시장으로 향할 수밖에 없다.[28] 소득에

28 최근 '11·19 전세대책'에서 예고한 1만 4,299가구 규모의 전세형 공공임대주택은 무주택자이기만 하면 소득은 물론 자산 요건에 제한을 두지 않겠다고 발표했다. 그러나 여전히 소득이 낮은 순으로 우선 공급되는 데다 전용면적 25.50~59.90㎡(7~18평)의 소형 평수 중심이라는 점에서 주거 상향과는 무관하다. 특히 저소득층의 입주 기회가 충분하지 못한 상황에서 굳이 '자산' 요건까지 해제한 점은 정치적 의도가 다분하다. 따라서 아직까지는 소득과 무관한 공공임대주택은 존재하지 않는다고 봐야 합당할 것이다.
진중언, "전세형 임대주택 1만 4,000가구 모집, 소득 상관없이 무주택자 신청 가능", 〈조선일

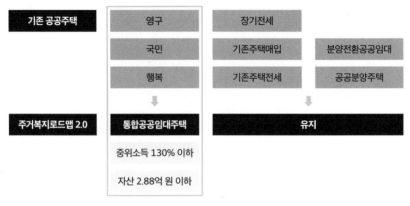

[도표 2-3] 주거복지로드맵 2.0에 따른 공공주택 개편안

따라 공공주택시장 진입에 장벽을 두면, 민간주택시장 의존도를 낮추기란 요원한 일이다. 방법은 없는 것일까?

자산 제한은 있지만 소득 제한은 없는 '디딤돌주택' 신설 제안

방법은 있다. 주거 이동성을 고려한 완충지대를 마련하면 된다. 주거복지로드맵 2.0에서 더 나아가 소득수준에는 제한을 두지 않는 공공주택 유형, '디딤돌주택'을 신설하는 것이다. 단, 2.88억 원 이하라는 자산 기준은 그대로 적용한다. 그러면 통합공공임대주택 거주민 중 소득이 높아진 이들은 공공주택시장 안에서 주거를 상향할 수 있다. 또한 자산은 부족하지만 소득이 높아 각종 주거 혜택에서 소외되었던 사람들도 공공주택에서 주거를 해결할 수 있다. 특히 당장 자금력은 부

보〉, 2020. 12. 20. https://www.chosun.com/economy/real_estate/2020/12/20/5QWY-L4MRVJGE7BNPRJ6EA4N4ZE

족하지만 소득이 안정적으로 발생해 공공임대주택 입주 우선순위에서 밀려나곤 했던 30~40대 청장년층의 주거 해결을 도모할 수 있다. 이렇듯 디딤돌주택이란 공공주택시장에서 민간주택시장으로 넘어갈 디딤돌이 되어준다는 의미다. 지금 당장은 공공주택의 양과 질, 대상 범위를 확대하는 것이 최우선 과제이나 이것이 어느 정도 안착된 다음에는 디딤돌주택 공급을 병행할 것을 제안한다.

통합공공임대주택을 제외한 기존 공공주택 유형은 일괄 디딤돌주택으로 이전한다. 이 가운데 기존 주택을 매입하거나 임차해 임대로 공급하는 공공매입임대주택 물량은, 추가 건설 없이 기존 주택을 활용할 수 있어 다양한 입지와 평형의 주택을 공급할 수 있을 뿐만 아니라 민간주택시장 물량을 공공주택시장으로 자연 편입할 수 있어 효율적이다. 그리고 분양 물량인 분양전환공공임대주택과 공공분양주택은 '환매조건부 토지임대부 지분적립형 주택'으로 공급해 사실상 '임대' 성격으로 전환한다. 우선, 토지임대부를 적용하면 분양가에 토지 가격이 포함되지 않아 분양가를 상당히 낮출 수 있다. 거기에 지분적립형을 적용하면, 분양가의 일부만[29] 우선 납입한 뒤 (할부처럼) 장기간에 걸쳐 나머지 분양가를 채워나가게 돼 자산 기준이 2.88억 원에 못 미치는 사람도 분양을 시도해볼 수 있다. 단, 낮은 분양가를 누리는 대신 '환매 의무화'를 조건부로 달아 디딤돌주택으로 시세차익은 누릴 수 없도록 제한한다. 주택 소유로 말미암아 발생하는 이익은 공공에 귀속함으로써 분양으로 공급된 디딤돌주택 물량도 임대주택의 변형이 된다.[30] 이로써 공공택지의 공공성을 보존하는 한편 주거 상향이라는 사

---

29 순수한 지분적립형 주택에서는 분양가의 20~25%를 우선 납입한다.

30 한국주택금융공사, 〈주택금융인사이트〉, 제2020-15호, 2020년 8월 13일.

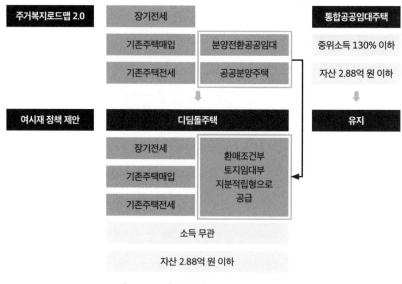

[도표 2-4] 여시재 공공주택 개편안

적 욕구를 동시에 채울 수 있다. 또한 다음 매수자도 접근 가능한 적정
성을 유지할 수 있다. 결과적으로 공공주택시장에서 주택은 '자산'으
로 거래되는 것이 아니라 온전히 '주거'로서 거래돼, 민간주택시장과
공공주택시장의 건강한 양립을 꾀할 수 있다.

국제사회에 '디딤돌주택' 공감대는 이미 있어[31]

디딤돌주택을 위시한 공공주택 개편안의 모델은 해외 곳곳에서 엿

31 김근용·김혜승·박천규·이윤상, 《공공임대주택공급체계 개선방안 연구》, 국토연구원,
2015, 115~142쪽 참고; 김태경·정지이·권대한, 〈토지임대부 및 환매조건부 분양제도에 관한
연구〉, 《정책연구》, 1-4, 2007; 김용창, 〈자산기반 주거복지정책으로서 단기 공공임대주택의
지분공유제 주택으로 전환〉, 《공간과사회》, 제23권 2호, 1-35, 2013.

볼 수 있다. 스웨덴과 싱가포르는 공통적으로 공공택지를 상당수 확보하고 있어 토지임대부 형식의 공공주택공급이 일상화되어 있다. 싱가포르의 공공주택시장은 국가가 토지를 소유하고 건설은 공공 또는 민간이 맡으며 운영은 오직 '임대'로만 작동한다. 별도의 입주 요건을 요구하지는 않으며 대기 기간에 따라 입주민이 결정된다. 싱가포르는 스웨덴과 달리 공공주택시장이 '분양'과 '임대'로 분리되어 있다. 하지만 방점은 임대보다는 '분양'에 맞춰져 있다. 싱가포르의 공공분양 주택에는 5년의 전매 제한 기한이 있으며 환매를 의무화한다. 우리나라 공공주택시장의 최대 전용면적의 1.8배에 해당하는 109m²에 이르는 다양한 평형을 공급하고 있다. 두 나라 모두 상당한 공공택지를 기반으로 공공주택시장이 성장한 덕분에 민간주택시장과 공공주택시장의 완전한 이분화가 정착할 수 있었다. 이외에도 일본, 영국, 네덜란드, 핀란드, 홍콩, 호주 등에서 토지임대부 형식의 공공주택 제도를 시행하고 있다. 또한 지분적립형 주택은 미국, 영국, 호주 등지에서 시행하고 있다. 영국과 호주와는 달리, 미국에서는 지분공유주택(shared-equity home-ownership)에 전매 제한 및 시세차익 공유를 조건부로 해 다음 매수자도 접근 가능한 적정성을 유지하도록 설계했다.

주택정책, 균형 잡힌 양방향 접근 시도해야

대한민국 주택정책의 문제점으로, 주택이라는 재화의 특수성을 고려하지 않은 시장적 접근을 꼽았다. 이에 여시재는 시장적 접근과 비시장적 접근을 병행하는 주택정책을 제안했다. 이때 비시장적 접근이란, 민간주택시장과 대비되는 개념으로 공공주택시장을 주요한 주택정책의 하나로 활용하는 것을 가리킨다. 민간주택시장 가격과 무관하게 작동하는 공공주택시장을 주택정책 전반에 등장시킴으로써, 주택시장구조를 '자산'으로서 주택을 거래하는 민간주택시장과 '주거'로서 주택을 거래하는 공공주택시장으로 이원화하자는 것이 여시재 주택정책의 주요 골자다. 현재 공공주택 대상 범위가 사회적 약자에 국한되어 있는 데다 소득수준이 주거 수준과 연동돼 주택시장에서 공공주택시장의 비중은 민간주택시장에 비할 수준이 못 된다. 다행스러운 것은 현 정부가 주거복지로드맵에 따라 공공주택의 양과 질, 대상 범위 확대를 추진하고 있는 점이다. 이를 이어받은 차기 정부에서는 공공주택시장 확대에서 더 나아가 공공주택시장의 전면적 보편화를 모색할 때다. 이를 위해 디딤돌주택을 설계했으며, 디딤돌주택의 주요한 내용은 다음 3가지로 요약할 수 있다.

첫째, 디딤돌주택 입주에 소득 제한을 두지 않는다. 소득 이외에 무주택자 조건과 자산 조건은 현 정부의 통합공공임대주택 입주 요건과 동일하다. 이로써 민간주택시장에서 적정한 주거를 해결하기에는 자산이 부족한 가구도 공공주택시장에서 주거 해결이 가능해진다. 당장은 자금력이 부족하지만 소득이 발생하기 시작함으로 인해 공공주택 대상 범위에서 번번이 배제되었던, 특히 30~40대를 효과적으로 포섭할 수 있다. 소득이 안정적으로 비교적 오랫동안 발생하는 청장년층이 자력으로 민간주택시장에 진입하기 전 완충지대의 역할을 할 수 있을 것이다.

둘째, 디딤돌주택 거주 면적은 거주원 수에 연계하지 않아 공공주택시장 내 주거 이동성을 제고한다. 주거 이동성은 단순히 공간을 이동한다는 의미를 넘어 더 나은 주거를 선택할 수 있는 가능성을 의미한다. 디딤돌주택을 통해 거주 면적을 선택할 권리를 부여함으로써 결혼과 출산, 소득 향상 등으로 주거 상향이 필요한 이들이 공공주택시장 내에서도 주거 상향을 꾀할 수 있도록 한다.

셋째, 디딤돌주택은 현 정부의 통합공공임대주택을 제외한 공공주택 유형에 기반하며, 이 중 '분양' 물량인 '분양전환임대주택'과 '공공분양주택'은 환매조건부 토지임대부 지분적립형 주택으로 공급해 사실상 '임대' 물량으로 전환한다. 공공주택은 공공성이 최대로 발휘되도록 운용해야 한다는 점을 염두에 둘 때, 공공주택을 분양함으로써 발생하는 시세차익이라는 불로소득을 공공이 아닌 수분양자에게 귀속하는 것은 공공성에 부합한다고 보기는 어렵다. 현행의 공공주택 분양은 주택을 소유하지 못한 사람에게 분양 기회를 확대해 주거 안정을 꾀하는 것인데, 실상은 주택발(發) 불로소득 불균형에 일조하는 것일 뿐이다. 그러므로 공공주택만큼은 '소유'를 통한 주거 안정을 지양해 주택을 소유하지 않고도 주거 안정을 누릴 수 있는 주택시장구조 정착에 기여해야 한다. 따라서 공공주택 분양 물량이 사실상 임대로 기능하도록 '분양'을 통한 시세차익을 누리지 못하도록 환매를 의무화할 필요가 있다. 여기에 토지임대부와 지분적립형을 연계해, 분양 물량은 소득은 적은 편이 아니나 자산이 부족한 이들이 낮은 분양가로 입주해 자산을 축적하고 주거 상향의 욕구를 적절히 해소하도록 한다. 분양 물량 이외에, 민간주택시장의 매물을 매입 또는 임차해 제공하는 '기존주택매입'과 '기존주택전세'는 직접 짓지 않으면서 다양한 평형의 주택을 공급할 수 있다. 이는 민간주택시장의 일부를 공공주택시장으로 편입해 민간주택시장과 공공주택시장의 불균형을 조정하는 역할도 한다. 뿐만 아니라 다양한 평형과 입지에 위치한 주택이라는 점에서 입주민의 여러 양태의 주거 욕구를 효율적으로 해소할 수 있다.

이처럼 디딤돌주택은 대한민국 주택정책에서 처음으로 공공주택시장 내 주거 이동성을 고려했으며 다수 국민이 주거를 공적으로 해결할 수 있도록 설계했다는 점, 그리고 공공주택의 공공성을 극대화할 방법을 모색했다는 데 의의가 있다. 디딤돌주택으로 말미암아 주거의 사적 해결을 당연시해왔던 주택정책을 재고하고, 궁극적으로는 주택시장의 균형 잡힌 이원화가 대한민국에 자리 잡길 바란다.

그린아시아 그리드

이동학(쓰레기센터 대표)

고장 난 바다, 지구를 떠나는 인류

〈2035년 UN 사무총장 긴급 호소 및 대책 촉구〉

지구에 살고 있는 모든 인류, 그리고 각국 정부를 대표하는 정상들께 촉구합니다. 현세대를 마지막으로 우리 인류 역사를 끝낼 수는 없습니다. 150여 년 전 탄생한 플라스틱은 우리 인류가 존재하는 모든 곳에서 혁명적인 역할을 수행해왔습니다. 의료 장비, 건축물, 교육 자료, 대중교통, 옷 등 우리의 삶은 물론, 우주정거장에서도 플라스틱의 활약은 눈부십니다.

그러나 불과 최근 30여 년의 시간 동안 저렴하고, 가볍고, 자유자재로 만들 수 있다는 이유만으로 인류가 사용해온 일회용 플라스틱은 초유의 환경 재앙을 만들고 있습니다. 20여 년 전 약 1,000만 톤의 플라스틱 쓰레기가 바다로 휩쓸려 들었다면, 2035년 현재는 1억 톤이 넘는 것으로 파악되고 있습니다. 태평양 한가운데 존재하는 '거대쓰레기지대(Great Pacific Garbage Patch, GPGP)'는 15년 전 프랑스 면적의 3배였지만, 이제는 8배로 커진 상태입니다.

플라스틱이 수백 년 동안 분해되지 않으리라는 것을 우리는 수십 년 전에 알았지만 대응책을 내기만 할 뿐 제대로 실천하지 못했습니다. 그 결과 해양 동물과 야생동물들이 플라스틱을 먹이로 오인하여 집단 폐사하는 일이 일상의 풍경이 되었습니다. 여기에 스위스의 산맥, 아르헨티나의 빙하에서 내려오는 물에서 미세 플라스틱이 다량 검출되고 있으며, 오늘날 생산되는 생수병의 99%와 각국에서 관리하는 수돗물, 심지어 인간과 동물의 배설물에서도 미세 플라스틱이 검출되는 상황에 이르렀습니다.

매년 사용하는 일회용 비닐봉지는 10조 개가 넘고, 1분마다 판매되는 플라스틱 병은 700만 개 이상입니다. 플라스틱이 직접적인 사망 원인이 되어 폐사하는 해양 동물의 수는 매년 100만 개체에 달합니다.

제가 드리는 호소는 미래 세대를 위한 것이 아닙니다. 지금 당장을 살아가고 있는 현세대의 생존을 위한 것입니다. 더 이상 미래를 지키기 위한 것이 아니고, 오늘, 여기서 우리가 행동에 옮기자는 말씀을 드리고 있는…… 뚝.

〈뉴스 화면〉

달과 화성은 물론이고 우주 공간에 띄울 거대한 우주정거장 조성이 시작됐다. 연구는 끝났고, 개발과 조립 등의 과정을 거쳐 우주 공간 내 2045년에 설치·완공될 예정이다. 인류는 수십 년 동안 플라스틱 오염원에 대한 문제를 인식해왔고, 이에 대한 해결책을 알고 있었으나 성장과 소비, 가격이라는 측면에서 플라스틱 사용을 자제하지 못했고, 머지않아 지구에서 인류가 생존하는 것이 어려울 것이란 전망이 나오고 있다.

부를 많이 축적한 선진국들의 경우 자국의 일부 국민들을 스페이스국으로 옮기는 방안을 검토하고 있지만, 그러지 못한 국가들은 혼란이 가중되고 있는 모습이다. 특히 스페이스국 입국 신청 시뮬레이션 결과 한 사람당 5억 원의 티켓 비용이 소요되며, 당국은 이를 일시불이 아닌, 장기적인 분납 형태로 설계해 사람들의……

늘어나는 플라스틱, 이동하는 쓰레기

2002년 2억 톤을 기록했던 플라스틱 생산량은 2013년 3억 톤에 근접했으며, 2018년엔 3억 5,900만 톤의 플라스틱이 생산되었다. 이는 현존 인류 78억 명이 각기 46kg을 들고 있는 것과 같은 엄청난 양이다. 1950년 200만 톤에 불과하던 생산량이 2000년대 들어 폭발적으로 늘어온 것이다. 인류는 1950년부터 2015년까지 누계 83억 톤의 플라스틱을 생산했다. 이후 생산량을 더하면 90억 톤을 넘어선다.

생산한 플라스틱을 사용하는 용도를 보면 인류의 삶을 그대로 반영하고 있다. 상품 포장재가 42%로 압도적이며, 건축/건설자재는 19%로 두 번째를 차지했다. 플라스틱 쓰레기 부분에서도 거의 비슷한 비율을 보이는데, 이것은 제품의 수명과도 관련이 있다. 상품 포장재는 수명이 매우 짧은 특성이 있다. 일반적으로 6개월 이하로 알려져 있으나, 오늘날의 소비 상품은 다수가 일회용이고 포장재는 상품을 감싼 것이기 때문에 구매와 동시에 버려지는 운명이다. 반면 건축자재는 평균수명이 35년가량이다. 따라서 포장재는 버려지는 플라스틱 쓰레기의 절반에 가깝고, 이는 쓰레기의 주요 발생원이기도 하다.

한 해 인류가 배출하는 쓰레기의 양은 21억 톤가량이다. 쓰레기 최대 발생 국가는 전체 쓰레기의 12%를 차지하는 중국이다. 그런데 이를 1인당으로 바꾸면, 미국이 1위다.[1] 미국인들이 전 세계 평균의 3배에 육박하는 쓰레기를 만들고 있다. 독일도 만만치 않다. 이러한 현상은 한국 등 선진국 전반에서 나타나는 현상이며, 개발도상국에 비해 월등히 많은 쓰레기를 배출하고 있다. 그리고 도시지역이 농촌지역에 비해 쓰레기를 2배 이상 발생시킨다는 연구 결과도 속속 나오고 있다. 문제는 개발도상국은 물론 선진국들조차 쓰레기를 완전하게 처리하는 체계를 갖고 있지 못한 데 있다. 어쩌면 중국의 존재 때문이었는지도 모른다. 대부분 선진국들은 자국의 쓰레기를 중국으로 보내 처리해왔기에 적절한 시설을 갖출 필요가 없었기 때문이다. 2017년 중국은

---

1 Niall Smith, "US tops list of countries fuelling the waste crisis", July 2. 2019. https://www.maplecroft.com/insights/analysis/us-tops-list-of-countries-fuelling-the-mounting-waste-crisis

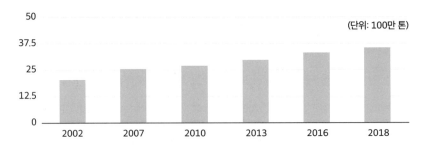

WTO에 24종의 쓰레기를 받지 않겠다는 공문을 보냈고, 2018년 1월부로 실행에 옮겼다. 그러자 세계 각국은 혼란에 빠졌다.

중국이 쓰레기 수입 거부 결정을 내린 2017년에 미국의 플라스틱 폐기물들이 컨테이너에 실려 중국과 홍콩으로 보내졌다. 이듬해부터 시행될 예정이었으므로 통관에 문제는 없었지만 자그마치 93만 1,000톤에 달했다. 미국 환경보호국(US-EPA)은 플라스틱 수출 실태를 추적한 결과 통계 환산이 가능한 1994년부터 이러한 관행이 지속되어 왔고, 해마다 70%를 넘나드는 쓰레기를 중국으로 보내왔음을 확인할 수 있었다. 수십 년에 걸쳐 쓰레기 발생량은 급격히 증가했고, 이러한 쓰레기가 미국 내에서 재활용되는 비율은 1994년에는 5% 미만이었고 20년이 지난 2014년에 9.5%로 정점을 찍었다. 그러나 고작 1/10도 안 되는 수치다. 그마저도 이후 내리막을 걸어 하락했다.

2015년 미국 환경보호국에서 발표한 보고서에 따르면, 2015년 총 314만 톤이 재활용되었고 이 중 226만 톤의 미국 플라스틱 쓰레기가 수출되면서 국내에서 재활용된 양은 88만 톤에 그쳤다. 이는 같은 해 미국에서 발생한 플라스틱 폐기물 약 3,450만 톤의 2.5%에 불과하다. 2017년 중국이 쓰레기 수입 거부 조치를 취한 후 2018년 미국의 쓰레기 수출량은 119만 톤으로 감소했다. 그리고 가정용 플라스틱 쓰레기의 약 2.2%만 재활용되었으며, 6배 이상인 13.4%는 소각되고, 81.4%가 땅에 묻혔다.

제조업체들은 재료의 품질은 높이고 비용은 낮추고자 하기 때문에 새로운 플라스틱 재료를 원한다. 재활용 재료는 새 재료보다 처리 비용, 원가 비용이 더 들어간다. 여기에 포장재에 위험 물질이 포함될 수 있는 위험도 있어 업체들은 재활용 제품의 사용을 꺼릴 수밖에 없다.

플라스틱을 재활용하려면 광범위하게 분산된 폐기물을 수거하는 트럭, 운전자, 폐기물을 분류하기 위한 인력과 장비 등 시스템을 갖춰야만 한다. 반면 새로운 플라스틱을 생산하는 인프라는 상당히 고도화되어 확장되어 있는 상태다. 플라스틱 생산은 저유가로 인해 꽃을 피우고 있다고 해도 과언이 아니다. 실제로 미국에서 재활용은 경제적 유인이 없다. 원채 땅이 큰 나라여서 매립 중심의 처리 정책으로 갔고, 현재 75곳의 도시 쓰레기 소각시설 중 단 하나를 제외하고는 모든 시설이 1997년 이전에 건설된 노후 시설이다. 이마저도 매립지의 부담을 줄이기 위해 운용되고 있고, 대기로 배출되는 중금속, 황산화물(SOx), 질소산화물(NOx)을 걸러내기 위해 별도의 시설을 설치했다.

미국에서 재활용을 포기하는 것은 경제적 손해를 회피하기 위해서다. 중국으로부터 입국을 거부당한 미국의 컨테이너들은 이제 터키, 세네갈, 인도, 태국 등으로 향했다. 2019년 5월 미국에서 58개국으로 6만 4,900톤의 쓰레기가 이동했다.[2] 이렇게 이동한 쓰레기들은 개발도

2 Sharon Lerner, "Waste Only: How the Plastics Industry Is Fighting to Keep", July 20. 2019. https://theintercept.com/2019/07/20/plastics-industry-plastic-recycling

상국에서 어떻게 처리되고 있을까? 경제적 손해를 피하기 위한 미국과 같은 행동은 국제사회 전체의 환경에 어떤 결과를 낳고 있을까?

대부분 개발도상국은 환경법의 규제가 약하다. 르완다나 케냐처럼 강력한 비닐봉지 억제 정책을 실시하는 국가도 존재하나, 몇몇 국가들을 제외하곤 주변국에서 밀수하는 등 여전히 비닐봉지를 사용하는 곳이 많다. 그러니 개발도상국에서 플라스틱을 회수하기 위해 재정적으로 유인하는 것은 생각하기 어려운 실정이다. 여기에 부유한 나라들에서 이동해온 플라스틱은 개인적으로 쓰레기 선별 작업을 하는 이들의 하루살이 소득에 도움이 될 뿐 국가적, 산업적 이익으로 연결되지는 않는다. 국가에서 이를 제어 또는 상향시키기 위한 시스템 자체가 없기 때문이다.

대략 5,200만 명의 케냐 국민 중 1,800만여 명의 사람들이 하루에 2달러도 안 되는 돈으로 생계를 꾸려가는데, 이들의 주요한 소득원 중 일부가 바로 이런 쓰레기 더미를 뒤지는 일이다. 필리핀, 이집트 같은 나라에서도 상황은 별반 다르지 않다. 그런데 글로벌 경제체제에서 개발도상국이라고 플라스틱 재생 재료의 가격이 우월할 리 없다. 낮아진 가치는 더 많은 노동과 인권의 사각지대로 이들을 몰아세우고 있다. 연간 국경을 넘어 이동하는 쓰레기는 약 2억 톤으로, 연간 생성되는 쓰레기의 1/10에 달한다.[3]

선진국들에서 보낸 쓰레기들은 위처럼 일부분은 재활용 재료로 재탄생되지만 자연에 버려지거나 대부분 바다로 들어가고 있다. 현지 환경단체의 증언이나 선진국들의 조사 결과가 한목소리로 그러한 실태

---

3 구정은, "'유럽 쓰레기' 몸살 앓는 아시아……"컨테이너 가져가라"", 〈경향신문〉, 2020. 9. 28. http://news.khan.co.kr/kh_news/khan_art_view.html?art_id=202009281135081

를 지적하고 있다. 개발도상국에서 플라스틱 쓰레기를 처리할 능력이 없다는 것을 알면서도 그렇게 보내고 있는 것은 법적, 도덕적, 환경적으로 심각한 문제다. 뒤에서 살펴보겠지만, 1972년에 맺어진 런던협약부터 현대에 이르는 바젤협약까지, 이를 규율하는 제도가 존재한다. 그럼에도 쓰레기는 무역업에서 중요한 비중을 차지하고 있고, 물동량이 많아 늘 혼잡한 항만에서 쓰레기가 들어오고 나가는 것을 제대로 규제하기 어려운 데다 당국의 단속도 한계가 있게 마련이다.

[표 3-1] 2019년 미국에서 이동한 플라스틱 쓰레기 양

국가	쓰레기 양
중국, 홍콩	89.6
인도	85.5
인도네시아	24.3
말레이시아	60.6
멕시코	36.9
필리핀	7.9
세네갈	7.8
태국	27.2
터키	29.2
총계	436.3

(단위: 100만kg)   출처: lastbeachcleanup[4]

[표 3-1]은 2019년 미국에서 전 세계로 이동한 플라스틱 쓰레기 양을 보여주는데, 중국과 홍콩으로 간 물량은 잠시 들렀다가 가는 용

---

4   THE LAST BEACH CLEANUP, "U.S. Plastic Waste Exports". https://www.lastbeach-cleanup.org/plastic-waste-exports(검색일: 2020. 12. 27)

도이므로 최종 목적지는 아니다. 이외에 캐나다로 1억 5,140만kg, 한국으로 3,100만kg이 이동했다.

위와 같이 미국 쓰레기들은 아프리카와 동남아시아 등지로 향하고, 유럽 쓰레기들은 동유럽과 아프리카, 동남아시아가 목적지다. 주로 미국을 예로 들어 설명했지만 다수의 선진국에서 재활용 시스템, 소각·매립 시스템으로 지속 가능한 처리를 담보하지 않은 점이 쓰레기가 해외로 반출되도록 하는 유인으로 작용하고 있다.

미국인 1,000명을 대상으로 뉴스, SNS, 가족 및 친구들로부터 가장 자주 들은 환경문제가 무엇인지를 질문한 설문조사에서 '바닷속 플라스틱'과 '기후변화'라는 응답은 각각 57%와 59%를 이루어 비슷했다. 그러나 어떤 것이 더 심각한지를 묻는 질문에 대한 응답은 기후변화가 58%, 해양 플라스틱이 65%로 후자를 더 큰 문제로 인식하고 있다는 결과가 나왔다.[5] 기후변화는 매우 먼 문제로 여겨지며 눈에 보이지 않는 점에서 상대적으로 둔감할 수 있지만, 쓰레기 문제는 눈으로 직접 보이는 데다 개인이 매일 발생시키고 있다는 것을 인식하고 있기 때문일 것이다.

앞서 살펴본 대로, 부유한 나라의 쓰레기들이 바다를 건너 가난한 나라로 들어가 제대로 처리될 수 없는 환경에 처해진다. 그 결과 한 해에 바다로 흘러들어가는 해양 쓰레기는 연간 800만 톤에서 2,400만 톤까지 그 편차가 심한 추정 보고서들이 나오고 있다. 국가별로 차이는 조금씩 있지만 대체로 70~80%가 육지에서 오염원이 유입되

---

5 Shelton Grp, "Plastics pollution now concerns American more than climate change". https://sheltongrp.com/work/circularity-2019-special-report-waking-the-sleeping-giant(검색일: 2020. 12. 26)

고 있고, 20~30%가 해양에서 발생하는 것으로 파악하고 있다. 해양 오염원의 절반가량은 어선에서 버려지는 것으로 추정되는데, 주로 그물, 밧줄 등으로 어구와 어망을 포함한다. 태평양 쓰레기 지대에 존재하는 막대한 쓰레기 중 어구, 어망, 줄 등이 플라스틱 부피의 52%를 차지하는 것으로 조사되고 있다.[6]

바다로 이동하여 쓰레기섬이 되는 쓰레기들 중 상당량이 강을 통해 유입된다. 양쯔강, 황허, 갠지스강, 인더스강, 나일강 등은 연간 수만 톤에서 수십만 톤의 쓰레기를 배출하는 통로 역할을 하고 있다. 우리 인류 문명을 만든 강들이 이제는 인류 문명을 공격하는 강들로 바뀐 것이다. 세계적으로 아프리카와 남미, 아시아 지역 등 주로 개발도상국이 있는 지역이다. 특히 중국, 인도네시아, 필리핀, 태국, 베트남 등 5개국은 경제성장과 소비 증가, 플라스틱 제품 사용 증가로 인해 쓰레기 발생이 지속적으로 늘어가고 있는 상황이다. 현재의 추세대로라면 2050년 해양생물의 수보다 쓰레기의 수가 훨씬 많은 상황에 직면하게 될 것이라고 UN은 추정하고 있다.

국제협약의 그늘

1960년대 후반까지 많은 나라에서 해양투기(Ocean Dumping)가 무분별하게 이루어졌다. 지구 환경에 문제가 있다는 인식을 하지 못했기

---

6 Lebreton, L., Slat, B., Ferrari, F. et al., ""Evidence that the Great Pacific Garbage Patch is rapidly accumulating plastic", Sci Rep 8, no. 4666, 2018. https://doi.org/10.1038/s41598-018-22939-w

에 육지에서 처리하기 어려운 것들은 대부분 선박에 실어 의도적으로 버렸다. 방사성폐기물, 전쟁 때 사용한 화학무기, 유독성 폐기물 들이었다. 영국이나 미국에서 이것이 문제가 된다고 인식하여 자체적으로 규제를 시작했고, 이후 가입국을 모아 런던협약을 체결했다. 우리나라는 1993년 12월에 가입했는데, 그해 가을 러시아 해군이 동해에 방사성폐기물을 버린 사건이 일어난 직후였다. 이후 1996년 '런던협약 96 의정서'가 채택되었는데, 한국은 2009년 1월에 가입했다. 여기엔 더욱 강력한 해양투기 규제책이 담겨 있었다. 런던협약은 쓰레기로부터 해양 환경을 보호하기 위한 최초의 국제규범이라는 데 의미가 있다. 하지만 현재 런던협약 가입국은 87개국, 96의정서 회원국은 53개국뿐으로 여전히 상당수 국가들이 미가입 상태에서 해양투기가 벌어지고 있는 것이 현실이다.

또 하나 살펴볼 협약은 바젤협약이다. 1989년 채택되고, 1992년부터 발효된 바젤협약은 국가 간 유해 폐기물의 이동 및 교역에 대한 규제를 목적으로 한다. 특히 2019년 5월 바젤협약 당사국은 플라스틱을 '특별한 고려가 필요한 폐기물(부속서 Ⅱ)'로 새로 규정하여, 수입하는 국가가 사전에 허가하지 않은 폐플라스틱 유입을 거부할 수 있도록 개정했다. 전 세계 폐플라스틱의 60% 가까이를 수입하던 중국이 2018년에 수입을 중단하면서 동남아시아가 그 유탄을 맞았기 때문이다. 재활용이라는 외피를 썼지만 재활용이 불가능한 쓰레기들은 항만에서, 내륙에서 갖가지 환경문제를 일으켰다. 가장 큰 요인은 동남아시아 국가들은 매립이나 소각, 쓰레기 운송과 선별·재활용에 대한 인프라가 아예 존재하지 않거나 있어도 산업이라고 말하기 어려울 정도의 조악한 수준이기 때문이다. 생각해보면 선진국에서도 처리하기 어려운 쓰레기들을 개발도상국에서 잘 처리할 것이라 기대하는 것이 애초에 무리다.

유엔은 해양 쓰레기로 인한 해양 환경오염, 수산자원 감소로 인한 수산업의 직접적 피해, 해양 경관과 환경이 망가져 입는 관광업의 피해 등 구체적인 사례가 각국에서 파악되자 공동 대응에 나섰다. 특히 1995년 유엔환경계획(UNEP)에서 국제공조와 국가별 대응을 촉구하면서, '육상 기인 오염물질로부터 해양 환경을 보호하기 위한 지구행동계획'을 실행할 것을 권고한 바 있다. 이어서 2011년 하와이에서 열린 제5차 해양 쓰레기 국제 학술회의에서 채택된 호놀룰루 전략(Honolulu strategy)은 약 450여 명의 관련 분야 과학자와 전문가들이 모여 해양 쓰레기만을 특화해서 다루었다는 점에서 중요성을 인정받았고, UNEP 정부 간 회의의 결의문에 포함되어 유엔기구의 공식 문건으로 인정받고 있다. 호놀룰루 전략은 크게 세 가지 파트로 나누어 아래와 같은 전략을 제시하고 있다.

[표 3-2] 호놀룰루 전략의 목표와 세부 전략

목표	세부 전략
육상 기인 감소(A)	• 해양 쓰레기의 영향 및 고체 폐기물 관련 교육 강화 • 쓰레기 발생 최소화를 위한 체계와 하천 유입 저감 체계 구축 • 쓰레기 투기와 법규 강화와 정화 및 모니터링 사업 실시
해상 기인 감소(B)	• 해양 쓰레기의 영향·예방·관리 등 해양 이용자 대상 교육 강화 • 해양투기 최소화를 위한 처리 시설 등 시스템 구축 • 폐어구 영향을 줄이기 위한 대안 기술 개발 및 사용
현존량 감소(C)	• 해양 쓰레기의 영향과 수거사업 전략에 대한 교육 실시 • 수거 기술과 방법 개발/해양 쓰레기 공동 연구와 관리 역량 강화 • 폐어구 및 대량 침적 쓰레기 수거를 위한 인센티브 마련

유엔 환경총회는 2014년부터 3차례 '해양폐기물 대응 결의안'을 의결했고, 2015년 G7에서 '해양폐기물 대응을 위한 실천 계획', 2017년 G20 정상 회의에서 '해양폐기물 행동 계획', 2019년 G20 환경장관회의에서 '해양 플라스틱 폐기물 이행체계' 및 정상회의에서 해양 플라스틱 폐기물 추가 발생량을 제로화하기 위한 '오사카 블루 비전'을 채택하는 등 정상회담에서도 매우 중요하게 다뤘다.

국가 정상들 간에 문제의식을 공유하는 것과는 다르게 현장에서는 여전히 문제가 지속됐다. 2019년 9월 캄보디아에서는 플라스틱 폐기물이 잔뜩 담긴 컨테이너 83개를 반송하는 일이 벌어졌다. 주로 미국과 캐나다에서 온 1,592톤의 쓰레기는 전자폐기물과 섞여 있어 캄보디아로서는 감당하기 어려운 쓰레기들이었다.[7] 같은 시기 인도네시아에서는 유해 물질이 다량 발견된 재활용 쓰레기 컨테이너 547개를 호주, 영국, 뉴질랜드, 스페인 및 미국으로 반환했고, 이에 앞서 이미 300여 개의 컨테이너를 거부하기로 결정하기도 했다.[8] 반환이 결정된 컨테이너들은 대부분 겉에 쓰인 것과 다른 내용물이 들어 있었다. 인도네시아는 2019년에만 총 2,000개 이상의 쓰레기 컨테이너를 적발해 순차적으로 반환시켰다.

그러나 개발도상국에서 반환 결정을 하는 것은 결코 쉬운 일이 아니다. 반환에 따른 비용과 인력을 투입해야 하기 때문이다. 항만을 지

7 Mu Xuequan, "Cambodia returns all 83 plastic waste filled containers to countries of origin", Xinhua, September 18, 2019. http://www.xinhuanet.com/english/2019-09/18/c_138399358.htm

8 Caronline Kwok, "Indonesia Returns More Waste to Western Countries", SCMP, September 19, 2019. https://www.scmp.com/video/asia/3028036/indonesia-sends-547-shipping-containers-trash-back-wealthy-western-countries

나처 이미 내륙으로 들어온 쓰레기 컨테이너를 반송하는 일은 더더욱 어렵다. 상당수의 재활용이 불가한 쓰레기들이 적발되더라도 개발도상국에 남아 환경오염을 일으키는 이유다. 2020년 12월 인도네시아 외교부는 미국, 영국, 호주, 뉴질랜드 등 4개국의 대사관과 화상 회의를 열고 해당국에서 들어온 쓰레기 컨테이너에 대해 논의했다. 바젤협약 위반 사항임을 분명히 하고 이를 반환하는 데 협력해달라고 요구한 것이다. 이때까지 인도네시아 정부는 환경산림부, 무역부, 산업부, 재무부, 관세청, 경찰 등의 합동조사를 통해 유해 쓰레기 컨테이너 107개를 찾아냈고, 2021년 1월 중 79개를 우선 반환하기로 했다.[9]

협약은 모두가 지킬 때 그 효과가 나타날 수 있다. 표면적으로는 서명했지만, 각국에서 개별 기업들의 일탈까지 막을 수단이 뽀족이 없다. 유럽의 많은 쓰레기 컨테이너가 동유럽으로 향하고 있는 이유는, 보내는 쪽도, 받는 쪽도 제대로 된 감시가 쉽지 않기 때문이다. 또한 감시망이 있다 하더라도 개발도상국에 만연한 부정부패로 인해 감시망에 구멍이 숭숭 뚫린다. 그렇게 항만을 통과한 컨테이너들은 내륙 깊숙한 곳으로 들어가 쓰레기 산이 되어버리거나 최종적으로는 강 하류에 버려져 바다로 나간다. 특히 사시사철 태풍과 홍수의 위협이 존재하는 동남아시아에서는 쓰레기 산을 이루던 것들이 물에 휩쓸려 해양 쓰레기로 연결된다. 바다로 쓰레기를 버리는 것은 사실상 선진국들이다.

9   성혜미, "인니, 79개 '쓰레기 컨테이너' 미국 등 4개 선진국에 반송", 〈연합뉴스〉, 2020. 12. 25. https://news.v.daum.net/v/20201225160123935?x_trkm=t

2012년 고교생이었던 네덜란드의 보얀 슬라트(Boyan Slat)는 그리스로 간 가족들과의 피서에서 바닷속을 구경할 기회가 있었다. 물안경을 쓰고 형형색색의 물고기를 볼 수 있으리라는 기대는 시야에 들어찬 오색빛깔의 수중 쓰레기들로 인해 실망이 되어버렸다. 슬라트는 2012년 테드엑스(TEDx)에서 해양 쓰레기 문제의 해결책을 발표한 이래로 오션클린업(Ocean Cleanup)이라는 세계적인 비영리기구를 만들었다. 전 세계 기업과 사람들에게 상당수 금액을 펀딩받았고, 태평양 거대쓰레기 지대에서 선박과 항공을 이용하여 수년 동안 광범위한 연구를 진행했다. 슬라트는 바닷속이 쓰레기로 가득 차 있는데 방관하는 어른들의 모습을 보며 문제의식을 느꼈다고 한다. 오션클린업은 지속적으로 커지고 있는 태평양 쓰레기들을 2030년까지 상당량 없앨 수 있다는 계산 속에서 각종 도전을 수행하고 있다.

현재 태평양 쓰레기섬은 약 160만km^2에 달하는 것으로 조사되고 있다. 프랑스 면적의 3배이자 한반도 면적의 7배에 달하는 어마어마한 크기다. 여기에 8만 톤의 쓰레기와 1.8조 개의 미세 플라스틱이 떠도는 것으로 추정된다. 이는 해마다 불어나고 있는 상황인데, 이를 현재 수준에서 인류가 개입하여 치울 경우와 치우지 못할 경우 어떻게 될지를 오션클린업이 3가지 시나리오로 나누어 조사를 진행했는데,[10] 그 결과는 다음과 같다.

---

10   Laurent Lebreton, "The Quest to Find the Missing Plastic", THEOCEANCLEANUP, September 12, 2019.
https://theoceancleanup.com/updates/the-quest-to-find-the-missing-plastic

① 전 세계 플라스틱 수요와 함께 하천 배출량이 증가하는 일반적인 시나리오

② 2020년부터 배출량을 일정한 값으로 평준화하여 상당한 완화 노력을 할 경우

③ 2020년까지 배출량을 완전히 줄이기 위해 과감한 노력을 기울일 경우

①번 시나리오처럼 하천 배출량을 줄이기 위해 노력하지 않는다면 2050년에는 현재의 4배 수준까지 미세 플라스틱이 늘어날 수 있다는 예측이 나온다. ②번 시나리오에서는 전 세계 해안 쓰레기와 부유 플라스틱의 질량은 계속해서 증가하지만, 오랫동안 버려진 물체가 더 작은 입자로 쪼개지기 때문에 증가 속도는 느려진다. ③번 시나리오는 해양 표면과 지구 해안선에서 거대 플라스틱 질량의 감소를 보여준다. 그러나 여기에선 해양의 미세 플라스틱 질량은 현존하는 플라스틱들이 천천히 조각으로 쪼개지기 때문에 2020년 수준보다 2배로 늘어날 수 있다.

결국 해양의 플라스틱 오염을 완화하려면 예방 및 시스템 구축에 나서야 한다. 이 연구 시나리오는 지구상의 많은 쓰레기 배출과 처리 등에도 적용할 수 있으며, 호수, 강, 산, 매립지, 바다 등에 인간의 배출물을 누적시키고 싶지 않다면 당장 행동에 나서야만 한다는 경각심을 주고 있는 것이다.

바다는 인류 전체가 누려야 할 자연 그 자체다. 거북이 코에 10센티에 가까운 빨대가 박혀 있거나 죽은 앨버트로스의 몸체에서 갖가지 플

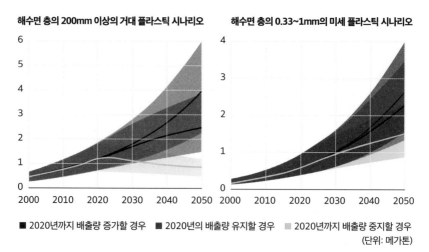

해수면 층의 200mm 이상의 거대 플라스틱 시나리오   **해수면 층의 0.33~1mm의 미세 플라스틱 시나리오**

■ 2020년까지 배출량 증가할 경우   ■ 2020년의 배출량 유지할 경우   ■ 2020년까지 배출량 중지할 경우

(단위: 메가톤)

[도표 3-2] 오션 클린업이 연구한 세 가지 시나리오

라스틱이 쏟아져 나오고, 고래의 사인이 비닐봉지 과다 섭취로 인한 소화불량이라는 사실은 인류가 누려야 할 자연이 사라질 것이라는 경고다. 해양 쓰레기 문제는 런던협정과 바젤협약 이후에도 국제적인 이슈였고, UN에서, 정상회담에서 매우 주요한 의제로 다루어왔다. 그렇지만 해양 쓰레기 수치는 점점 극을 향해 치닫고 있으며, 어느 국가도 이 문제에 책임 있게 나서지 않았다. 그 결과 19세 청년의 문제의식에서 탄생한 오션클린업이라는 비영리기구가 전 세계에서 유입된 태평양의 쓰레기섬을 치우기 시작한 것이다.

이들은 물 위에 띄운 600미터의 긴 원통으로 3미터의 그물과 미세 플라스틱까지 거둘 수 있도록 고안한 장치인 시스템 001로 실험을 마치고 진화된 시스템 002 모델 구축에 들어간 상태다. 이들은 2030년까지 태평양 쓰레기의 절반을 치울 수 있다고 발표했는데, 많은 전문가들은 해양 쓰레기가 매년 발생량이 늘어가는 것을 감안하면 수돗물

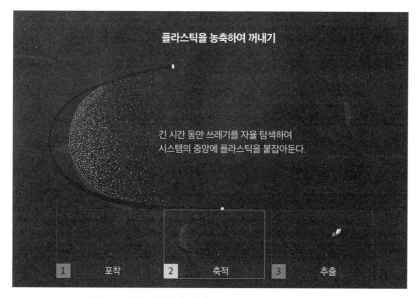

플라스틱을 농축하여 꺼내기

긴 시간 동안 쓰레기를 자율 탐색하여
시스템의 중앙에 플라스틱을 붙잡아둔다.

| 1 | 포착 | 2 | 축적 | 3 | 추출 |

[도표 3-3] 바다에서 플라스틱을 모으는 시스템 001

을 틀어놓고 수돗물을 퍼내는 격이라고 비판했다.

오션클린업은 수도꼭지를 잠그는 일은 각국 정부의 책임이며, 자신들이 할 수 있는 역할을 새로 모색하여 전 세계 1,000여 개의 강 하류에서 부유하여 떠내려오는 플라스틱을 건져내기 위해 '인터셉터(Interceptor)'를 배치하겠다는 비전을 세웠다. 현재 매년 578톤의 플라스틱이 바다로 흘러드는 자메이카의 킹스턴하버와 자카르타(인도네시아), 클랑(말레이시아), 산토도밍고(도미니카공화국)에 인터셉터 배치를 완료했다. 이후에도 베트남 등 해양 쓰레기가 주로 발생하는 개발도상국들의 강 하류에 추가로 배치해서 유입되는 해양 쓰레기를 수거할 계획이다.

해양 쓰레기의 특성은 크게 세 가지다. 첫째는 물보다 가벼운 플라스틱들이 물에 뜨는 부유성이고, 둘째는 물보다 무거운 것들은 해저로

작동 모습

[도표 3-4] 강 하류에서 부유물을 모으는 인터셉터

THEOCEANCLEANUP, "CLEANING THE GARBAGE PATCHES". https://theoceancleanup.com/oceans(검색일: 2020. 12. 27)

가라앉는 잠수성이고, 셋째로 섬이나 해안가에 붙는 유착성이다. 크기가 큰 쓰레기들은 인간의 손에 건져질 가능성이 그나마 있지만, 잘게 쪼개진 플라스틱은 어쩌면 영원히 건질 가능성이 사라져버린다. 해저로 들어간 플라스틱도 마찬가지다. 해양 쓰레기의 상당량은 어구, 어망 등 그물이다. 그물은 해양생물들의 목을 조르는 모습으로 자주 TV에 노출되곤 하는데, 실제로 더 큰 문제는 유령 어획(ghost fishing)이다. 세계 각국 해저에 가라앉은 그물들에 해양생물들이 갇혀 생명을 잃기도 하고 이로 인해 수산자원이 감소해 어민들이 피해를 본다. 선박에 걸리고 엉켜 해양 사고의 원인으로 작용하기도 하며, 궁극적으로는 해양 환경이 엉망이 되어 관광자원으로서 가치도 현격히 낮아지는 결과를 초래한다.

　무엇보다 이제는 쪼개진 플라스틱을 어류가 먹고, 그 어류를 잡아

인간이 먹기 시작했다는 것이다. 불과 10여 년 전에 미세 플라스틱의 존재를 알게 된 인류는 미세 플라스틱이 인체에 미치는 영향이 어떤지 이제 막 연구를 시작한 상태다. 분해되지 않으면서 영원불멸 바다를 떠돌며 해양생태계를 망가트린다면 인류도 더 이상 살기 어려운 상황에 봉착할 수밖에 없다. 따라서 지금을 살아가는 우리가 가용한 능력과 자원을 총동원하여 이를 막기 위해 나서야만 한다.

그린아시아 그리드 전략

해양 쓰레기의 양상은 지구촌 어디를 가도 비슷하다. 앞서 살펴본 해양 쓰레기의 특성대로 부유, 해저, 해안 이렇게 세 군데로 흩어지며, 어구, 어망, 스티로폼, 각종 플라스틱과 쪼개진 잔해들로 대부분 플라스틱 종에 해당한다. 각국의 해안과 사람이 살지 않는 도서지역 연안에 붙은 쓰레기들과 해저 쓰레기들 모두 수거 대상이다. 각국(주로 선진국들)은 대체로 UN이나 정상회담 의제에서 다룬 내용을 토대로 실행 전략을 만들어 행동에 나서고 있다. 플라스틱 생산 억제책을 펴고 플라스틱이 생산되어서 처리되는 단계에 이르기까지 모든 이동 경로를 감시하는 체계를 구축하고 있다. 그럼에도 쓰레기는 컨테이너에 실려 부유한 국가에서 가난한 나라로 계속 이동 중이다. 도달해야만 하는 목표와 실제 나타나고 있는 상황의 괴리로 문제 해결이 어려울 수 있다는 것이 다수 전문가들의 진단이다. 비상한 각오와 결의가 국제사회에 모아져야 한다. 한국 정부가 국제사회에 던질 제안, 우리 스스로 할 수 있는 책임에 대해 생각해보자. 이미 버려졌거나 버려지고 있는 문

연간 미세 플라스틱 발생량

1만톤 이상
1,000톤 이상
100톤 이상
10톤 이상

연간 강에서 유입되는 플라스틱의 양

2만톤 이상
2,000톤 이상
200톤 이상
20톤 이상
2톤 이상

[도표 3-5] 강에서 바다로 유입되는 대규모 플라스틱의 규모

출처: NatureResearch. https://www.nature.com/articles/ncomms15611/figures/1

제에 대응하는 방법과 버려지지 않도록 하는 방법으로 크게 나누어 살펴보자.

첫째, 국제해양환경부대의 창설이다. 유엔 평화유지군은 전후 복구, 국가와 국가 사이에서 완충 역할 등 지구의 평화 유지가 필요한 곳에서 제 역할을 담당하고 있다. 충분하진 않지만 국제사회의 공동 번영이라는 목표 아래 중요한 역할을 맡고 있는 것이다. 해양환경부대는 그러한 관점에서 지구와 인류 공동의 자산인 바다를 지키고 개선하도록 하는 목적을 갖는다. UN 산하의 기구 또는 별도의 국제기구로 만들어 운영하는 것도 방법이다. 중요한 점은 재원 마련인데, 그동안 개발도상국으로 쓰레기를 보내왔던 부유한 국가들이 의무적으로 가입하여 회비를 납부할 필요가 있다. 호놀룰루 전략이나 정상회담에서 채택된 의제들은 부유한 국가들에서나 노력하면 가능할 법한 시행 대책을 제시하고 있지만 그조차도 사실은 제대로 이루어지고 있지 않은 것으로 보인다. 그럼에도 선진국들은 쓰레기 수거·처리 시스템이 갖춰져 관리가 가능한 상태에 있는 데 비해 개발도상국에서는 사실상 쓰레기 관리 체계가 작동하지 않고 있다. 해양 쓰레기 중 육지에서 기인한 것이 70~80%라는 점과, 주로 발생하는 곳이 동남아시아, 아프리카와 중남미 등인 점을 고려하여 이들 지역을 파견 대상지로 하여 운영할 필요가 있다.

파견된 해양부대원들은 잠수사, 해양 청소선 운용, 국제 소각시설 운용 등 다양한 임무를 수행해야 한다. 대개의 국가에서 연안 정화 활동은 특정한 하루를 지정하거나 행사 등을 통해 주로 봉사활동에 의존하는 것이 현실이다. 그렇다 보니 바닷물을 떠다니던 쓰레기들이 사람이 살지 않는 섬 주변으로 유착되고, 이는 다시 파도와 바람에 실려 물속으로 침투되는 악순환이 반복된다. 해양 쓰레기의 상당량은 이와 같이 섬에 묶이는 과정을 거쳐 물속으로 들어가 해양생태계에 악영향을 주는 것으로 파악되고 있다. 따라서 섬이든 연안이든 유착되어 있을 때 이를 제거해주는 것이 그나마 차선이다. 치울 기회가 있을 때 치울 수 있으려면 인간의 선의에 기대기보다는 목표를 분명히 한 조직을 운영하고 이를 바탕으로 성과를 축적해나가야 한다. 해양환경부대 창설은 우리나라 차원에서라도 이루어져야 할 만큼 시급하다.

둘째, 친환경 소각에너지발전소 운용이다. 이는 다시 말하면 폐기물 발전을 의미하는데, 개발도상국은 쓰레기 수거-선별-재활용-처리 등의 시스템을 운용할 여력이 없는 곳이 많다. 있다 하더라도 대체로 시설이 열악해서 친환경적으로 쓰레기를 처리하지 못하고 있다. 그래서 일하는 노동자나 그 주변 시민들이 유해 물질, 유해가스 등에 노출되어 살아가는 현실이다. 기술과 재원의 미비로 환경기초시설(쓰레기 매립장, 소각장 등 국가나 지역 발전을 위해 꼭 필요하지만 주민들에게 불쾌감을 줄 수도 있는 시설)을 제대로 갖출 수 없는 한계도 존재한다. 이런 상황에서 자국 내 쓰레기와 선진국에서 온 쓰레기들이 해양 쓰레기가 되는 것은 어쩌면 당연한 일일지 모른다.

많은 선진국 또는 기업들이 쓰레기 처리 시스템을 구축하고 운영하는 노하우를 개발도상국에 전하고, 그리고 가장 중요한 친환경 소각에너지발전소 건립에 나서야 한다. 예컨대 인도네시아의 많은 도시들에서 해양으로 나오는 쓰레기들은 인도네시아 주변에서만 흐르지 않는다. 전 세계 바다를 떠돌게 되고 그 피해 역시 전 지구적으로 나타날 수밖에 없다. 바젤협약 준수나 EU에서 개발도상국으로 플라스틱 쓰레기를 보내지 못하도록 한 조치는 손뼉 칠 만하지만, 이와 더불어 더 적극적으로 개발도상국의 주요 도시들에 쓰레기 처리 시설을 건립하는 노력을 병행해야 한다. 이것이 해양생태계를 보호하는 데 매우 중요한 전략이 될 수 있기 때문이다.

일본은 국가적으로 자국의 소각에너지산업을 성장시켜왔고, 현재는 많은 개발도상국과 소각에너지발전소를 필요로 하는 국가에 운영 노하우를 전하고, 관련 인프라를 구축하고 있다. 일본 환경부에서는 일본국제협력기구(Japan International Cooperation Agency, JICA) 및 외교부 등과 함께 기업들의 이러한 진출을 적극적으로 돕고 있다. 이미 중국, 인도, 인도네시아, 말레이시아 등에서 수십 건의 프로젝트를 진행 중이며, 이란과 두바이 등 중동 국가들에도 일본의 소각에너지 기술기업이 소각장을 짓고 진출했거나 할 예정이다.

쓰레기 재활용률은 전 세계적으로 1/10에 불과하며, 재활용 선진국이라고 하는 유럽 역시 플라스틱 재활용률은 30~40% 전후에 그쳐 그다지 높지 않다. 따라서 쓰레기 처리 시스템을 개발도상국에 이식하는 것만으로는 불완전할 뿐만 아니라 해양 쓰레기를 제로로 만들기 위한 목표에도 다가갈 수 없다. 그래서 70~80%에 달하는 육상 기인 쓰레기들을 육지에서 제대로 처리할 수 있는 프로그램을 구축하는 것이 무엇보다 시급하며, 관련한 국제 산업을 키울 필요가 있다. 특히 소각에너지발전소 건립은 플라스틱 쓰레기를 효율적으로 처리함으로써 탄소배출을 줄일 수 있어 최근의 그린 뉴딜 논의와도 맞물리며, 재생에너지를 공급함으로써 석탄, 원전 기반의 에너지 공급을 일부 대체하는 효과도 있다. 폐기물 발전의 전력 효율은 약 30%에 달하며, 또한 날씨에 따라 효율이 달라지는 태양광 · 풍력에너지에 비해 더 안정적으로 발전이 가능하다는 것도 이점이다.

해양환경부대 창설과 소각에너지발전소 건립이 완벽한 해결책은 아닐 것이다. 그러나 현재 인류의 기술적 역량을 감안하면 이 두 가지가 최선의 방법이다. 국제사회에서 한국은 이제 환경적 소임을 다해야한다. 문재인 정부 들어 경제 비전을 중심으로 신남방경제 10여 개국을 묶었다면, 이제 이들과 지구 환경을 개선하려는 새로운 비전을 추가해야 한다. '그린아시아 그리드(Green Asia Grid)'란 이름으로 에너지 문제와 환경문제를 동시에 완화·해결하려는 노력이 그것이다. 우리 기업 중 포스코는 2020년 10월 유럽 회사들을 제치고 폴란드 바르샤바의 폐기물 소각로 사업을 낙찰받은 바 있다. 환경에너지 외교의 일환으로 작은 규모의 소각에너지발전소 건립과 쓰레기 처리·관리 시스템을 국제원조사업으로 진행해보는 것도 방안이다. 이렇게 작은 사례들을 남방 국가들에 하나씩 만들어 축적하고, 지속적으로 경제성장 및 도시화하는 이들 지역에 쓰레기 처리 시스템을 이식하고 우리의 소각에너지발전소로 국제사회에 기여하는 전략이 필요하다.

인구절벽 시대 '지방' 생존전략

이종인(여시재 원장 직무대행)

　2020년 대한민국은 제조업 국가의 저성장에 코로나19 펜데믹의 쓰나미로 혁신(체질 개선)은 실종되고 연속적인 재정 투입으로 장기적이고 본질적인 문제 해결보다는 단기적인 처방으로 힘든 시간을 보내고 있다. 제조업 체질 혁신과 코로나19로 인해 더욱 힘들어진 경제 불황을 극복해야 하는 과제를 안고 있는 우리 미래에 더 근본적인 위기가 찾아오고 있다. 바로 인구절벽 시대를 맞이하고 있기 때문이다.

　2020년 대한민국 인구는 자연감소를 시작했다. 인구의 자연감소는 출생자 수가 사망자 수보다 적어지는 것을 의미하는데 우리는 그 속도가 세계에서 가장 빠르다. 인구 쇼크의 핵심은 사회를 지탱하고 발전시켜야 할 주체인 청년이 사라진다는 것이다. 인구 감소와 고령화는 국가의 성장과 분배 시스템을 흔들어놓을 것이다. 인구 감소는 고령화, 생산 가능 인구 부족, 출산율 저하로 이어지며 청년 세대가 줄어드는 악순환으로 접어들기 때문에 사회적 충격은 상상을 넘어서고 있다. 여기에 지방 소도시와 대도시 지역 중 소멸 위험 지역에서 발생하는 사람이 살지 않는 집 문제도 심각하다. 지방도시의 빈집은 한때 가장 번성했던 구도심지역에서부터 넓게 분포하고 있다.

정부는 인구 감소와 고령화에 대한 대응은 생존의 문제이며, 현재가 피해를 최소화할 수 있는 마지막 골든타임이라고 규정했다. 관계 부처 합동으로 발표한 〈인구구조 변화 대응방향〉 보고서는 인구 감소와 고령화는 마이너스 잠재성장을 가져올 것이며, 장기적으로는 경제 규모가 축소될 수 있다고 우려했다. 워싱턴대 보건연구소(IHME)는 2020년 7월 한국의 총인구가 2017년 5,267만 명에서 2100년 절반 수준인 2,678만 명으로 감소하고, 이에 따라 GDP 순위도 14위에서 20위로 하락할 것으로 전망한 바 있다.[1]

55년생부터 74년생으로 대별되는 베이비부머 1, 2차 세대의 1,800만 명은 산업화 시대의 역할을 뒤로하고 거대한 세대 이동을 시작했다. 이 글에서는 인구 감소와 고령화 시대에 다양한 방면에서 발생하는 해결 과제 중에 청년과 지방의 해법을 찾아보고자 한다. 전 국토의 88%인 지방의 미래를 보지 않고 대한민국의 내일을 말할 수 없기 때문이다.

※ 인구절벽론이란?
인구절벽론은 미국의 경제학자 해리 덴트(Harry Dent)가 주장한 이론으로, 어느 순간을 기점으로 한 국가나 구성원의 인구가 급격히 줄어들어 인구분포가 역삼각형 형태를 띠게 된다는 것이다. 주로 생산 가능한 인구(만 15~64세)가 급격히 줄어들고 고령인구(만 64세 이상)가 급속도로 늘어나는 경우를 말한다.[2]

---

1 관계부처 합동, 〈인구구조 변화 대응방향〉, 2020.

2 해리 덴트, 권성희 역, 《2018 인구절벽이 온다 - 소비, 노동, 투자하는 사람들이 사라진 세상》, 청림출판, 2015.

세계 인구는 산업혁명을 기점으로 많은 변화를 겪었다. 산업혁명 이전에는 6억 명가량으로 완만한 상승 곡선을 그리다가 산업혁명 이후 식량혁명으로 사망이 줄어들고 의료 기술과 생활수준 향상으로 인구가 폭발적으로 증가하여 2020년 현재 78억 명을 기록하고 있다. 산업혁명 시기에 인구의 급격한 증가는 많은 문제를 야기했다.

영국의 정치경제학자 토머스 맬서스(Thomas Malthus, 1766~1834)는 인구의 기하급수적 증가에 식량은 산술급수적으로 증가하여 인류의 멸망을 초래할 것이라 주장했다. 그러나 세계가 식량난으로 고통 받을 때 노벨 화학상을 수상한 독일의 화학자 프리츠 하버(Fritz Haber, 1868~1934)가 공기 중의 질소를 이용해 비료를 만드는 질소고정법을 발견한 덕분에 농업 혁신의 절대조건이었던 인공 질소비료를 공급하여 세상을 구할 수 있었다. 인구 감소 위기를 식량 생산 혁신으로 극복하자 인구는 급격히 늘어나게 된다. 현재의 세계 인구 동향은 개발도상국과 빈국 인구 증가와 선진국의 저출산·고령화 문제로 나눌 수 있다.

[표 4-1] 2019~2067년 중 주요 국가(지역)별 인구 추이 표 중 일부 발췌

구분	국가	인구		증감		인구 정점
		2019년(A)	2067년(B)	인구 (B-A)	증감률	
계속 증가	미국	329	400	71	21.7	해당 없음
	파키스탄	217	337	165	76.3	
	콩고민주공화국	87	267	175	201.3	
	탄자니아	58	181	123	211.7	
	케냐	53	109	56	107.2	

증가 후 감소	중국	1,434	1,280	-153	-10.7	2031년
	인도	1,366	1,640	274	20.1	2059년
	독일	84	77	-7	-8.0	2021년
	한국	52	39	-12	-24.0	2028년
계속 감소	일본	127	93	-34	-26.9	2009년
	이탈리아	61	48	-13	-21.0	2017년

(단위: 100만 명, %)   출처: 통계청, 2019

[표 4-1]에서 보듯이 경제성장을 이룩한 유럽 및 아시아 국가들의 인구 감소폭은 크게 나타나고 있으며, 1인당 GDP 1,000달러를 전후한 아프리카 북부 지역에서는 인구가 폭발적으로 증가하고 있다. 세계의 유능한 청년 인력을 유입하여 국가경제의 활성화를 이룩하고 있는 미국은 예외적 사례다. 인구문제는 어느 나라도 피해 갈 수 없는 문제다. 국가마다 처한 상황에 따라 속도의 차이만 있을 뿐이다.

대한민국 인구 동향과 사회변화

옥스퍼드 인구문제연구소는 지구상에서 제일 먼저 사라질 나라는 한국일 것이라는 예측 결과를 내놓았다. 인구통계를 시작한 1970년 이후 2020년은 인구자연감소(사망자가 출생아보다 많은 경우)의 첫해가 될 것이다.

대한민국의 출생아 수는 1997년 최고치를 기록한 후 급감하고 있다. 그에 반해 베이비붐 세대가 생산연령인구에서 고령인구로 이동하면서 사망자 수는 계속해서 늘어나고, 2020년부터 인구자연감소가 시

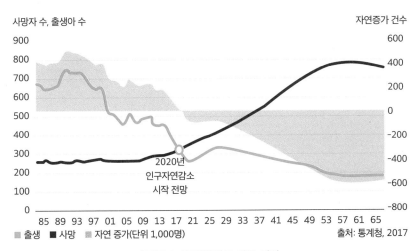

[도표 4-1] 대한민국 인구 전망

출처: 통계청, 2017

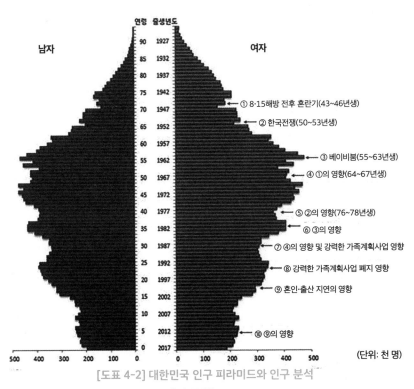

[도표 4-2] 대한민국 인구 피라미드와 인구 분석

출처: 통계청, 2017

작되었다.

여성 한 명당 낳을 것으로 예상하는 평균 출생아 수인 합계 출산율은 2018년 한 명 아래로 떨어진 이후 계속 낮아지고 있다. 2018년 OECD 평균 합계 출산율은 1.63명인데 우리나라는 2018년 0.98명을 기록한 이래 2020년 2분기에는 0.84명으로 세계 최저 수준을 경신하고 있다.[3] 2050년이 되면 일본을 제치고 노인 인구 세계 1위 국가가 될 전망이다. 현재 노인 비율은 15.1%지만 고령화 속도는 가파르게 증가하고 있다. 출생아 수로 보면 1970년 101만 명에서 지속적으로 감소하여 2017년부터 30만 명대로 급감했고 2020년에는 더욱 낮아져서 28만 명대를 기록할 것으로 예상된다.

혼인 건수는 2015년에 약 30만 건에서 2018년 약 25만 건, 2020년 상반기에는 10만 건을 겨우 넘기며 역대 최저를 기록하고 있다. 경제성장 속에 아이에 무관심한 딩크족(Double Income, No Kids)이 나타나고 있다. 딩크족은 코쿠닝(cocooning)의 반대 개념으로 정상적으로 부부 생활을 영위하면서 의도적으로 자녀를 두지 않는 맞벌이 부부를 일컫는다. 이런 생각을 가진 사람들도 미국, 중국, 한국 등에 광범위하게 존재 한다. 통계청 자료에 따르면 결혼 5년차에 아기가 없는 가정이 42.5%로 역대 최대라고 한다. 혼자 벌어서 살아가기 힘든 대도시 생활에서 맞벌이 부부 평균 출산율은 0.63으로 역대 최저인데, 이는 삶의 고단함이 그대로 가정생활로 전가되어 출생률을 떨어뜨리는 직접적인 영향을 주고 있기 때문이다. 주택가격 고공 행진으로 무주택 신혼부부의 출생률(0.63)은 더욱 낮게 나타난다.

---

3 "185兆 쏟아붓고도……출산율 2년째 '0명대'", 〈매일경제〉, 2020. 2. 26.

2020년부터 베이비붐 세대가 고령인구로 이동함에 따라 생산연령인구는 급감하고 고령인구는 급증하는 등 연령계층별 인구의 변동이 커질 것이다. 전국 가구 수도권 인구가 비수도권 인구를 넘어선 것은 지방을 중심으로 빈집이 늘고 있음을 내포한다. 조영태 서울대 보건대학원 교수는 "저출산·고령화로 대별되는 급격한 인구 변동은 전 세계적인 인구 현상이다. 저출산은 더 심각하다. 부모 자식 간 나이 차이가 30살 안팎인 점을 고려하면 우리나라는 한 세대 만에 출생아 수가 60% 넘게 줄었다. 한 세대 간 인구 차이가 이렇게 나는 경우는 전쟁 상황을 제외하고 대한민국이 유일하다"고 말한다. 결국 일정 부분이라도 급격한 인구 변동을 막고 사회의 활력을 되찾기 위해서는 최소 30~50년의 미래를 생각하며 계획해야 한다.

서형수 저출산·고령사회위원회 부위원장은 고령화에 맞닥뜨린 우리의 현실을 "2020년 전체 인구에서 65세 이상 노인 인구는 15.7%이나 20년 뒤인 2040년에는 33.9%가 된다. 일본은 이렇게 되는데 39년 걸렸지만 우리는 20년 만에 도달하게 된다. 우리나라 생산 가능 인구 100명에 대한 노인 인구가 22명인데 20년 뒤인 2040년이 되면 60명으로 늘어난다"고 예측한다.

해외를 보면 한국의 미래가 보인다

일본

민간 연구기관인 일본창성회의는 전국 1800여 지자체 중 896곳이 수십 년 후 소멸될 것이라는 '지방소멸론'을 발표했다. 이 시기가

되면 출생률이 낮은 도쿄로 인구가 집중되는 이른바 '극점사회'로의 변화가 일어날 것이라 예측했다.[4]

마스다 히로야 일본창성회의 의장은 전국적으로 출생률이 낮아지고 있는 가운데 대도시권으로의 인구 이동을 일본 인구 감소의 특수성으로 지목하면서 대도시로 유입되는 젊은이들의 저출산으로 이어져 국가 전체가 소멸의 위기로 빠져들고 있다고 말한다.

2014년 5월 이후 일본 정부는 지방창생본부 설치를 천명하고 경제재정자문회의를 통해 '50년 후 인구 1억 명대 유지'라는 구체적인 수치를 설정했다.

일명 '득도 세대'로 일컫는 사토리(さとり) 세대는 1980년대 후반부터 1990년대 사이에 태어난 세대로 어디에 빠져 살거나 어디에 관심을 갖고 있는 것이 아니라 세상과 담을 쌓고 무엇에도 관심을 갖지 않

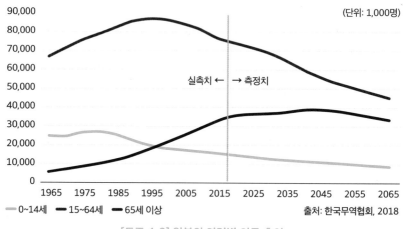

[도표 4-3] 일본의 연령별 인구 추이

4 이정환, 〈인구 감소와 지속 가능한 지방 만들기 - 지방소멸을 둘러싼 논점〉, 《일본공간》, 21호, 2017, 194~223쪽.

는 세대다. 한 매체에서는 이들이 하지 않는 열다섯 가지를 소개했는데, 2위가 신문 보기, 5위가 연애, 6위가 자동차 구입, 8위가 결혼, 9위가 노래방, 10위가 술 등이다. 현재는 20~30대까지 광범위하게 일본 사회를 형성하고 있는 이들 세대는 장래에 대한 아무런 계획 없이 지낸다.

《사토리 세대》의 저자인 하라다 요헤이(原田曜平)는 "일본의 전후 세대는 자동차, 술, 해외여행 3종 세트에 열광한 반면 사토리 세대는 위 세 가지에 흥미가 없는 세대"라고 말한다. 이들은 일본의 잃어버린 20년의 불황을 보며 자라난 세대다. 이런 세대는 일본뿐만 아니라 한국, 중국, 영국, 프랑스 등 인구 감소와 고령화를 겪고 있는 많은 나라에서 출현하고 있다.

일본은 세계에서 노인 인구가 가장 많은 나라다. 노인 인구 비율이 28.4%로 2006년에 이미 초고령화 사회로 진입했다. 현실을 포기하고 희망 없이 살아가는 젊은이들만큼이나 골치 아픈 문제는 바로 빈집 증가다. 이 문제는 특히 지방에서 더욱 심각해져 지금은 대도시에도 나타나고 있다. 일본뿐만 아니라 세계 많은 나라들이 빈집 문제 해결에 관심을 갖고 있다.

이탈리아

이탈리아는 2000년대 중반 이미 초고령 사회로 진입했으며 노인 인구도 2015년 기준 인구 6,030만 명 중 23%로 노인 인구 비율 세계 2위를 기록했다. 출산율은 1.3명이고 자국민은 줄어들고 외국인은 증가하고 있다. 이탈리아는 1970년대부터 현 인구를 대체할 수 있는 수준보다 낮은 출산율인 1.3명을 유지하고 있고,[5] 2017년 인구 정점을 기록한 뒤 지속적인 감소세에 골머리를 앓고 있다([표 4-1] 참고). 이탈리아의 인구 감소세는 -21.0%로, 일본의 -26.9%, 대한민국의 -24.0%를 이어 상위권에 위치해 있다.

이탈리아는 G7에 포함되는 경제대국이자 남유럽 재정 위기의 핵심에 있는 아이러니한 국가다. 2011년 IMF 보고서는 이탈리아의 재정 위기를 1970년 오일 쇼크 등으로 인해 이탈리아 정부가 과도한 적자 정책을 펼치면서 시작된 것으로 분석했다.

또한 이탈리아는 극심한 지역별 격차에 따른 문제를 겪고 있다. 특히 2008년 말부터 시작된 경제 위기가 실업률 증가와 소득 감소와 같은 문제를 야기하며 사회 양극화를 불러왔다. 이 문제는 연금 중심이던 이탈리아 사회복지의 문제점을 여실히 드러내며 절대 빈곤층이 증가하는 현상을 초래했다.[6] 남쪽 청년 인구가 상대적으로 부유한 북쪽으로 지속적으로 유입되고 있어 인구 감소가 비대칭적인 데다 지역 소멸 문제도 지속적으로 대두되고 있다. 따라서 지역에 따른 편중으로 인해 발생하는 복지 수준 격차에 대한 정책적 배려와 지역별 복지정책이 요구되었다.

이탈리아에서 빈집이 늘어나면서 이른바 '유령도시'들이 출몰하게 되었다.[7] 이를 해소하기 위해 다양한 정책들을 강구 중이다. 대표적인 사례가 바로 사르데냐섬 올롤라이시의 '빈집 1유로' 정책이다. 최근

5 홍이진 외 13인, 《이탈리아의 사회보장제도》, 한국보건사회연구원, 나남출판, 2018.

6 김종범, 〈세계경제위기와 남유럽복지모델의 상관성: 이탈리아와 스페인의 복지정책을 중심으로〉, 《유럽연구》, 29(3), 2011, 33~62쪽.

7 Kristen Sloan, "Re-awakening 'Ghost Towns', Alternative Futures for Abandoned Italian Villages", University of Wollongong Thesis Collection, 2018.

1~2년 사이에 이탈리아 남부 지역을 중심으로 붐을 일으키고 있는 빈집 1유로 정책은 피해 갈 수 없는 인구 감소와 고령화 시대에 청년 유입을 위해 고안한 고육지책이라고 할 수 있다.

2008년 이후 경제 위기를 겪고 난 뒤 이탈리아의 가장 큰 문제로 거론된 것은 바로 복지 과다였다. 이탈리아는 재정 위기와 자원 분배의 형평성뿐 아니라 '노동 없는 복지'라는 위기를 겪고 있어 구조적인 개혁이 필수적이었다.

2008년 초고령화 사회가 된 노인들의 천국 이탈리아는 65세 이상 된 노년층 대부분이 연금 생활자며 은퇴 전 급료의 80%를 지급하는 정책을 추진하다가 2011년 국가부도 사태에 직면했다. INPS(Istituto nazionale della previdenza sociale, 이탈리아 국가연금보험청)의 데이터에 따르면 2004년부터 쭉 연금 지출과 기여금의 균형이 적자를 기록해왔음에도 노인층 증가로 청년 세대와 정부 재정 부담이 늘어난 것이 원인으로 평가된다.[8] 당시 IMF 구제금융을 받는 조건으로 첫 번째로 받아들인 것이 연금제도 개혁이었다.

연금 개혁을 추진하면서 가장 먼저 이탈리아는 연금 수급 연령을 상향 조정했다. 기대수명이 길어짐에 따라 은퇴가 미뤄지고 노동시장에 오래 잔류한다는 점에서 연금제도는 고령층의 경제활동 지속 여부를 결정하는 중요한 요인이다.[9] 또한 연금 의존 시기를 늦추면 재정 건전성을 기할 수 있어 의미가 있다.[10]

8 홍이진 외 13인, 《이탈리아의 사회보장제도》, 한국보건사회연구원, 나남 출판, 2018.

9 김진일·박경훈, 〈고령화에 대한 인구대책 - OECD 사례를 중심으로〉, 한국은행 경제연구원, 2017.

10 김진일 외 1명, 〈고령화에 대응한 인구대책 - OECD 사례를 중심으로〉, 《BOK 경제연구》, 제 2017-22, 2017.

하지만 2016년 기준 노인빈곤율이 독일과 함께 10% 초반 대에 머물고, GDP 대비 공적 연금 지출 비중이 낮은 편이다. 한국은 노인 빈곤율이 이탈리아의 약 4배 정도 되지만 공적연금 지출 비중은 이탈리아보다 낮다.[11]

독일

독일은 2021년 인구 정점에 도달한 뒤 꾸준하게 인구 감소세를 겪을 것으로 전망된다([표 4-1] 참조). 하지만 인구 규모 내에서 고령인구가 차지하는 비율은 지속적으로 늘어날 것이다. 현재 노동인구는 5,000만 명 정도이지만 15년 뒤인 2035년에는 600만 명이 감소할 예정이고, 이는 그대로 노인 부양비 증가로 이어진다. 노인 부양비가 상승함에 따라 연금의 지속 가능성이 의문시되고, 소득대체율이 낮아져 단일 노후소득 보장 수단으로서 의미가 축소되고 있다.[12] 국회예산정책처는 독일의 인구구조에 대한 재정적 대응을 우수 사례로 제시했다. 독일은 공적연금의 역할을 축소하고 개인연금과 기업연금의 역할을 확대하는 방향으로 연금 개혁을 실시, 보조금 지원을 통해 연금 가입을 유도했다.

연금 가입자는 수입의 18.7%를 내야 하는데, 노동자와 회사가 반반씩 내서 연금을 적립해 운영하고 있다. 독일연방 연금보험공단에 따르면 1995년 생산인구 5명이 노인 1명을 부양하던 것이 10년 후인

---

11 국회예산정책처, 《한국경제의 구조변화와 대응전략 II - 지속성장을 위한 인구구조변화 대응전략》, 2020.

12 국회예산정책처, 《한국경제의 구조변화와 대응전략 II - 지속성장을 위한 인구구조변화 대응전략》, 2020.

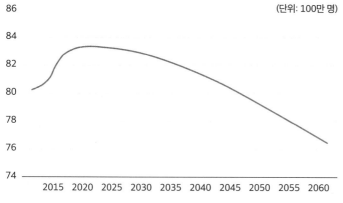

[도표 4-4] 2011~2060년 독일 인구 추계 그래프

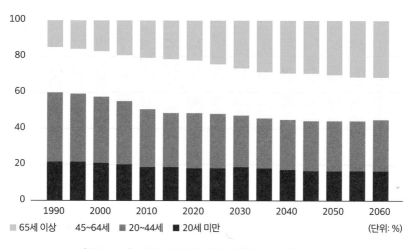

■ 65세 이상   45~64세   ■ 20~44세   ■ 20세 미만   (단위: %)

[도표 4-5] 1990~2060년 독일 인구구조 그래프 (%)

출처: 이상림, 〈국제역량강화 프로그램 독일 출장보고서〉, 독일연방통계청(Federal Statistical Office) 2015년
자료 발췌

2030년이 되면 2명이 1명을 부양해야 한다. 고령화의 늪에 갇힌 것이
다. 1960년대 말부터 출생률이 낮아짐에 따라 연금생활자와 노동인구
비율이 역전되어 연금생활자가 늘고 노동인구는 줄어들고 있다. 이 문

제는 공적연금 운영에 큰 부담을 주고 있다.

이러한 인구 감소와 고령화에 대응하기 위해 독일 정부는 활발한 이민 정책을 펼치고 있다. 전체 인구 8,100만 명 가운데 9%가 외국에서 이주해 온 사람들이다. 프랑크푸르트는 30%의 외국인 비중을 기록하고 있다. 이웃 나라 터키와 협약을 체결하여 터키 젊은이들에게 독일을 기회의 땅으로 만들어주었다.

독일 볼프스부르크는 지역 소멸의 위기를 전화위복의 기회로 살린 대표적인 사례다. 폭스바겐 본사 이전으로 인한 위험을 극복한 볼프스부르크처럼, 다양한 지방 정책으로 지역 소멸의 위기를 극복한 사례는 한국에서도 쉽게 찾을 수 있다. 미국 제네럴모터스(GM)가 한국 군산 공장을 폐쇄하면서 군산의 인구 감소와 지역경제가 침체되는 상황, 거제 창원 지역도 조선 경기 침체에 따른 근로자 감소로 인해 빈집이 급증하고 있는 상황을 살펴봤을 때 지역경제에서 기업이 차지하는 중요성이 단적으로 나타난다. 대기업이나 특정 산업을 지방에도 유치할 수 있는 정책과 인프라 구축이 필요하다.[13]

대한민국의 인구 감소에 따른 지방소멸

2017년 통계청의 인구추계자료에 따르면, 한국의 전체 인구는 2031년부터 감소할 예정이다. 이런 인구절벽은 지역적으로 비대칭적인 특징을 띠고 있다. 비수도권의 인구 비중은 지난 20년 이상 지

---

13 김용환 외, 〈군산시 고용위기지역 운영성과 및 평가〉, 2020.

속적으로 감소했고, 특히 20~30대 비수도권 청년 인구 비중이 2004년 절반 이하로 떨어진 후 2017년 수도권 대비 47%를 기록했다.[14] 생산인구의 감소와 도시 지역으로 유출로 인해 지방의 노령인구비는 점점 증가하고 있으며, 지역 소멸의 위험에까지 이르게 되었다. 비수도권에서 소멸 위험 지역이 차지하는 비중은 57.8%로 절반을 넘어섰고, 광역시를 제외할 경우 소멸 위험 지역의 비중이 70.1%를 넘어섰다.

특히 전남 지역과 경북 지역이 가장 심각한 수준이다([도표 4-8] 참고). 2018년 6월 기준 전남의 소멸위험지수는 0.47로 전국 최저 수준을 기록했다. 뿐만 아니라 새로운 소멸 위험 지역으로 부산 중구, 경북 경주시, 김천시가 진입하면서 더 이상 지방소멸은 농어촌 낙후 지역의 문제가 아니며, 지방 대도시권역도 위협하고 있다.

국가 발전에서 지방의 중요성에 대해 한국고용정보연구원 이상호 박사는 "지방소멸 문제는 낙후된 농촌의 문제가 아니라 고령화된 노인층의 문제로 나타나지만 결국은 청년층의 문제로 귀결된다. 지방의 문제는 대도시의 문제이고 대도시의 문제는 국가의 문제"라며 "우리 모두의 문제로 인식하고 준비하고 선제적 대응이 중요하다"고 강조한다. 지역 소멸을 억제하고 지역의 성장을 촉진하기 위해서는 물리적인 인프라 중심의 혁신뿐만 아니라, 교육, 교통, 주거, 문화 등과 관련된 생활양식의 지원이 필요하다.[15] 예를 들어, 공공 인프라를 유지하기 위해 대도시 지역 세금을 지방에 투입하는 것도 한 가지 방안이다. 가노 마사토 도야마시 도시정책과 과장은 "새로운 마을 만들기는

14 이상호, 〈한국의 지방소멸 2018〉, 《고용동향브리프》, 2018년 7월호, 한국고용정보원.
15 이상호, 〈한국의 지방소멸 2018〉, 《고용동향브리프》, 2018년 7월호, 한국고용정보원.

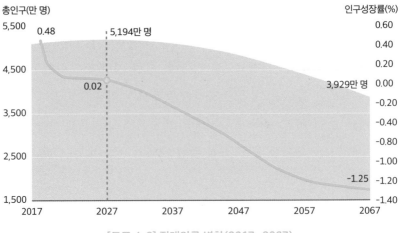

총인구(만 명)   인구성장률(%)

5,500   0.48   5,194만 명   0.60
                                                                0.40
                                                                0.20
4,500   0.02   3,929만 명   0.00
                                                               -0.20
3,500   -0.40
                                                               -0.80
2,500   -1.00
                                                   -1.25   -1.20
1,500   -1.40
     2017   2027   2037   2047   2057   2067

[도표 4-6] 절대인구 변화(2017~2067)

출처: 통계청, 2017

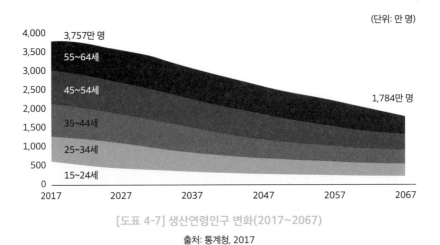

(단위: 만 명)

4,000   3,757만 명
3,500   55~64세
3,000
2,500   45~54세
2,000   1,784만 명
1,500   35~44세
1,000   25~34세
 500
         15~24세
   0
     2017   2027   2037   2047   2057   2067

[도표 4-7] 생산연령인구 변화(2017~2067)

출처: 통계청, 2017

5년, 10년 후를 보지 말고 향후 50년을 생각하며 설계해야 한다"고 말한다.

　한국의 노인(66세 이상) 빈곤율은 43.8%로 OECD 36개국 중 가장 높은 수준이다. 나아가 근로소득 비율과 빈곤율은 높은 수준으로 나

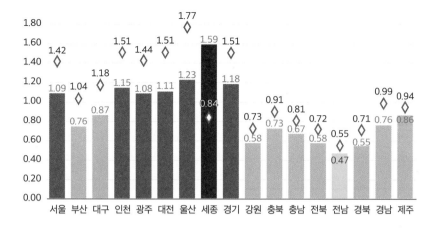

[도표 4-8] 시도별 지방소멸 위험지수 변화 추이

출처: 이상호, 〈한국의 지방소멸 2018〉, 《고용동향브리프》, 2018년 7월호, 한국고용정보원.

타나 전반적인 노후소득 보장이 미흡하다. 이러한 상황에서 고령화의 심화는 노인에 대한 부양비 부담을 증가시킬 것이다.[16]

도시의 주택난과 지방 빈집의 역설

《시사IN》은 빈집이 '지방의 위기'를 보여주는 단적인 예라고 지적한다. 전국 전체 가구 수는 약 120만 호로 전국 가구 수 대비 공가율이 7.18%이고, 수도권을 제외한 지방은 전체 평균을 상회한다. 강원도 평창은 공과율이 23%, 경북 청도는 20%, 전남 광양시는 16%, 전북 김제 14%로 전국 평균을 두 배 이상 뛰어넘고 있다.

---

16 국회예산처, 〈한국경제의 구조변화와 대응전략 Ⅱ - 지속성장을 위한 인구구조변화 대응전략〉, 2020.

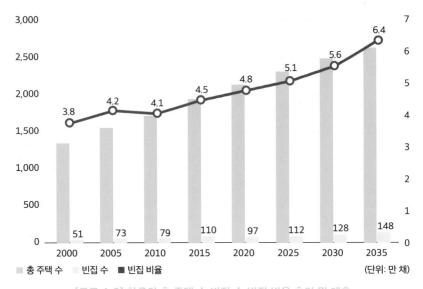

[도표 4-9] 한국의 총 주택 수·빈집 수·빈집 비율 추이 및 예측

출처: 통계청 2000~2015 자료, LX한국국토정보공사 〈대한민국 2050 미래 항해〉 자료 편집

빈집은 '전염성'을 지니고 있다. 국토정보공사는 빈집 증가가 집값 하락과 함께 경제 침체로 이어질 것이라고 예측했다.[17] 국토연구원 역시 지역별 차별화가 심화될 것이라고 전망[18] 했다.

수도권으로 유입되는 인구가 늘고, 지역별 가구 수 감소에 따라 주택 수요가 줄며 빈집이 더욱 늘어나고 있다. 수도권에서 2005~2010년 5년 동안 빈집이 63%, 5대 광역시에서는 43%, 그 외 지역에서는 무려 207% 증가했다.[19]

해외에서도 빈집은 큰 골칫거리다. 2018년 일본 주택 총수는 6,220

17   조윤숙 외 3인, 《2016 국토에 날개를 달다》, LX한국국토정보공사, 2016.

18   변세일 외, 〈국토정책 Brief〉, 국토연구원 부동산시장연구센터, 2019.

19   노민지 외 1인, 〈빈집 발생에 영향을 미치는 지역 특성 분석〉, 《부동산연구》, 26(2), 7-21, 2016.

만 채인데, 이 중 빈집이 846만 채고 전국 주택 총수의 13.6%를 차지한다. 머지않아 빈집 1,000만 채가 현실화될 것이다. 도쿄도 내에도 빈집이 81만 7,000호에 이른다. 47개 지자체 중에서 가장 많다. 일본에서는 빈집이 1993년부터 2013년까지 20년 사이에 두 배 가까이 증가했다. 지방의 젊은 세대가 대도시로 유출되고, 이로 인해 고령화가 가속되면서 고령가구 주택이 상속 후 빈집으로 방치되는 것이다. 이에 대응해서 일본 정부는 2005년부터 빈집을 재생하기 위한 정책들을 꾸준히 시행 중이다.

일본에서 빈집에 대응하는 정책은 중앙정부보다는 지방정부에서 먼저 시행했다. 고령화와 노후화가 지방 중소도시에서 먼저 발견되면서 2010년부터 빈집 조례가 전국적으로 확산되었다.[20] 한국의 빈집 정책과 비교했을 때 드러나는 가장 큰 차이는 '빈집의 적정 관리 의무화'다. 소유자에게 1차적 책임을 지게 함으로써 법적인 의무가 부과되고, 자발적으로 지자체가 제공하는 행정업무나 시스템을 이용하게 되는 것이다. 대표적인 사례로는 한국의 '공가랑'과 일본의 '빈집 뱅크'를 비교해볼 수 있다. 두 시스템 모두 인터넷을 통해 정보를 제공하고, 소유자와 희망자를 연결하는 역할을 수행하지만, 공가랑의 활용률은 2020년 10월 기준 등록 주택이 162채뿐으로 저조하다. 반면에 일본은 지자체의 64%가 빈집 뱅크를 운영하고 있다.[21]

독일의 빈집 문제는 통일 후 서독으로의 인구 유입, 고령화 심화가

---

20 남지현, 〈일본에서는 빈집을 어떻게 활용하고 있나?〉, 《World&Cities》, 22, 2018, 12~25쪽.
21 강상구 외 3인, 〈빈집 실태조사 및 정보시스템 구축 방안 연구〉, 국토교통부, 2017.

[도표 4-10] 일본의 총 주택 수·빈집 수·빈집 비율 추이 및 예측

원인으로 분석된다.[22] 지역별 인구 변화의 양상은 시간이 지날수록 더욱 뚜렷해지고 있고, 1960년과 비교했을 때 2013년 튀링겐, 작센-안할트 같은 지방에서의 인구 유출이 현저히 높았다. 반면에 베를린, 함부르크 같은 대도시 인구는 지속적으로 증가하고 있다.[23] 결국 양질의 교육을 받은 젊은이들이 직업을 찾아 대도시로 이동하는 '이촌향도' 현상은 지역 불평등으로 가치 동등한 생활 여건을 마련해야 한다는 독일의 헌법 규정에 어긋나게 되었다.[24] 이탈리아 역시 '1유로짜리 주택' 정책과 정착지원금을 앞세워 지방 빈집으로 인구를 유치하려는 시도하고는 있지만 이탈리아의 남북 지역 격차로 인해 청년들이 일자리를 찾아 북쪽으로 이동하는 것에 대한 장기적인 대책이 시급

22　한승욱, 〈늘어가는 빈집. 지역재생의 새로운 자원으로 활용〉, 《BDI 정책포커스》, 부산발전연구원, 2015, 1~12쪽.

23　JLL, "Germany Housing Market Report", JLL, 2020.

24　정연택 외 18인, 《독일의 사회보장제도》, 한국보건사회연구원, 나남출판, 2018.

하다.

　인구 감소는 적정 생활 서비스의 공급 부족으로 일어나고, 이는 민간사업의 수요 감소로 인한 인프라 공급 감소, 또다시 인구 감소로 귀결되는 악순환으로 이어진다.[25] 도시의 인구 구성, 일자리와 복지, 고령화와 같은 증상을 살펴보면 결국 빈집을 해결해야 한다는 결론이 나오는 것이다.[26]

　뿐만 아니라 실제 주택 시장에서는 적정 공가율이 3~5%에 머물러야 한다고 평가한다.[27] 2020년 기준 한국의 공가율이 4.8%를 기록하고 2035년에 6.4%를 기록할 것으로 예측되는 지금이 바로 빈집 문제를 해결할 수 있는 마지막 시점이다.

정책 제안

1. 적정인구 수립이 필요하다

　단순히 인간을 경제 발전의 주체로 인식하고 국가 발전의 효율성을 제고하려는 관점에서 적정인구를 수립하자는 것이 아니다. 인간의 행복한 삶을 위해 적정인구를 설정하려는 관점의 전환이 필요하다. 행복한 삶의 관점에서 바라봐야 지방소멸의 심각성을 깨달을 수 있다. 삶의 토대가 대도시로 집중되면서 발생하는 심각한 문제를 국가 균형 발전의 틀에서 인식해야 길이 보인다.

25　조윤숙 외 3인, 《2016 국토에 날개를 달다》, LX한국국토정보공사, 2016.

26　김동인, 〈'빈집'에 울려 퍼지는 지방도시의 신음〉, 《시사IN》, 2019년 10월호, 12~30쪽.

27　임준홍 외, 〈충청남도의 빈집 실태와 도시재생과의 연계 방안〉, 충남연구원, 2019.

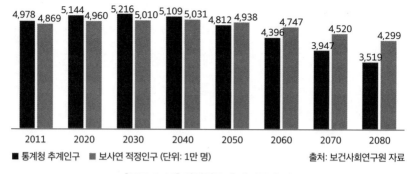

[도표 4-11] 적정인구·추계인구 추이

우리는 지금까지 인구 증가와 함께 모든 사회 시스템이 성장했다. 인구절벽 시대에 적정인구 설정은 중요한 문제다. 인구문제는 경제, 산업, 복지 등 사회 전체에 영향을 미치기 때문이다. 적정인구란 국가 경쟁력과 삶의 질을 유지할 수 있는 인구 수준을 말한다. 이웃나라 일본은 2014년 지방창생본부를 설치했고 50년(2060년) 후 인구 1억 명이라는 인구 목표를 표방한 최초의 국가가 되었다.

우리나라에서도 적정인구에 대한 연구를 진행했다. 2005년 한국인구학회에는 보건복지부의 의뢰를 받아 4가지 관점(인구학, 사회복지, 경제, 환경)으로 적정인구를 추계했다. 관점별 적정 인구와 기준은 [표 4-2]와 같다.

[표 4-2] 적정인구 관련 선행 연구 사례

주체	적정인구	추정/산정 기준
한국인구학회 (2005)	4,600만~5,100만 명	인구학, 사회복지, 경제, 환경 4가지 요인
한국인구학[28] (구성열, 2005)	적정인구증가율 -0.329%	경제학적 관점 - 사회/국가의 기술, 자본, 노동 등 생산요소 선택 가능한 경로에서 현재/장래의 세대에 걸쳐 사회후생 수준을 극대화하는 인구 경로
한국인구학[29] (김승권, 2006)	4,850만~4,950만 명	사회복지학적 관점 - 1인당 복지 수준 또는 사회 전체의 복지 수준 - 사회적 후생의 크기/복지 성장률 극대화 지점
한국인구학[30] (전광희, 2006)	합계출산율 1.9~2.0 인구성장률 약간 마이너스	인구학적 관점 - 인구학적 총 부양비와 경제학적 총 부양비를 최소화함으로써 사회 전체의 복지 수준을 최대화하는 인구성장률
한국인구학[31] (정대연, 2006)	4,749만~5,239만 명	환경적 관점 - 생활폐기물 발생량, 폐기물 매립지 면적, 하수처리 시설 용량, 폐기물 재활용률, 청정에너지 공급, 대기 아황산가스 농도, 정부 환경 예산, 1인당 GNP, 의료 인력 9개 변수 - 9개 변수+인구 상관관계 계수 후 회기 분석

보건복지부와 한국보건사회연구원은 2011년, 인구구조 변화에 체계적으로 대응하는 방안을 모색하기 위해 적정인구(optimum population)를 추정하는 연구를 진행했다. 적정인구는 사회·경제에서 사회적 복지를 만족시키는 인구, 혹은 산업 생산을 최대치로 끌어낼 수 있는 인구라고 정의되고 있다. 이 균형 내에서 국내적으로 지속 가능한 성장과 더불어 복지 재정 안정화를 유지할 수 있는 규모가 가장 바람직한 규모의 인구라고 칭한다.[32]

---

28 구성열, 〈한국의 적정인구 - 경제학적 관점〉, 《한국인구학》, 28(2), 2005, 1~32쪽.

29 김승권, 〈사회복지적 관점에서 본 한국의 적정인구〉, 《한국인구학》, 29(1), 2006, 241~268쪽.

30 전광희, 〈인구학적 관점에서 본 적정인구의 추계〉, 《한국인구학》, 29(1), 2006, 209~239쪽.

31 정대연, 〈환경 측면에서 한국의 적정인구 추계〉, 《한국인구학》, 29(1), 2006, 269~292쪽.

32 이삼식 외 4인, 〈미래 인구변동에 대응한 정책방안〉, 한국보건사회연구원, 2011.

적정인구를 목표로 해서 사회 전체를 재구성하는 대안이 절실하다. 인구 감소 시대에 함께 제기되고 있는 저출산·고령화와 청년 인구 감소와 지방소멸은 하나로 맞물린 문제이기 때문이다. 한국은 세계에서 출산율이 가장 낮은 국가이며 고령화 진행 속도도 일본을 앞지를 정도로 가파르게 상승하고 있다.

이미 다가온 저출산·고령사회의 심각성을 인식한 정부는 2004년 저출산·고령화 문제를 국가의제로 설정, 〈저출산·고령화 기본법〉을 제정하고 저출산·고령사회 위원회를 출범시켰다. 2006년 〈제1차 저출산·고령사회기본계획〉을 시작으로 5년마다 기본계획을 수립하여 현재는 2021년부터 2025년까지의 저출산·고령화 대책을 내놓았다. 지난 1~3차 저출산·고령화 대책을 추진하며 305조 원을 쏟아부은 정부는 향후 4차에도 384조 원을 투입하기로 했다.

서울대학교 보건대학원 조영태 교수는 정부의 노력에도 초저출산·초고령화 진입 속도가 빨라지는 이유를 "근본 원인으로 인구와 자원의 수도권 집중을 지적하며 인구구조 변화에 적응할 새로운 사회경제 시스템을 짜는 게 필요하다. 교육·산업·고용·주택·의료보험·사회보장 등 전 부분을 고민해야 한다"고 당부한다.

2. 인구 전담 부처, 인구미래부를 신설하자

인구구조 변화와 관련한 복합적 문제를 다루고, 전 부처 조정 기능을 담당할 전담 부처 신설이 필요하다. 현재 인구 관련 거버넌스로는 대통령 직속 저출산고령사회위원회와 범부처 인구정책 태스크포스가 운영되고 있다. 현재로서는 인구 관련 거버넌스를 총괄하는 컨트롤타워가 부재하고, 각 거버넌스와 사업 단위별로 관계 부처가 분할하여 사업을 진행하고 있다.

[표 4-3] 저출산고령사회위원회 구성 현황

위원회 사무처 소속 부서	관계 부처
미래총괄과(총괄)	보건복지부(인구정책총괄과)
세대공감과(고령사회)	기획재정부(인구경제과)
지역상생과	교육부(교육복지정책과)
성평등기반과(일, 생활 균형)	행정안전부(자치행정과)
포용돌봄과(아동, 가족, 성, 재생산)	고용노동부(고령사회인력정책과)
대외협력(청년)	여성가족부(가족정책과)
	국토교통부(주거복지정책과)

[표 4-4] 인구정책 태스크포스 구성 현황

부서	담당
총괄 작업반	기재부 / KDI
인적 자원반	교육부, 고용부, 기재부, 여가부, 중기부 등 / 노동연구원, 직능원
여성정책반	여가부, 기재부, 고용부, 행안부, 문제부 등 / 여성정책연구원
외국인 정책반	법무부, 기재부, 중기부, 여가부 등 / 이민정책연구원
국토 정책반	국토부, 기재부, 농식품부, 해수부, 문체부 등 / 국토개발연구원
고령 산업반	복지부, 기재부, 산업부, 과기부, 해수부 등 / 보건사회연구원
금융 대응반	금융위, 기재부, 과기부, 고용부, 중기부 등 / 금융연구원

인구미래부(가칭)를 신설하여 각 부처에 분할되어 있는 인구 관련 사업, 인력, 예산을 통합하여 운영해야 한다. 뿐만 아니라 각 부처의 정책을 조정하는 역할과 인구 거버넌스의 컨트롤타워 역할도 필요하다.

인구 전담 부처로서 5년 단위가 아닌 중장기 인구미래전략을 수립하고 어떠한 형태의 인구구조를 만들어가야 할지 비전과 목표를 수립할 필요가 있다. 인구 분야는 최소 10년 이상 중장기 계획 수립이 필수다.

현재의 대통령직속 저출산고령사회위원회를 저출산고령 · 지역소멸위원회로 명칭을 변경하고, 지역소멸에 대응하는 방안을 지금보다 더욱 적극적으로 모색해야 한다.

이상호 여시재 연구위원은 "현재 4차 저출산고령사회위원회에서 지역상생 분야가 처음으로 도입되었지만, 여전히 인구와 지역소멸 문제를 부차적으로 다루고 있다"는 한계를 지적한 바 있다. 위원회 명칭 내에 지역소멸이라는 단어를 포함시킴으로써 지역 내 인구 유출과 그로 인한 지역소멸의 위기 문제를 중점적으로 다루겠다는 방향 전환 시도가 필요하다.

3. 포괄적이고 강력한 이민 정책을 추진하자

2020년 3월 기준 국내 체류 외국인은 220만 명에 달한다. 2007년 100만 명 이후 가파르게 증가하여 2016년 전체 인구의 3.9%에 달하는 200만 명에 도달했다. 90일 이상 장기 체류 외국인도 꾸준히 증가하는 추세다.

강동관 이민정책연구원장에 따르면 전 세계 이민자는 2.72억 명으로 지난 10년 동안 1.8배 증가했으며, 이것은 어느 나라의 특정 현상이 아닌 이미 보편화된 현상이다. 강동관 연구원장은 UN이 '이주에 대한 글로벌 콤팩트'라는 국가 간 비구속적 국제규범을 마련하여 국제공조 강화를 위해 노력 중이며, 2007년부터 국제이주 관련 정부 간 협력포럼(Global Forum on Migration and Development, GFMD)이 매년 개최되는 등 종합적이고 체계적인 이민 정책 추진을 위한 국가

간 협력을 강화해오고 있는 추세라고 설명했다.[33]

현재 한국에서는 2007년 제정된 〈재한 외국인 처우 기본법〉 제5조에 따라 법무부 장관이 5년마다 관계 부처의 기본계획안을 종합하여 우수 인재 유치, 이민자와 2세의 사회통합, 다문화가족 지원 등 이민과 관련된 정책을 수립하고 추진하고 있다.

〈제3차 외국인 정책 기본계획〉에 따르면 이민 정책은 국경 및 출입국 관리, 국적 부여 정책과 이민자 사회통합 정책을 포괄하며, 이민이라는 용어에 대한 혼동 우려로 '외국인 정책'으로 대체하여 사용하고 있다.[34]

이에 대해 강동관 이민정책연구원장은 현재의 외국인 정책은 협의의 이민 정책을 의미한다며 이민 정책은 국외 인구의 유입과 국내 인구의 유출과 관련한 국경 관리를 포함하여 이들과 관련된 이민자 외에도 내국인에 미치는 경제, 정치, 사회, 문화 분야 등에 대한 포괄적인 접근이 필요함을 시사했다.

이민 정책을 포괄적인 범위로 확장할 필요가 있다. 외국인, 귀화자 대상의 유입 이민 외에도 750만 명에 달하는 재외동포, 내국인을 대상으로 하는 유출 이민에 대한 정책도 포괄하여 추진해야 한다.

뿐만 아니라 지금보다 더욱 적극적인 방향으로 정책을 추진할 필요가 있다. 외국인 취업자가 벌어들이는 임금만 봐도 2019년 기준 1조 8,800억 원에 달하며 인원도 82만 명에 달한다. 이러한 직접적 효과 외에도 소비 유발 효과 등 산업효과까지 감안하면 외국인 취업자가 국내 경제에 미치는 영향은 그보다 더 클 것으로 보인다.

---

33   강동관, 〈한국의 인구구조와 외국인 정책〉, 여시재 전문가 세미나, 2020.
34   법무부, 〈제3차 외국인 정책 기본계획(2018년~2022년)〉, 2018.

특히 출산율이 계속 떨어지고 인구가 자연 감소하는 시대에 생산 가능 인구 및 소비 인구 감소를 대비하기 위해서라도 국내 노동시장을 보호함과 동시에 외국인 노동 수요를 유지하기 위한 노력도 병행해야 할 것이다.

4. 지역청년기초지원금을 지급하자

2019년 노벨경제학상을 받은 에스테르 뒤플로(Esther Duflo)는 지원금이 필요한 곳은 한국과 같은 선진국이 아니라 개발도상국이라고 주장했다. "선진국은 디지털 시스템을 활용하여 핀셋 지원이 가능하지만 개도국 국민에게는 구체적인 복지 대상을 선별할 수 없어서 모두에게 지급하는 지원금이 필요하다"고 말한다. 디지털 시스템을 이용한 맞춤형 지원을 지방소멸 위험 지역을 선정해서 그 지역 청년들을 대상으로 우선 지원하자. 지역 청년들이 생애 주기를 지역에서 살아가기 위해서는 다양하고 촘촘한 계획이 필요하다. 지역청년기초지원금은 지역에서 살아가고자 원하는 청년들에게 생활의 기본자산이 될 것이다. 청년의 기준은 고등학교를 졸업하는 20세부터 직장생활을 시작하여 가정을 꾸밀 35세로 설정한다. 지역 청년들에게 모두 지급하는 것이 아니라 여러 조건과 자격 기준을 설정하고 심사하여 진행해야 한다. 그리고 지원이 결정되면 장기적인 지원이 필요하다.

특히 인구 감소가 뚜렷한 경상북도, 경상남도, 전라남도와 전라북도 내 인구소멸이 가속화되는 시와 군 지역을 대상으로 모범적 사례를 만들어야 한다. 청년기초지원금은 지방청년의 수도권 이주를 차단하고 수도권으로부터의 청년 유입이라는 두 가지 목표를 갖고 설계해야 한다.

경상북도를 예로 들어보자. 2019년 인구주택총조사에 따르면 경상북도 인구는 2018년 267만 3,000명에서 2019년 266만 8,000명으로 0.2% 감소했다. 심각한 것은 연령별 인구구성이다. 2020년 1월부터 8월까지 경상북도에 거주하는 청년(15~39세)이 다른 지역으로 이동한 인구수는 총 1만 8,456명으로 전국에서 가장 많은 청년이 순유출되었다. 2019년 기준 고령인구 비율만 보더라도 20.6%로 전남(22.9%) 다음으로 높다. 경상북도 재정공시에 따르면 2020년 기준 경상북도 세입 총계는 11조 9,794억 7,800만 원이고, 사회복지 분야 세출 규모는 2조 7,755억 1,200만 원으로 전체의 31.52%에 해당한다.

청년근로자사랑채움 사업 등 청년 정착 및 유입을 위한 정책을 펼치고 있지만 경상북도에 청년을 장기적으로 정착하게 할 수 있는 유인 요인이 부족한 상황이다. 만약 경상북도 내 20~34세 청년 인구(2019년 기준 430,656명)에게 일정 금액의 기초지원금을 지급하는 제도를 설계한다면 어떨까. 도내 일정 기간 거주하는 청년에게 매월 기초지원금을 지급하고, 청년을 대상으로 하는 현금성 복지 정책은 통합하여 중복을 방지한다.

얼마를 지급할지, 어떠한 청년을 대상으로 할지는 도내 특성과 상황에 맞게 설계한다 해도 중요한 것은 가장 직접적이고 효과적인 정책을 시행하지 않는다면 막대한 예산을 들이더라도 청년의 인구 이동을 막아내지 못할 것이라는 점이다.

5. 맞춤형 청년 생태계를 설계하자

2020년 대한민국 인구는 자연 감소를 시작했다. 인구 쇼크의 핵심은 사회를 지탱하고 발전시켜야 할 주체인 청년이 사라진다는 것이다.

인구 감소와 고령화는 국가의 성장과 분배 시스템을 흔들어놓을 것이다. 인구 감소는 고령화, 생산 가능 인구 부족, 출산율 저하로 이어지며 청년 세대가 줄어드는 악순환으로 이어지기 때문에 사회적 충격은 상상을 넘어서고 있다. 여기에 지방 소도시와 대도시 지역 중 소멸 위험 지역에서 발생하는 빈집 문제도 심각하다. 지방도시의 빈집은 한때 가장 번성했던 구도심 지역에서부터 넓게 분포하고 있다.

우리보다 20년 앞서 인구 감소와 고령화 사회를 겪고 있는 일본은 지방창생 전략을 생애 전체를 두고 설계하고 있다. '지방에서 배우고 일하며 살자'라는 정책 목표를 바탕으로 10대부터 60대까지의 삶을 염두에 두고 장기적인 목표를 설정해서 실행 전략을 실천하고 있다.([도표 4-12] 참고) 주기에 맞게 지방 발전 전략을 짜고 실행하고 있는 일본의 사례는 많은 시사점을 던져주고 있다. 일본 내각관방에서는 마을·사람·일을 위한 창생사무국을 두고 의욕적으로 추진하고 있다.

국내에서도 지역 내 청년층의 유출을 줄이고 정착을 지원하는 다양한 제도를 운영하며 특히 인구소멸 위험 지역별로 '도시청년유입사업'으로 다양한 청년 생태계를 조성하기 위해 노력하고 있다. 실질적인 효과를 보고 있는 곳도 있지만 청년 인구 유입을 위한 초기 단계 유인책에 비해 장기적인 마스터플랜은 미비한 실정이다. 단순히 청년 시기를 지방에서 보내도록 하는 유인책이 아니라 청년기를 넘어 생애 주기를 염두에 두고 설계하지 않으면 유인 정책은 실패할 것이다. 청년들이 다른 지역으로 유출되지 않고 해당 지역에 정착하여 삶을 꾸려나가게 하려면 인생의 주요 단계마다 꼭 필요한 인프라를 지역 내에 구축하는 것이 중요하다.

결혼·임신·출산·양육	10대	20대	30~40대	50~60대
	지방에서 배우고 일하고 살자			
	신규 활동 과제 두근두근 지방생활 실현정책 패키지(젊은이 중심의 UIJ턴 대책의 근본적 강화, 여성·고령화 등의 신규 취업자의 발굴, 지방에 외국 인재 활용 등)			
'지방 접근' 통한 일하는 방식 개혁	아이들의 농산어촌 체험	**반짝 빛나는 지방대학 만들기 등** 새로운 교부금 제도 도쿄 23구 대학의 정원 억제 새틀라이트(satellite) 캠퍼스 추진 등	UIJ턴 이주자 대상의 장학금 지원 전국 확대	생애활약마을 추진
		지방창생인턴십	전문 인재 활용	
		젊은이 중심의 지방 '일자리' 만들기(창업·사업 승계 지원, 지역경제 활성화 사업 촉진, 정부 관계 기관·기업 본사 기능 이전 촉진, 빈 점포 등의 활용)		
	지역 재생 공간 매니지먼트 부담금 제도, 연계중구도시권, 콤팩트시티, 작은 거점			

▨ 기본 목표 ① 지방에 일자리 만들기: 안심하고 일할 수 있다.
▨ 기본 목표 ② 지방으로 새로운 사람의 흐름을 만든다.
▩ 기본 목표 ③ 젊은 세대 결혼·출산·양육의 희망을 이룬다.
▨ 기본 목표 ④ 시대에 맞는 지역 만들기: 안심한 생활을 지키고, 지역과 지역을 연계한다.

[도표 4-12] 라이프 단계에 따른 정책 메뉴 이미지

출처: 내각관방 마을·사람·일 창생사무국, 〈마을·사람·일 창생기본계획 2018에 대해서〉, 두근두근지방생활실현정책패키지. 한국노동연구원 연구자 재작성(2018)

청소년 시기부터 20대의 학업부터 일자리, 결혼 후 출산과 자녀를 책임져야 하는 부모가 되는 변화하는 삶의 단계에서 해당 지역이 '살아갈 만한' 터전이 되어야 한다. 이를 위해서는 특히 지자체, 기업, 대학 등이 연계하여 각 생애 주기에 따른 협업 체계를 구축할 필요가 있다.

이상호 여시재 연구위원은 한국의 지역소멸 위기를 해결하기 위

한 과제로 산학연 클러스터와 지역 대학의 역할을 강조했다.[35] 지역 대학이 내생적 발전의 토대가 될 것이라며 지역 주체의 협력적 거버넌스와 리더십, 그리고 지역 대학을 평생교육의 산실로 삼아 교양교육을 넘어선 지역 내 산업 연계 교육이 이루어져야 한다고 제안하기도 했다.

또한 장기적 관점에서의 접근과 중앙정부의 종합 대책 아래 지방과의 연계와 협력이 중요하다. 일본과 같은 톱다운 방식과 더불어 지역 크기에 맞는 '지방청년삶위원회(가칭)'를 설치하여 청년 유인책을 스스로 만들어서 중앙정부와 지방정부의 지원을 요구해야 한다.

정리하며

2019년은 대한민국 전체 면적의 11.8%에 불과한 수도권에 전체 인구의 50% 이상이 살아가는 첫해로 기록될 것이다. 2020년은 대한민국 인구의 자연 감소가 시작된 첫 해로 기록될 것이다. 2021년은 재외국인을 제외한 대한민국 내국인 수가 5,000만 명 이하로 떨어지는 첫해가 될 것이다. 20년 후가 되면 대한민국은 인구 3명 중 1명이 65세가 넘는 '노인사회'가 될 것이다.

인구절벽 시대에 우리는 저출산, 고령화, 지방소멸, 빈집, 수도권 집중 문제를 각각의 해결 과제로 인식하고 대응해왔다. 전문가들의 의견을 종합해보면 대한민국의 인구절벽 문제는 저출산·고령화 그리고

---

35 이상호, 〈한국의 지역소멸 위기와 해법〉, 여시재 전문가 세미나 발표자료, 2020.

청년 인구의 수도권 집중을 통해 지방소멸 가능성을 가속화하고 있다. 그리고 30년 한 세대를 지나면 청년들이 수도권으로 몰림에 따라 발생하는 주택난, 일자리 부족, 그리고 이로 인한 초저출산의 악순환으로 인구는 급속하게 감소하여 대한민국 경제는 혼돈의 늪으로 빠져들 것이다. 우리보다 20년 앞서서 인구절벽을 겪고 있는 일본은 전체 도시의 절반이 이미 소멸 위기 지역에 진입해 있다.

김동주 전 국토연구원장은 "인체의 뼈가 약해져 골다공증이 생기면 이것이 점점 확대돼서 인체에 치명적인 영향을 주듯이 우리 국토가 골다공증 현상이 심해지고 있다"고 진단한다. 이상호 한국고용정보연구원 연구위원은 "우리나라 면이나 군 지역은 지방소멸의 완성 단계"라고 지적한다. 이런 현상은 한 세대 30년이 지나기 전에 수도권의 문제로 대두될 것이다. 이미 많은 지방 도시들이 소멸 위험 지역에 진입해 있으며 대한민국 제2의 도시인 부산에서도 징후들이 나타나고 있다. 따라서 수도권 이외의 국토 88%를 버려두고 우리의 미래를 희망할 수 없다. 인구절벽과 지방소멸은 동전의 양면이다.

2022년은 20대 대통령 선거가 있는 해다. 후보자들은 우리가 곧 직면할 인구절벽 시대에 대응할 구체적인 대안을 만들어야 한다. 인구절벽 시대의 변화를 우리 경제에 적용하고 설계한 결과를 제시해야 한다. 경제 발전도 저출산 대책도 고령화 문제도 지방소멸도 각각의 대응으로는 풀 수 없는 복합적인 문제이기 때문이다.

2부
어떻게 휴머노믹스를 실현할 것인가

수소로 그리는 미래 사회, 수소경제사회

조성경(명지대 방목기초교육대학 교수)

미래를 생각하다

우리는 미래를 기대한다. 기대란 어떤 일이 원하는 대로 이루어지기를 바라면서 기다린다는 의미다. 미래를 기대하며 제일 먼저 해야 할 일은 우리가 바라는 미래가 어떤 것인지를 그려내는 것이다.

미래는 누군가 예측하는 것이 아니다. 우리가 고민하고 실험하고 실천함으로써 만들어가는 것이다. 혹시 우리는 예측에만 매달리고 준비하는 것은 게을리하고 있지는 않은가. 물론 과거부터 현재를 관통하고 있는 관성에 따른 방향성은 존재한다. 현재 발생한 돌발변수와 그 강도에 따라 방향이 틀어지기도 한다. 그래서 미래를 설계하고 만들어가기 위해서는 미래에 대한 예측이 아니라 현재가 나아가려는 방향성에 대한 분석이 필요하다. 현재의 기반이 과거이듯 미래의 토대는 현재이기 때문이다.

그렇다면 우리가 진짜 살고 싶은 세상은 어떤 사회일까? 오늘 우리가 내리는 결정이 미래의 우리 경험을 결정할 수 있다. 현재의 선택은 앞으로 만들어낼 미래의 모습을 결정하는 힘이 있다. 우리는 지금 우리 자신과 미래 세대를 위해 미래와 관련된 현명한 선택을 해야 할 필요가 그 어느 때보다 절실한 시대를 살고 있다. 그렇기에 우리에겐 통찰력이 필요하다.

미래로 미루어진 보상을 위해 현재를 양보하거나 희생하는 일은 어렵다. 현재 손에 쥘 수 있는 향유가 설령 훗날 위기와 재앙으로 대체된다 하더라도 이 향유를 탐닉하기 십상이다. 그렇기에 우리 선택과 결정의 결과가 나타나기까지 기다리는 시간이 길면 길수록 통찰력을 발휘하는 것이 쉽지 않다. 하지만 미래를 위해 행동하는 것이 우리 자신을 위하는 것이라면, 게다가 지금 당장에는 그다지 큰 희생을 요구하지 않는다면 어렵지 않게 행동할 수 있다. 우리의 선택이 더 나은 미래를 만들 수 있다는 확신과 이 선택에 대해 우리가 통제력을 갖고 있다고 생각할수록 우리는 미래를 위해 행동을 할 가능성이 높아진다. 그런데 오늘 뭔가를 포기하면 우리가 원하는 것이 우리 손에 들어올 것이라 확신할 수 있는 경우는 거의 없다.

팬데믹, 기후변화, 4차 산업혁명의 현재를 읽다

우리는 COVID-19라는 팬데믹과 마주하며 휴지기를 강제당하는 세상을 경험하고 있다. 생산이 멈추고 소비가 위축되면서 그간 우리가 얼마나 지구에 대한 배려 없이 경제성장과 삶의 편의를 추구해왔는지 깨닫고 있다.

보이지 않는 곳에서 버튼을 누르는 것만으로도 혹은 말 한마디만으로도 내가 해야 할 웬만한 일을 해결할 수 있는 세상에 들어와 있다.

모든 것이 디지털 기술을 통해 연결된다. 이 모든 과정에는 에너지가 요구된다. 즉 전기가 필요하다. 그것도 품질이 좋은, 많은 전기가 제때 공급되어야 한다. 소재가 개발되고 시스템이 혁신되면서 단위당 에너지 효율은 점점 높아지겠지만 전기를 필요로 하는 대상 자체가 늘어나기 때문에 전기 수요가 줄어드는 것을 기대하기는 당분간 어렵다.

전기의 생산과 소비는 경제성장은 물론 우리 삶의 질과도 직결된다. 적어도 과거부터 현재까지의 경험과 관성에 따르면 그렇다. 화석연료를 태워 전기를 생산하는 것은 기술적으로 수월하고 비용 면에서 효율적이지만 이산화탄소를 배출한다. 이산화탄소가 지구를 뜨겁게 만들고, 기상이변과 기후변화를 가져온다는 것은 더 이상 논쟁의 여지가 없다. 그렇다고 그동안 화석연료의 기여를 폄하하거나 화석연료를 악동으로 규정해서는 안 된다. 이제 역할을 내려놓거나 바꿔야 할 때가 온 것뿐이다.

지난 100여 년간 평균기온이 1도 정도 올라갔다. 그런데 고작 1도가 해낸 일이 어마어마하다. 호주에서 발생한 대형 화재 역시 평균기온 1도 상승의 결과로 분석된다.

2020년 연구 결과에 따르면, 지난 25년간 바다 온도를 상승시킨 열량은 히로시마에 투하된 원자폭탄을 1초에 4개씩, 25년간 36억 개를 바다에 떨어뜨린 열의 양과 비슷하다. 현재와 같은 추세라면 전 세계 바다 온도의 상승 속도는 점점 더 빨라질 것으로 예상된다. 이렇게 에너지가 지속적으로 축적되면서 지구의 온도는 점점 높아진다. 세계기상기구(World Meteorological Organization, WMO)는 이산화탄소 배출

1　Lijing Cheng, John Abraham 외, "Record-Setting Ocean Warmth Continued in 2019", *Advance in Atmospheric Sciences*, 37(2), 2020, pp.137~142.

이 지금 추세대로 계속되면 21세기 말에 평균기온이 3도에서 5도까지 상승할 것이라고 경고한 바 있다. 이는 동식물의 50% 이상이 멸종되고, 얼음이 녹아 해수면을 높여 농사지을 땅은 물론 사람이 살 수 있는 터전마저 점점 사라진다는 것을 의미한다. 기후변화에 관한 정부간협의체(Intergovernmental Panel on Climate Change, IPCC)는 2018년 총회에서 기온 상승폭을 1.5도까지로 제한해야 한다고 발표했다.

4차 산업혁명과 기후변화, 우리는 전혀 다른 이 두 가지가 만들어내는 유사한 흐름 두 가지를 발견한다. 과거의 데이터로 예측할 수 없는 낯섦, 그리고 그 과정과 결과에 대한 개입의 책임이 그것이다. 기후변화와 4차 산업혁명, 여기에 팬데믹까지, 급격한 사회변화와 이로 인한 심각한 문제 발생과 해결의 절박성에 대한 이해를 바탕으로 미래를 바라보는 참신한 방식이 우리에게 필요하다. 물론 미래의 모습을 새로운 방식으로 그리는 것만으로는 바람직한 미래로 나아가기에 충분하지 않다. 상상력과 통찰력을 발휘해 먼 미래에 놓인 불확실한 위험과 기회를 감지하여 선택하고 결단해야 한다. 바람직한 상황에 적응하고 이를 누리면서 한편으로는 위험을 통제하고 위험에 대처하는 실질적인 계획과 실천이 중요하다. 그래야만 지속적으로 진화할 수 있다.

언론 보도를 통해 미래를 탐색하다

대한민국 사회가 지향하는 미래 사회를 탐색하기 위해 주요 일간지(경향신문, 동아일보, 문화일보, 조선일보, 중앙일보, 한겨레신문)의 2019년 11월 1일부터 2020년 11월 30일까지 기사를 대상으로 네트워크 분석을 실시했다. 그 결과 미래와 관련해 추출된 기사는 142건으로 매우 적었다. 이는 우리 사회가 미래에 대해 다소 소홀히 생각하고 있거나 마주한 현안이 산재해 있다는 것을 시사한다. 어떤 쪽이든 아직은 우리 사회가 미래를 만들 준비가 덜 되어 있다는 것을 부정하기는 어렵다.

미래와 관련해 네트워크의 중심이 된 키워드로 코로나19, 미래 사회, 온라인, 인공지능, 대한민국, 서울, 전문가 등이 도출되었다. 이 중 핵심은 코로나19인 것으로 나타났다. 코로나19가 형성한 네트워크를 살펴보면, 미래 사회, 온라인, 서울, 대한민국, 인공지능 전문가, 감염병, 언택트, 사람들, 공동체 등을 확인할 수 있다. 이는 코로나19가 우리가 앞으로 살아갈 미래 사회에 대한 예고편 역할을 해주고 있다는 것으로 해석할 수 있다.

미래 사회의 네트워크를 살펴보면, 코로나19, 인공지능, 온라인, 전문가, 가상현실, 감염병 등이 두드러진다. 즉 미래 사회는 인공지능을 중심으로 형성된다는 사회적 인식이 확산되고 있다는 추론이 가능하다. 온라인이 형성한 네트워크를 보면, 코로나19, 원격수업, 인공지능, 전문가, 빅데이터, 학생들, 대한민국 등이 눈에 띈다. 즉 코로나19로 촉발된 온라인을 통한 교육과 이를 뒷받침하는 빅데이터와 인공지능이 중요한 이슈로 부각된 것을 알 수 있다. 인공지능을 중심으로 형성된 네트워크에는 전문가, 빅데이터, 서울대, 스타트업, 스마트폰, 오프라인 등이 구성 요소로 자리 잡고 있다. 이들은 인공지능을 통해 확산되거나 인공지능을 활용할 수 있는 요소들이다.

대한민국과 관련한 네트워크는 서울, 미국, 중국, 일자리, 삼성전자, 반도체, 마이크로소프트, 음성인식 등이 눈에 띈다. 즉 대한민국의 미래에는 미국 및 중국과의 관계와 미래 기술의 핵심인 반도체, 이를 주도하는 삼성전자와 일자리가 영향을 미친다는 인식으로 해석할 수 있다. 이 외에도 미래와 관련해 눈에 띠는 키워드로서 저출산, 고령화, 기후변화, 온난화와 같은 사회적 특성을 담은 과제와 사람들, 공동체, 네트워크, 생태계, 생명체와 같은 중요한 가치를 담고 있다. 또한 중요성, 뒷받침, 경쟁력, 융복합과 같이 미래와 관련해 고민해야 할 이슈들도 포함되어 있다.

여기서 코로나19로 인해 강제된 상황으로 다소 비틀어진 미래 사회 예고편이 우리 사회의 미래 지향 의지나 희망을 덮어버린 경향을 발견한다. 그럼에도 현시점에서 대비해야 할 문제는 기후변화, 온난화, 팬데믹 등의 상황이라는 것을 추론할 수 있다. 또한 인공지능과 빅데이터, 가상현실 등 미래 사회의 주요 동력이 되는 기술을 뒷받침할 수 있는, 그리고 이 기술들이 원활하게 구현될 수 있는 여건을 조성하는 것이 필요함을 알 수 있다. 그렇기에 이러한 기술들을 사람을 위해 효과적으로 활용할 수 있는 원천인 에너지를 안정적이고 안전하게 그리고 적기에 공급할 수 있는 미래 지향적 방안을 찾아야 한다는 필수 과제를 확인할 수 있다.

세계가 수소경제사회에 주목하다

수소경제를 향한 전 세계 움직임의 동력은 2018년 10월 〈도쿄선언〉에서 찾을 수 있다. 당시 수소에너지 담당 장관과 대표들은 '수소

---

2 "The Tokyo Statement", Chair's Summary of Hydrogen Energy Ministerial Meeting, 23 October 2018 Tokyo, Japan.

가 청정에너지 미래를 향한 에너지 전환에서 중요한 기여를 하고 있고, 광범위하고, 안전하며, 지속 가능하면서 효율적인 에너지 포트폴리오의 중요한 구성 요소가 될 수 있다'는 데에 공감했다.

여기서 눈여겨봐야 할 부분은 '미래'와 '에너지 포트폴리오'다. 이는 수소경제가 '지금 당장'이 아니라 '미래' 그리고 'only one'이 아니라 'one of them'으로서 가치를 지니고 있다는 것을 의미한다.

〈도쿄선언〉에서 또 하나 주목할 점은 기술 발전의 가속화를 위해 국가 간 '협업'을 강조하고 있다는 점이다. 그리고 협업 내용을 다음과 같이 명시하고 있다. 첫째, 기술협력과 규정, 규칙 및 표준의 통일화를 위한 조정, 둘째, 수소 안전과 인프라 공급망에 관한 정보 공유 및 국제 공동 연구와 개발 촉진, 셋째, 이산화탄소 배출과 기타 오염 물질 감소를 포함한 수소의 다양한 잠재력 연구와 평가, 넷째, 커뮤니케이션, 교육, 그리고 지원 활동이다. 이 네 가지 영역은 수소경제사회를 실현하는 데 필요한 실질적인 요소이자 넘어야 할 장벽이라 할 수 있다. 이는 국가 간 협업뿐 아니라 대한민국이 수소경제를 준비하면서도 반드시 챙겨야 할 부분이다. 특히 커뮤니케이션과 교육, 지원 활동을 강조하고 있는 점은 수소경제를 실현하는 데 사회문화적 수용성이 얼마나 중요한지를 보여준다.

"청정하고 안전하며, 저렴한 에너지, 미래에 핵심 역할을 수행할 수 있는 수소의 잠재력을 활용할 때가 왔다." 이는 국제에너지기구(International Energy Agency, IEA)가 2019년에 평가한 수소의 미래 사회에 대한 기여 가능성이다. IEA는 수소가 다양하고 중요한 에너지 문

---

3 IEA, "The Future of Hydrogen: Seizing today's opportunities", Technology report, June 2019.

제를 해결하는 데 도움을 줄 수 있으며, 재생에너지가 더 큰 기여를 할 수 있게 한다고 설명한다. 또한 과거에 수소에 대한 잘못된 시도가 있었지만 지금은 다를 수 있다고 강조하면서 수소를 더욱 광범위하게 사용할 수 있다고 설명한다.

　수소는 역사 속에서 이미 몇 차례 주목받았다. 그러나 거기까지였다. 이는 수소를 운송 분야에 집중적으로 사용했고, 수소 사용 확대 동력을 석유와 가스의 가격 상승에서 찾았기 때문이다. 1920~1930년대 이미 수소는 항공 연료로서 가능성을 입증했다.[4] 1930~1940년대에는 자동차와 기차, 잠수함의 연료로 사용하기도 했다. 그러나 거기서 멈췄다. 1970년대 오일쇼크, 석유 고갈, 대기오염과 산성비 등이 전 세계적인 문제로 대두되면서 수소에 대한 관심이 고조되었다. 하지만 여전히 충분한 석유와 가스, 적정 수준의 유가, 대기오염의 완화 등은 수소의 매력을 떨어뜨렸다. 기후변화에 대한 관심이 커지기 시작한 1990년대에는 이산화탄소 포집 및 저장(Carbon Capture and Storage, CCS)과 재생에너지, 운송에 중점을 둔 수소 연구가 시작되었다. 일본과 유럽연합의 투자가 활성화되는 듯했지만 지속된 낮은 유가는 또다시 수소의 매력을 희석했다. 2000년대 초 기후변화가 현실화되면서 다시 한 번 운송 부문에서 연료 전환 필요성이 제기되었고, 피크오일(peak oil)[5]에 대한 우려도 표면 위로 떠올랐다. 원자력 발전에 대한 불편한 시선은 여전했지만 차세대 원전으로 물을 전기분해해 수소의 생

4　Peter Hoffmann, *Tomorrow's Energy: Hydrogen, Fuel Cells, and the Prospects for a Cleaner Planet*, Revised & Expand Edition, 2012.

5　석유 생산량이 최고에 이르는 시점을 말한다. 물리학자이자 지질학자인 킹 허버트(King Hubbert)는 석유 생산량이 피크에 도달한 이후 하강 곡선을 그린다고 설명한다.

산 비용을 낮출 수 있다는 가능성은 수소의 매력을 부각했다. 미국은 수소연료전지 파트너십(International Partnership for Hydrogen & Fuel Cells in the Economy, IPHE)을 구축해 수소연료를 개발하겠다는 의지를 표명했다. 그러나 인프라가 먼저냐 수소차가 먼저냐 하는 논쟁이 꺼지지 않았고, 여기에 전기자동차가 현실화되면서 수소에 대한 기대는 또 한 번 물품이 되었다.

수소경제를 적극적으로 주장하는 IEA가 현재의 규정하에서는 청정 수소산업 발전에 한계가 있다고 지목한 것은 의미심장하다. 저탄소 에너지로 수소를 생산하는 것이 현재로서는 비용이 많이 들 뿐 아니라 대부분 천연가스와 석탄으로 수소를 생산하고 있는 것이 현실이라는 것이다. 게다가 수소 인프라 개발은 느리고 널리 채택되지도 않는다고 지적한다. 여기에는 수소 인프라 설치의 문제가 크게 자리 잡고 있다. 기술의 문제라기보다 사회문화적 수용성 문제라 할 수 있다.

IEA는 모두에게 맞는 수소 정책은 없다고 단언한다. 각국은 항상 자원 가용성과 기존 인프라뿐만 아니라 사회적, 정책적 우선순위와 제약을 기반으로 정책을 결정하고 조치를 취해야 한다는 것이다. 이는 수소 정책에만 해당된다기보다 에너지 정책을 수립하고 실행하는 전반에 해당된다. 일부 국가는 화석연료를 기반으로 더 청정한 미래 수소 제품과 더 큰 시장 기반을 마련하고 저탄소 수소로 전환하는 단계적 접근 방식을 채택할 수 있다. 어떤 나라는 재생전기와 같은 선택된 저탄소 공급원만을 갖고 수소 제품과 시장을 구축할 수 있다. 운송 또는 화학과 같은 고부가가치 분야에서 이러한 자원을 사용할 수 있다면 전

---

6 IEA, "The Future of Hydrogen: Seizing today's opportunities", Technology report, June 2019.

체 시스템의 효율성을 높이는 데 긍정적인 영향을 미친다. IEA가 수소 생산자와 공급망이 국제적인 전망과 확장이 가능한 시장을 기반으로 금융에 접근할 수 있어야 한다고 주장하는 것을 진지하게 곱씹을 필요가 있다.

수소는 더 이상 실험실에 갇힌 R&D의 대상이 아니다. IEA가 R&D를 강조하는 근거를 주목해야 한다. 수소 생산, 운송, 활용과 소비 과정에서 비용을 절감하는 방법을 제공하기 위해 R&D가 필요하다는 것이다.

수소는 상온에서 기체 상태이기 때문에 저장과 운송이 까다롭다. 압축 수소를 담은 탱크의 크기도 같은 양의 천연가스와 비교하면 네 배에 달한다. 수소를 운송하려면 기체 상태에서 압축해 고압 탱크에 담아야 하는데 높은 비용이 드는 이유가 여기에 있다. 그런데 수소를 액상 암모니아 형태의 화합물로 변환하면 기체 상태보다 많은 양의 수소를 저장해 옮길 수 있다. 수소는 영하 253℃에서 액체 상태로 바뀌고 부피는 1/800로 줄어들기 때문이다. 이런 이유로 사우디아라비아는 홍해 인접 도시인 네옴에 50억 달러를 투자해 대규모 그린수소 · 암모니아 생산공장을 짓기로 결정했다. 사우디아라비아는 이 시설에서 4GW의 재생전기를 활용해 수전해로 2025년부터 매일 650톤의 그린수소를 생산할 것이라고 발표했다. 이는 수소버스 2만 대를 운행할 수 있는 양이다. 사우디아라비아는 이 수소를 액상 암모니아로 저장해 운송하거나 수출할 것이라고 밝힌 바 있다.

2018년 〈도쿄선언〉 이후 세계 각국은 수소 관련 정책을 경쟁적으로 발표했다. 호주는 수소 연구와 파일럿 프로젝트에 1억 호주달러 이상 지원하겠다고 발표했고, 벨기에는 가스전력에 5,000만 유로 투자

계획을 제시했다. 브라질은 과학기술 및 혁신 계획에 수소를 포함시켰다. 중국은 베이징, 상하이 등 10개 도시 프로그램을 통해 수소 운송 계획을 수립했고, 우한에 2025년까지 100개의 연료전지 자동차 제조업체와 관련 기업을 유치하고, 800개의 수소충전소를 설치해 중국 최초의 수소 도시로 만들 것이라고 발표했다.

EU는 탄소중립 달성을 위해 장기 탈탄소화 전략을 발표했다. 또 회원국 간 수소 논의를 위해 수소에너지 네트워크 설립도 선언했다. 28개 유럽 국가들이 100개 기업 및 기관과 지속 가능한 수소 기술 협력을 하는 수소 이니셔티브에 서명했다. 프랑스는 산업, 운송, 재생에너지 분야에서 수소 인프라 구축 계획과 1억 유로의 자금 지원 계획을 발표했다. 독일은 수소충전소, 연료전지 자동차, 소형 열병합발전에 보조금을 포함해 자금을 투입하고, 2018년 처음 움직이기 시작한 수소 동력 열차인 코라디아 아이린트(Coradia Ilint)의 상용화를 위해 적극 투자하고 있다. 영국은 저탄소 수소 공급과 저장을 위해 2,000만 파운드의 기금을 설립했고, 1억 7,000만 파운드를 탈탄소화 산업 클러스터 미션에 투자한다고 발표했다. 네덜란드는 수소 로드맵을 발표하고 기후협약에 수소에 관한 장을 추가했다.

EU 에너지장관이사회는 2020년 12월 철강, 시멘트 등 100% 전기화가 어려운 중공업과 장거리 운송산업에 수소에너지를 적극 권장하기로 결정한 것으로 알려졌다. 특히 친환경 에너지로 생산되는 수소에너지를 중심으로 EU 차원의 수소에너지 시장을 활성화하기로 하면서, 천연가스나 원자력 등을 통해 생산되는 '저탄소 수소에너지'도 권장하고 있다. 이는 네덜란드, 프랑스, 폴란드 등의 주장을 수용한 것으로 해석된다. EU는 천연가스 파이프라인과 저장 설비를 수소에너지 용도로

전환할 방침이라고 강조하고 있다.[7]

일본은 정부 주도하에 2021년까지 80개의 수소충전소 건설을 목표로 하는 일본 H2 모빌리티(Japan H₂ Mobility)를 위한 기업 컨소시엄에 일본개발은행이 합류했다. 또한 에너지 운반체 이니셔티브의 다음 단계로 친환경 암모니아 컨소시엄을 개시했다. 뉴질랜드는 일본과 협력 각서에 서명하고 수소 상용화를 포함해 사업에 투자하는 친환경 투자 기금을 설립했다. 노르웨이는 수소동력 페리와 해안노선 선박을 개발하기 위해 자금을 지원하고 있다. 사우디아라비아는 석유회사인 아람코가 미국 가스회사인 에어프로덕트와 수소충전소를 설립한다고 발표했다. 미국은 지질학적 저장소에 이산화탄소 저장을 보상하는 연방법 제45Q조 세금 공제를 확대했고, 수소와의 결합을 포함해 다른 제품으로 이산화탄소를 전환하는 것을 보상하는 조항을 추가했다. 또한 탄소 포집전환저장(Carbon Capture Utilization and Storage, CCUS) 운영자가 저탄소 수소로부터 수익을 창출할 수 있도록 허용했다.

이처럼 선진국과 개발도상국, 자원 부국과 자원 빈국에 상관없이 많은 국가들이 수소경제를 향해 입체적으로 바쁘게 움직이고 있다. 국가마다 차이가 있긴 하지만 중국을 제외한 대부분 나라는 정책보다는 시장, 강제보다는 자율에 초점을 두고 있다. 이러한 사례를 통해 대한민국이 지향하는 수소경제에 대해 몇 가지 자문하게 된다. ① 수소를 어디에, 어떻게 사용할 것인가, 그리고 왜 그렇게 하려고 하는가 ② 수소를 생산할 수단을 갖고 있는가 혹은 생산하지 않더라도 수소를 공급할 방법은 무엇인가 ③ 수소를 저장하고 운송할 현실적인 방안을 찾을 수

---

7 European Council meeting, 10 and 11 December 2020.

있는가 ④ 장벽 해결을 위한 R&D에 집중해 성과를 만들어낼 전문 인력이 있는가 혹은 국제 네트워크가 있는가 ⑤ 투자 여건을 조성하고 산업생태계가 형성되어 진화할 수 있도록 고민하고 있는가 ⑥ 투입과 산출, 그리고 결과물을 구분하여 평가 시스템을 구축하고 있는가. 이러한 고민을 바탕으로 처음부터 다시 한 번 짚어나갈 필요가 있다. 그러지 않으면, 대한민국의 수소경제는 숫자에 갇혀 기존의 질서만 흩어뜨리며 에너지 정책뿐 아니라 경제, 사회 시스템을 왜곡할 수도 있다.

대한민국 정부, 수소경제를 이야기하다

대한민국 정부는 수소를 활용처가 다양한 친환경 에너지이자 재생에너지 확대에 따른 에너지 저장 수단으로 규정하면서 수소경제의 중요성을 강조한다. 2019년 수소경제 활성화 로드맵을 마련한 대한민국 정부는 세계 최고 수준의 수소경제 선도국가로 도약한다는 비전을 세우고 수소차와 연료전지의 세계시장 점유율 1위 달성과 화석연료 자원 빈국에서 그린수소 산유국으로의 진입을 선언했다.

이를 위해 2022년 수소차 8만 1,000대, 수소충전소 310개소, 연료전지 발전 1.5GW, 건물 연료전지 50MW, 수소 공급 연간 47만 톤, 수소 가격 kg당 6,000원을 목표로 설정했다. 2040년에는 수소차 620만 대, 수소충전소 1,200개소 이상, 연료전지 발전 15GW, 건물 연료전지 2.1GW, 수소 공급 연간 526만 톤, 수소 가격 kg당 3,000원을 달성하겠다고 밝혔다. 또한 수소경제 표준화 전략 로드맵, 미래자동차 산업 발전전략, 수소 인프라 및 충전소 구축방안, 수소 기술개발 로드맵,

수소 시범도시 추진 전략, 수소 안전관리 종합대책을 발표했다. 한편, 〈수소경제 육성 및 수소안전관리법〉은 세계 최초라는 수식어도 붙어 있다.

이 외에도 수소 생산 측면에서는 그린수소 프로젝트를, 유통 측면에서는 액화수소 프로젝트를, 활용 측면에서는 그린수소 인 정제 도입과 의무 사용을 추진하면서 수소 로드맵 2.0 수립을 준비하고 있다. 수소경제 컨트롤타워로서 수소경제위원회를 구 성했고, 정보 전달과 정책 제안을 통해 수소경제에 대한 국민의 관심 을 확대한다는 목적으로 그린수소 포럼을 발족했다.

수소경제를 커뮤니케이션하다

친환경성은 수소 이미지의 중요한 부분을 형성한다. 그렇기에 기후 변화 문제 해결, 이산화탄소 배출 감축, 미세먼지 배출 감소 등의 차원 에서 수소에너지에 접근하는 것이 현실이다. 그러나 이는 에너지전환 혹은 탈원전 이슈와 맞물려 사회적 피로감에 젖어 있을 뿐 아니라 자 칫 정치적 이슈로 변질되어 소모적인 논쟁에 휩싸일 가능성이 짙다. 따라서 다른 차원의 수소경제 커뮤니케이션이 필요하다.

첫째, 수소경제는 말 그대로 '경제'에 초점을 맞추는 것이 바람직하 다. 이를 위해 수소경제라는 것이 무엇을 의미하는지 정의할 필요가 있다. 가장 중요한 것은 수소경제는 사회 시스템의 변화와 우리 삶의 변화를 동반한다는 것을 분명히 하고 이에 대한 사회적 논의를 시작하 는 것이다. 수소경제는 미래 사회의 동력이다. 우리가 살고 싶은 미래 사회를 그려내고, 미래 사회를 현실로 불러오기 위해 수소경제를 실현해야 한다는 점을 강조할 필요가 있다.

둘째, 수소경제를 동력으로 하는 미니 수소도시를 설계하고, 시범적으로 운영하는 것이 중요하다. 미니 수소도시의 핵심은 규모는 크지 않으나 실제 수소경제가 작동할 수 있는 인프라와 사회적 여건을 만드는 데 있다. 수소경제가 작동하기 위해서는 수소의 생산, 운송, 저장과 소비가 원활하게 이루어져야 한다. 이는 수소산업의 생태계가 조성되고 활성화되어야 한다는 것을 의미한다. 미니 수소도시는 수소 중심의 도시를 넘어 사람들이 지향하는 미래 생활을 포용하는 공간으로서 가치를 발휘할 수 있어야 한다. 자연스럽게 미니 수소도시에서 생활하는 사람들은 수소충전소와 수소연료전지 시설을 필요로 하게 된다. 미니 수소도시의 또 다른 특징은 연결을 통한 완성에 있다. 다시 말하면, 수소의 생산, 운송, 저장과 소비가, 그리고 수소산업 시설이 반드시 한 지역 공간에서 이루어지는 것이 아니라 하나의 생활권으로 연결하여 완성될 수 있다는 것이다. 여기서 말하는 생활권은 수소자동차로 충전에 대한 불안감 없이 이동할 수 있는 거리를 뜻한다. 연결의 장점은 확장 가능성에 있으며, 미니 도시의 연결과 확장은 결국 대한민국을 수소경제가 움직이는 미래 사회로 이끌어가는 데 절대적으로 기여할 수 있다.

8　관계 부처 합동으로 작성한 제2차 수소경제위원회 안건 제3호(2020. 10. 15)에 따르면, 수소도시를 수소의 생산·이송에 관한 인프라를 구축하여 주거·교통 등 다양한 시민 생활에서 수소가 주요 에너지원으로 활용(수소생태계 조성)되는 도시라고 개념화하고 있다. 그러나 수소도시의 개념을 에너지가 아니라 경제에 좀 더 초점을 맞춰 재정립하는 것을 고려해야 한다.

수소경제를 움직이는 수소도시 구축

수소경제가 움직이는 수소도시를 구축하고 확산하기 위해서 정부가 정책적으로 지원해야 할 것들이 있다.

첫째, 민간 기업이 적극적으로 투자할 수 있는 여건을 조성하는 것이다. 정부가 세금으로 지원하는 것이 아니라 민간 기업이 스스로 투자하도록 함으로써 비즈니스 모델을 만들어 수요를 창출하게 하는 것이 바람직하다. 투자 위험을 줄여주기 위해서는 과감하게 세금을 감면하거나 토지를 제공하는 방법 등을 고려할 수 있다. 이를 통해 기업이 지속적으로 수익을 창출하고 그 수익을 시민과 공유할 수 있는 구조를 만듦으로써 수소경제의 선순환을 이끌어내는 것이 중요하다. 즉 정부 정책을 새로운 수요를 창출하고 시장과 연결할 수 있는 방향으로 구체화해야 한다.

둘째, 수소 안전에 대한 인증 기준을 명확히 하고 인증의 독립성과 투명성에 대한 신뢰를 쌓아가는 것이다. 안전 문제는 언제든 돌출될 수 있고, 신뢰에 금이 가면 걷잡을 수 없이 무너진다. 현재 수소 안전과 관련한 규제 기능은 단일 공공기관이 갖고 있다. 향후 수소 안전 인증은 공공부문과 민간부문에 각각 기관을 두어 실시하는 것을 고려할 수 있다. 이는 독일의 글로벌 공인시험기관인 TÜV(Technischer Überwachungs Verin)[9]를 모델로 진화시킬 수 있다. 처음부터 글로벌 기업의 위상을 갖는 데에는 한계가 있다. 그러나 민간 인증기관을 통해 대한민국에서 수소 안전 인증에 확실한 신뢰를 구축한다면 이를 디딤돌로 세계표준을 만들고 세계무대로 진출할 수 있다. 현실적으로 수

---

9 TÜV는 제반 산업 분야에서의 안전과 품질에 관한 시험, 검사 업무를 수행하며, 안전 관련 법규에 따라 인증한다.

소연료전지 시설이나 관련 인프라 시설을 수출할 때 하드웨어뿐 아니라 인증을 포함한 운영 프로세스를 패키지로 수출하면 또 하나의 수소산업 생태계를 형성할 수 있다. 초기에는 민간 인증기관에 대해 공정성 측면에서 회의적인 시각이 존재할 수 있다. 그러나 민간 인증기관에 대한 허가권을 2~3년 주기로 정부에서 위원회를 구성해 엄격히 평가하고 허가권 연장 여부를 결정한다면 신뢰의 문화를 형성해나갈 수 있을 것으로 보인다.

셋째, 목표가 뚜렷한 R&D를 활성화하는 것이다. R&D의 목표는 수소산업 활성화에 직접 기여하는 것이다. 이는 산업계에서 먼저 필요성을 제기하고 문제를 해결하거나 아이디어를 구현하는 데 필요한 R&D를 의미한다. 핵심은 'R&D를 위한 R&D'는 철저히 배격하는 것이다. 이를 위해서는 R&D 과정과 결과에 대한 지식을 공유하는 시스템을 갖출 필요가 있다. 다시 말하면, 수소경제 R&D와 관련한 지원을 받을 경우 보안 사항이 아닌 이상 연구 결과는 물론 연구를 수행하면서 발생하는 여러 가지 부가가치와 문제, 해결 방식까지도 시스템을 통해 공유함으로써 더 효율적으로 연구 성과를 창출할 수 있도록 지원할 필요가 있다.

이를 위해서는 수소경제펀드를 조성하는 것을 고려할 수 있다. 수소경제펀드는 국가예산만으로 조성하는 것보다 민간기업과 국민이 일종의 투자 형태로 참여하도록 하는 것이 필요하다. 특히 국민의 참여는 실제 펀드 조성에 기여하는 것보다는 수소경제에 대한 꾸준한 관심을 갖도록 하는 데에 무게가 있다. 따라서 소액(1만 원)부터 참여할 수 있도록 하고, 만기를 10년부터 30년까지 장기로 설정하되 R&D 성과로서 창출되는 수익을 배분하는 구조를 갖추는 것이 바람직하다. 원금이나 수익을 보장하진 않는다. 그러나 수소경제가 미래 사회를 준비한다는 것을 고려하여 만기 출금할 경우 해당 금액에 대해서는 자녀에게 세금 없이 혹은 10% 미만의 세금으로 증여할 수 있도록 하는 방안도 고려할 수 있다. 수소경제펀드는 R&D뿐 아니라 수소경제 관련 기술 기반의 스타트업에 지원하거나 저리로 대출을 제공하여 수소산업 활성화에 기여할 수 있도록 한다.

넷째, 규제 정책보다는 인센티브 정책을 추진하는 것이다. 수소발전 의무화 제도(HPS)를 도입해 수소 인프라를 확산하는 것도 의미가 있다. 그러나 성급하게 공급자 기준의 의무 제도를 부과하기보다는 수소연료전지 시설을 설치할 경우 해당 지역(읍·면·동 기준 혹은 반경 일정 km 이내 기준) 거주자의 전기요금이나 지역 의료보험료 혹은 대중교통 요금 할인 중 지역 주민이 선택할 수 있도록 한다면 사회문화적 수용성 측면에서도 효과적일 것으로 판단된다. 수소자동차가 많이 보급되면 근거리 수소충전소의 필요성이 커진다는 점을 고려할 때, 특정 지역에 집중해 수소자동차 구입 보조금을 일시적으로 대폭 확대할 수 있다.

다섯째, 실제 특정 지역에 수소도시를 구축하기 전 현실과 디지털을 결합해 수소도시를 구현하는 것이다. 현시점에서 고려할 수 있는 기술은 디지털 트윈[10]과 메타버스(Metaverse)[11]다.

---

10 현실에서 발생할 수 있는 상황을 컴퓨터로 시뮬레이션함으로써 결과를 미리 예측하는 기술을 말한다. 디지털 트윈은 제조업뿐 아니라 다양한 산업·사회 문제를 해결할 수 있는 기술로 평가받는다. 기본적으로는 다양한 물리적 시스템의 구조, 맥락, 작동을 나타내는 데이터와 정보의 조합으로, 과거와 현재의 운용 상태를 이해하고 미래를 예측할 수 있는 인터페이스라고 할 수 있다.

11 메타버스(Metaverse)란 초월을 뜻하는 그리스어 메타(Meta)와 세상을 뜻하는 유니버스(Universe)의 합성어로 닐 스티븐슨의 SF 소설 〈스노 크래시〉(1992)에서 처음 등장했다. 소설

디지털 트윈은 IoT에 연결된 사물들을 통째로 그리고 실시간으로 복제하는 개념으로 단수의 기기나 기술이 아닌 하나의 거대한 시스템을 의미한다. 디지털 트윈은 IoT를 구성하는 요소들, 즉 감지기가 수집하는 실시간 데이터와 인공지능 기능이 추가된 분석 도구, 실물의 움직임 등을 와이어프레임[12]으로 복제하는 여러 소프트웨어가 결합된 복잡한 개념이다. 와이어프레임 모형은 설계 단계부터 제조, 작동, 폐기까지 실물의 전체 수명에 걸쳐 끊이지 않고 구현된다. 또한 실물의 환경이 바뀔 때마다 갱신되고, 과거의 작동 환경에서 나온 데이터까지 반영한다. 이를 바탕으로 설계부터 제도, 유통, 서비스에 이르기까지 과정의 효율을 극대화할 수 있다. 디지털 트윈을 이용하면 컴퓨터 앞에 앉아 실시간 상황을 분석할 수 있다.[13] 싱가포르는 디지털 트윈을 통해 도시를 관리하는 실무를 강화하고 효율성을 높이기 위해 버추얼 싱가포르(Virtual Singapore) 프로젝트를 수행했다. 이를 통해 기후, 인구통계, 에너지 소비량, 건물 입면도, 나무의 위치까지도 데이터화하며, 미래의 풍력에너지 생산량을 예측하고 화재와 홍수로부터 가장 안전한 재난 관리 계획을 수립할 수 있다.

메타버스는 가상세계에서 실제 현실의 이벤트를 아바타를 통해 경험하는 세상을 의미한다. 가상공간에서 아바타를 이용해 사회, 문화적 활동을 할 뿐 아니라 경제적 가치를 창출하고 소유하며 거래하기도 한다. 여기서는 현실의 물리, 사회, 경제법칙이 통용된다. BTS는 인기 온

속 인간들은 가상공간 메타버스에서 아바타로 현실 세계에서와 마찬가지로 활동한다.

12 물체의 뼈대를 철사 구조로 시각화해 보여주는 컴퓨터 도형을 말한다.

13 GE는 풍력발전 단지의 디지털 트윈을 활용해 전력 생산량을 극대화할 수 있는 터빈 배열을 찾고, 각각의 터빈 위치를 설정한다. 이 모든 과정은 터빈을 실제로 설치하기 전에 디지털 트윈을 통해 시연된다.

라인게임인 포트나이트(FORTNITE)에 신곡 〈다이너마이트〉의 안무 버전 뮤직비디오를 최초로 공개했다. 2020년 4월에는 미국의 유명 래퍼인 트레비스 스콧의 월드투어 콘서트가 포트나이트를 통해 열렸다. 스니커즈는 위치 기반 스마트폰 게임 앱인 애글랫(AGLET)을 개발했다. 애글랫 지도를 따라가며 가상의 스니커즈와 실제 신발을 획득할 수 있는데 가상의 스니커즈는 실제 걸은 거리에 비례해 마모된다. 수선 아이템을 획득하면 수선도 가능하다. 메타버스는 가상과 현실의 경계를 무너뜨리며 풍부하고 새로운 경험을 할 수 있도록 함으로써 현재 시점에서 미래를 살 기회를 제공한다.

디지털 트윈과 메타버스를 활용한 수소도시를 통해 수소도시는 어떻게 구성되는지 또 그 안에서의 생활은 어떻게 달라지는지 등을 현실과 가상을 넘나들며 경험할 수 있도록 하는 것은 수소도시에 대한 사회문화적 수용성을 확산하는 동시에 실제 수소도시 구축에 불필요한 경제적, 사회적 비용을 줄이는 데 기여할 수 있다.

수소경제 실현은 현재가 아니라 미래 사회를 준비하는 것이다. 그렇기에 장기적인 계획이 필요하다. 그리고 단계적인 실행이 중요하다. 이를 위해서는 흔들림 없이 그러면서도 탄력적으로 프로젝트를 끌고 갈 주체가 있어야 한다. 수소경제사회를 만들어가기 위해서는 정부가 토대를 제공하고 실제 동력은 민간 영역에서 구동되도록 하는 것이 바람직하다. 정권이 바뀌면 정책과 추진 동력의 변화는 불가피한 측면이 있다. 하지만 수소경제는 한두 정권 안에 가시적 성과를 낼 수 있는 것이 아니다. 한 번도 가보지 않은 길이기에, 게다가 가다가 멈춘 경험들을 한 탓에 상상력과 통찰력을 기반으로 꾸준한 연구와 새로운 솔루션의 개발, 공감에 뿌리를 둔 과감한 시도가 필요하다.

따라서 수소경제를 지속적으로 연구하고 국제 네트워크를 형성해 수소경제의 해외 현황을 공유하고, 협업할 수 있는 민간 싱크탱크를 두는 것은 상당한 가치가 있다. 이를 정부가 일방적으로 지정하거나 적극적으로 지원할 필요는 없다. 일종의 파트너십을 맺고 때론 지지자로 때론 비판자로 협력하며 나아갈 수 있도록, 간섭하거나 통제하지만 않으면 된다. 이러한 민간 싱크탱크는 수소경제지수와 수소경제체감지수를 개발하여 매년 측정하고 공표함으로써 수소경제의 방향과 수위를 확인하고 필요한 것을 제안할 수 있다.

수소경제로 가는 길의 숙제는

현재의 기술을 전제로 할 때 수소를 에너지로 사용하려면 다른 에너지가 필요하다. 이 사실을 분명히 하고 현실적인 솔루션을 제시해야 한다. 수소는 우주 분자의 90%를 구성하고 있다. 수소는 물뿐만이 아니라 화석연료 속에도, 숨 쉬는 생명체 속에도 포함되어 있다. 이렇게 널려 있는 수소지만 그냥 가져다 쓸 수가 없다. 전기를 사용하려면 어떤 과정과 조치를 통해 생산해야 하는 것처럼 수소도 추출해야 사용할 수 있다. 게다가 수소를 대량으로 이용하려면 생산시설은 물론 압축, 운송, 유통, 전환시설도 필수다.

국제에너지수소협회(International Association for Hydrogen Energy, IAHE)에 따르면, 전 세계에서 생산되는 수소의 양은 6,300만 톤 수준

이다.[14] 생산된 수소는 질소비료 생산, 식용유의 경화 처리, 2차전지의 연료, 다양한 제품의 정제 과정 등에 사용된다. 현재 수소가 전 세계 에너지 공급에서 차지하는 비중은 5% 미만에 불과하다.[15] 오늘날 수소는 대부분 천연가스로 생산되지만 일부는 석탄으로, 일부는 물을 전기분해해 만든다. 순수한 물속에 양극과 음극을 집어넣고 직류 전기를 흘리면 음극에서는 수소가 만들어지고, 양극에서는 산소가 발생한다. 전 세계에서 생산되는 수소의 3분의 1은 이른바 부산물 수소인데, 이는 주로 다른 것을 생산하기 위해 설계된 시설과 프로세스에서 나오는 수소를 말한다. 부산물 수소는 종종 탈수 또는 세척 과정이 필요하다. 대부분 수소는 현재 최종 사용처 근처에서 생산된다. 수소는 공정을 거치면 석탄에서도, 석유나 바이오매스에서도 꺼내 사용할 수 있다. 수증기 개질을 거쳐 천연가스로부터 수소를 추출하는 방법은 상대적으로 저렴한 편이다. 그런데 이 과정에서 발생하는 이산화탄소를 어떻게 처리하느냐가 관건이다.

전기를 사용하는 과정에서는 탄소가 배출되지 않는다. 그러나 무엇으로 어떻게 생산하느냐에 따라 탄소 배출량은 달라진다. 수소도 마찬가지다. 수소 사용 과정에서는 탄소가 배출되지 않지만, 생산 과정까지 평가한다면 현재 무탄소 배출 수소는 전체 수소 생산량의 1%도 되지 않는다. 가장 쉬워 보이는 무탄소 수소 생산 방법은 원자력과 재생 전력을 이용하는 것이다. 재생에너지와 수소의 만남은 천생연분일지 모른다. 간헐성 그러니까 필요할 때 전기를 사용할 수 없는 문제는

---

14 http://www.iahe.org

15 https://www.wsj.com/articles/major-energy-companies-bet-big-on-hydro-gen-11603392160

재생에너지의 치명적 약점에 해당한다. 만약 과다하게 생산된 전기를 안정적으로 저장했다가 필요할 때 사용할 수 있게만 된다면 재생에너지의 매력은 배가 된다. 바로 여기서 최고 배역이 수소 몫이다. 태양이 쨍쨍 내리쬐는 날 태양광으로 생산한 과잉 전력을 수소로 전환해 연료전지에 저장했다가 지속되는 장마 때 사용한다면 어떨까.

수소 사용의 가장 큰 걸림돌은 높은 비용이다. EU 집행위원회에 따르면, 그린수소를 1kg 생산하는 데 2.5~5.5유로가 소요된다. 블루수소는 kg당 2유로 수준이며, 브라운수소나 그레이수소는 1.5유로 정도 된다.[16] 수소가 가격경쟁력을 갖추려면 획기적인 기술을 개발하거나 이산화탄소 배출에 높은 가격을 매겨야 한다. 현실적으로 양쪽 모두 한계가 있다. 그래서 수소 사용을 확산하고자 다양한 형태로 보조금을 지급한다. 하지만 보조금만으로는 오래갈 수 없다. 민간 투자가 활발하게 일어날 수 있는 여건을 정책으로 만들어야 하는 이유가 여기에 있다. 물론, 사회사상가이자 미래학자인 제레미 리프킨은 100년 안에 수소를 생산하는 데 비용이 거의 들지 않는 시대가 열릴 수도 있다고 주장한다.[17] 그러나 희박한 가능성이 현실이 된다 하더라도 이 역시 상당 기간을 버텨야 가능하다.

또 하나 수소 사용을 머뭇거리게 하는 것은 위험과 두려움이다. 수소는 무독성 가스이지만 화염 속도가 빠르고 점화 범위도 넓다. 낮은

---

16 블랙, 그레이, 브라운 수소는 각각 석탄, 천연가스, 갈탄으로부터 생산한 수소를 지칭한다. 블루수소는 일반적으로 CCUS를 사용하여 CO₂ 배출량을 줄인 화석연료에서 생산된 수소를 말하며, 그린수소는 재생전기로 생산한 수소를 뜻한다. 바이오매스, 원자력 또는 다양한 종류의 배전망 전기에서 나오는 수소의 색은 정해져 있지 않다.

17 Jeremy Rifkin, *The Hydrogen Economy: The Creation of the Worldwide Energy Web and the Redistribution of Power on Earth*, 2003.

점화 에너지로 인해 가연성이 높고 작은 마찰로도 폭발이 일어날 수 있다. 육안으로 볼 수 없는 불꽃이 있으며, 무색무취여서 사람들이 화재와 누수를 알아차리기가 어렵다. 대규모로 수소를 사용할 때 건강과 안전을 위협할 수 있다. 위험을 제대로 전달하고 관리하지 않으면 사고가 발생할 수 있다. 게다가 원자력발전을 원자폭탄과 연계해 떠올리듯 수소에너지 역시 수소폭탄을 연상하는 경향이 있다. 위험은 과학기술과 제도 그리고 문화를 통해 통제할 수 있다. 그러나 두려움의 존재는 상당한 도전일 수밖에 없다.

국민에게 이야기해야 한다. 수소경제를 실현했을 때 우리가 누릴 수 있는 것은 무엇인지, 수소경제를 실현해가는 과정에서 얻을 수 있는 것은 무엇이고 감내해야 할 것은 무엇인지. 그리고 국민의 이야기를 들어야 한다. 수소경제를 일방적으로 홍보하거나 밀어붙이는 것이 아니라 국민이 생각하고 판단할 수 있도록 하는 것이 핵심이다. 더디더라도 그렇게 사회적 공감을 확산해가야 한다. 그래야 오래갈 수 있고 함께 만들 수 있다. 수소경제는 완성되지 못하고 나아가는 과정에서 끝날 수 있다. 가장 중요한 한 가지는 이러한 논의를 지속하는 것이며, 그 속에서 버리고, 채우고 진화해가는 것이다.

수소경제 실현은 몸무게 감량이나 성형이 아니라 체질 혁신 차원으로 접근해야 한다. 그렇게 천천히 가다 보면 우리도 모르는 사이 건강한 체질로 바뀔 수 있다. 가장 시급한 건 숫자의 강박에서 벗어나는 것이다. 인프라는 설치 이전에 필요를 확인하는 게 우선이다. 그리고 최선의 입지와 이에 맞는 운영 방식을 찾는 게 중요하다. 학교도 없고, 병원도 찾기 힘들고, 교통수단도 애매한 곳에 최첨단 호화 아파트를 지어놓으면 잠깐은 사람들이 모여들지 모르지만 결국 철거해야 할 폐기물로 남게 된다. 보급을 위한 제도적 장치를 만들어내는 것보다 불필요한 보급 확대 제도를 만들지 않는 것이 더 중요하다.

수소경제사회를 정책하다

우리가 미래 사회로서 수소경제사회를 선택하려면 성장이 아니라 성숙을 지향할 수 있어야 한다. 효율 달성이 아니라 가치 실현에 중심을 두어야 한다. 집권이 아니라 분권에 몰두해야 한다. 단절이 아니라 연결을 추구해야 한다. 경쟁이 아니라 공조를 우선해야 한다. 성과가 아니라 과정에서 의미를 창출해야 한다. 그러지 않으면, 또 화려한 말잔치에 우리의 세금만 잔뜩 낭비하면서 미래 사회를 추락시키고 말 것이다.

출발하기 전엔 길을 알 수 없다. 가면서 찾아야 한다. 그리고 만들면서 계속 가야 한다. 이를 위해서는 다음과 같은 구체적 실천이 현시점에서 반드시 뒷받침되어야 한다.

하나, 대한민국이 지향하는 미래 사회가 어떤 것인지 사회적 대화를 시작해야 한다. 대학에서, 초중고등학교에서, 주민센터에서, 기업에서, 각 단체에서 가장 적합한 형태로 시작할 수 있도록 몇 가지 대화의 플랫폼을 제공할 필요가 있다. 그리고 대화를 지자체로, 국회로, 그리고 사회 전체로 확산해나가야 한다. 대화 방식은 현실 공간과 가상공간에서 활자로, 음성과 영상으로, 아날로그와 디지털 기술을 활용해 얼마든지 다양화할 수 있다. 물론 디자인과 운영을 책임질 총감독은 필요하다. 민간 싱크탱크가 해도 좋고, 언론이 맡아도 괜찮다. 권력 행사나

의도적 의견 몰이를 하지 않고 공공서비스를 제공할 수 있다면 누구에게라도 책임을 맡길 수 있다.

둘, 대한민국의 미니 수소도시를 설계하고 시범적으로 운영을 시도해야 한다. 미니 수소도시는 실제 구축에 들어가기 전에 디지털 트윈과 메타버스를 활용해 미리 경험할 수 있도록 하는 것이 중요하다. 이를 위해 기술, 사회, 커뮤니케이션, 문화 전문가 중심의 사업단을 구성하고 즉각 작업에 착수해야 한다. 수소경제 관련법을 개정하거나 입법을 통해 추진의 안정성과 책임성을 담보하는 것도 의미가 있다.

셋째, 실행력 있는 국제 네트워크를 구축하고 지속적으로 협력해야 한다. 여기서 말하는 네트워크는 국가 차원에서 담론을 주고받거나 원칙적 합의를 도출하는 기구가 아니다. 실질적으로 수소경제와 관련한 기술표준과 규제기준을 만들어 제시하고 공식화해나가는 협력 지성을 의미한다. 대표성이 아니라 전문성이 핵심이고 숫자가 아니라 영향력이 중요하다. 정부가 나설 필요는 없다. 역량 있는 주체가 일을 할 수 있도록 정부는 지원하고 공유하면 충분하다. RE100(Renewable Energy)도 정부가 아니라 다국적 비영리기구인 클라이밋 그룹(the climate group)에서 발족된 것이라는 점을 기억할 필요가 있다.

미국 남북전쟁 중 포로가 된 군인들은 탈출을 시도하다 섬에 표류한다. 보일러도 직접 만든다. "지구의 석탄이 바닥나면 어쩌지요?" 만물박사 사이러스가 답한다. "언젠가 물이 연료로 사용될 날이 오리라 믿네. 수소와 산소로 전기분해된 물이 에너지를 공급해줄 걸세." 1874년 프랑스의 소설가 쥘 베른(Jules Verne)이 쓴 〈신비의 섬〉에 나오는 이야기다. 그로부터 150년 가까이 지나고 있다. 여전히 까마득해 보인다. 그러나 불가능해 보이진 않는다.

수소경제사회는 쉽지 않은 도전임이 틀림없다. 그래서 더더욱 더 이상 뭉그적거려선 안 될 도전이다. 해볼 만 한, 해보고 싶은, 그리고 해야 할 도전이다.

생명과학입국을 주도할 연구하는 의사 만들기

황세희(여시재 글로벌전략실장)
감수 및 자문: 김하일(카이스트 의과학대학원 교수), 주영석(카이스트 의과학대학원 교수)

수명 100세 시대, 생명과학의 세기가 온다[1]

코로나19의 글로벌 확산으로 생명과학에 대한 관심이 고조되고 있다. 화이자, 모더나, 아스트라제네카 등의 코로나19 백신 개발 소식은 전 세계 경제 전망과 각국 주식시장에 곧바로 영향을 끼쳤다. 2020년 내내 건강과 공중보건에 대한 논의가 전 세계적으로 진행되었다. 우리는 질병을 예방하고 대응하기 위한 생명과학이 개인 수준을 넘어 국가 경제와 사회 안정에 직접적으로 영향을 미칠 수 있다는 사실을 극적으로 체험하고 있다. 유례없는 감염병의 글로벌 확산은 현재와 같은 시스템하에서는 언제라도 새로운 질병이 전 세계를 휩쓸 수 있다는 점 또한 이야기하고 있다. 감염병이 일상화된 '뉴 노멀' 시대가 도래할 수 있는 것이다.

프랑스의 대표적 지성 자크 아탈리(Jacques Attali)는 코로나19 이후의 세계를 전망하는 신간에서 다가오는 시대 전환을 '생명경제로의 전

---

1 본고의 일부는 윤종록 외, 〈여시재 미래산업 핸드북〉, 2020. 7.의 내용을 발췌, 재집필했다.

환'이라고 명명했다. 즉 '코로나19이전의 과거와 단절하고 완전히 새로운 미래를 기획해야 하며, 팬데믹에 새롭게 떠오른 분야, 생명 유지에 필수적인 분야로 경제의 향방을 재조정함으로써 우리의 삶을 더 나아지게 해야 한다'고 아탈리는 역설한다.[2] '생명 경제의 시대'에 생명과학은 팬데믹을 헤쳐나가기 위한 필수적인 핵심 역량이다.

새로운 시대, '건강한 삶'은 새로운 화두다. 새로운 감염병에서 벗어날 예방법과 치료법을 찾는 것뿐만 아니라 수명이 연장된 사람들이 일생을 건강하게 보낼 수 있는 지속 가능한 시스템을 만들어내는 것은 초고령 사회에 직면한 많은 국가들의 공통된 숙제다. 초고령 사회의 국가재정 운영에서 고령인구의 사회보장 비용, 특히 보건의료 비용을 절감하는 것은 가장 큰 고민거리다. 이제 삶의 기준은 '잘 먹고 잘사는 것'에서 '오래 건강히 사는 것'으로 바뀌고 있으며, 생명과학은 새로운 사회로 나아가는 열쇠가 된다.

2018년 세계경제포럼(WEF)은 생명과학의 세기(Biological Century)를 선언한 바 있다. 생명과학의 세기는 과학기술의 발전으로 죽음이 선택이 된 세상이다. 개인 유전체 해독 기술과 제약 기술의 획기적 발전은 맞춤형 진단 및 치료를 가능케 할 것이며 이에 따라 의료 및 생명과학 연관 산업이 비약적으로 성장할 것이다. 생명과학은 헬스케어뿐만 아니라, 제약, 농식품 분야를 망라하며 인간의 생존과 가장 밀접한 영역을 다룬다. 정보통신기술과의 융합은 생명과학산업의 비약적인 성장을 가능하게 했다. 사물 인터넷(IoT), 클라우드 컴퓨팅(Cloud Computing), 빅데이터(Big Data), 모바일 커넥션(Mobile connection)의

---

2   자크 아탈리, 양영란 역, 《생명경제로의 전환》, 한국경제신문, 2020.

발전은 농업에서부터 의학에 이르기까지 생명과 연계된 모든 산업에 전방위로 응용되고 있다.

기술의 혁신으로 인류는 여태껏 한번도 경험해보지 못한 세상을 살게 되었다. 2050년, 전 세계 인구는 100억 명에 도달할 것으로 전망되고 있다. 100억 인구의 100세 시대가 곧 도래하는 것이다. 수명 연장의 또 다른 이름인 고령화는 생명과학의 세기가 마주한 중요한 도전이다. 한국은 급속한 고령화와 출산율의 감소로 생산연령인구가 급속히 감소하고 있다. 2045년 한국의 노인 비중이 세계 최고가 된다는 관측도 있다.[3] 이제 인류는 늘어난 수명만큼 길어진 노후를 어떻게 보낼 것인지를 고민하게 되었다. 산업화가 몰고 온 극심한 환경파괴 문제, 건강하고 지속 가능한 먹거리, 정신적 육체적으로 균형 잡힌 라이프, 여기에 감염병의 지구적 확산이라는 새로운 도전까지 100세 시대를 여는 우리 사회에는 많은 도전이 존재한다. 코로나19 위기를 통해 경험했듯이 새로운 생명과학의 도전은 위기와 기회를 함께 내포하고 있다.

우리나라 생명과학산업, 우수한 인재에도 불구하고 산업 경쟁력은 하락

그간 한국의 경제성장은 집약적이고 계획적인 산업 육성 전략의 결과물이었다. 1970년대의 중화학 제조업 육성은 '한강의 기적'을 이루었다. IMF 위기를 극복하기 위해 정보통신산업에 투자한 결과 지난 30년간 ICT가 우리 경제를 지탱해왔다. 100세 시대와 감염병의 확산

---

3 "2045년 노인 비중 37% '세계 최고'⋯⋯ 2067년엔 인구 절반 차지", 〈국민일보〉, 2019. 9. 3. http://news.kmib.co.kr/article/view.asp?arcid=0924096161&code=11151100&sid1=i

이 현실이 된 2020년, 앞으로 30년간 한국의 미래를 이끌어 나갈 새로운 산업 전략이 요구되는 시점이다.

2019년 기준 전 세계의 GDP 규모는 약 88조 달러다.[4] 전 세계 인구가 약 80억 명이니 평균적으로 1인당 약 1만 달러의 GDP를 만들어낸 셈이다. 같은 해 한국의 GDP는 1.6조 달러, 1인당 약 3만 달러를 기록했다.

그렇다면 한국의 생명과학산업 경쟁력은 어떠한가. 2019년 5월 정부는 '바이오헬스 산업 혁신전략'을 발표했다. 본 전략에 따르면 바이오헬스 산업은 생명공학, 의·약학 지식에 기초하여 인체에 사용되는 제품을 생산하거나 서비스를 제공하는 산업과 의약품, 의료기기 등 제조업과 디지털 헬스케어 서비스 등 의료·건강관리 서비스업을 통틀어 포함하며 생명과학에 관련된 대다수 산업을 포괄한다.[5] 본 전략에서는 한국의 바이오헬스 산업이 제약, 의료기기 등 일부 분야의 기술 역량이 세계적인 수준이며 세계 최고 수준의 ICT 기반, 의료·병원 시스템 및 데이터, 우수 인재, 임상시험 역량 등 국가 인프라 보유를 바탕으로 충분한 잠재력을 가진 것으로 평가했다. 반면에 산업 생태계 측면에서는 전후방 산업과의 확장이 필요하다고 진단했다. 특히 바이오헬스 생태계의 중추인 병원 기반의 산·학·연 협력은 아직 초기 단계로 평가했다. 공동 연구, 병원 인프라 활용에 대한 기업 수요가 많으나 접근이 제한적이고, 병원 연구 성과를 기술 사업화할 수 있는 제도가 취약하다는 점을 지적했다. 또한 중소·중견기업 중심의 산업구

---

4 월드뱅크가 추산한 2019년 전 세계 GDP는 87조 6,989억 달러다. 한국의 2019년 GDP는 1조 6,243억 달러다.

5 관계부처 합동 , 〈바이오헬스 산업 혁신전략〉, 2019. 5.

조로 대다수 국내 제약 및 의료기기 기업은 R&D 투자 여력이 충분하지 않은 상황인 데다 정부 투자 비중이 상대적으로 낮다는 점을 지적했다. 단적으로 정부 R&D에서 바이오헬스 투자 비중이 미국에서는 24%를 차지하는 데 비해 한국은 8.4%에 지나지 않는다. 기초연구를 실용화하는 응용연구 비중 역시 미국이 49%인 데 비해 한국은 16%에 그치는 것으로 평가되었다.

대부분의 해외 평가 역시 우리나라 바이오헬스 분야의 산업 경쟁력 부족을 지적한다. 미국 바이오산업협회의 의뢰로 푸가치 콘실리움(Pugatch Consilium)이 매년 발간하는 2019년 〈신흥시장의 바이오산업 경쟁력과 투자 보고서(2019 Emerging Markets Biotechnology Competitiveness and Investment, BCI)〉에서 한국은 신흥시장 국가 중 대만, 이스라엘에 이어 3위로 평가되었다. 2018년 같은 분야에서 2위로 평가된 것에 비해 오히려 한 계단 내려앉았다. 투자 등급에서도 신흥시장 국가 중 싱가포르, 대만, 이스라엘은 평균 점수 70점 이상의 안전한 투자처로 평가받은 반면, 한국은 칠레, UAE, 코스타리카, 멕시코 등과 함께 2등급으로 평가받았다. 투자 등급을 평가하는 기준인 과학적인 기능 및 인프라, 임상연구와 규제 시스템, 시장 접근과 금융, 효과적인 지적재산권 보호 등의 분야에서 한국의 경쟁력이 부족하다는 것을 확인할 수 있다. 현재 우리나라의 생명과학은 정보통신 등 타 분야에서 이루어낸 성취에 한참 미치지 못한다.

〈사이언티픽 아메리칸 월드뷰(Scientific American Worldview) 2018〉 발표에 따르면 바이오산업 분야의 글로벌 혁신 지표인 바이오국가경쟁력 지수에서 한국은 26위로 2016년 이후 2계단 하락했다. 한국은 2009년 15위였으나 바이오 분야 국가 간 경쟁이 치열해지면서 2012년 22위, 2014년 23위, 2016년 24위로 경쟁력 순위가 하락하는 추세다. 보고서는 한국이 과학기술 논문 발표 순위가 높은 국가(9위)면서도 이러한 연구 성과가 산업 혁신으로 잘 연결되지 않는다고 평가했다. 이와 함께 GMO와 같은 바이오기술을 이용해 만들어진 식품에 대한 수용도가 낮고 원격의료 등 바이오기술의 의료적 활용도 원활하지 않은 상황이라고 진단했다.[6]

[표 6-1] 한국의 바이오 분야 국가경쟁력 7대 부분별 점수 비교(2016년 vs 2018년)

	1 생산성	2 IP 보호	3 집중도	4 기업 지원	5 교육/인맥	6 기반 인프라	7 정책 및 안정성	점수
2016년 (24위)	0	5.6	0.6	4.8	3.9	8.3	6.3	21.0
2018년 (26위)	0.1	5.6	0.8	5.1	4.8	8.0	6.2	21.8

출처: 〈후생일보〉, 2018. 10. 22

우수한 인재들이 활발히 연구를 진행하지만 산업 경쟁력으로 연결되지 않는 나라. 투자처로서 매력이 약한 나라가 대한민국 생명과학산업의 현재인 것이다.

과학기술을 선도하는 생명과학산업 인재의 필요성

생명과학산업의 경쟁력을 높이기 위해서는 실험실의 연구 성과가 자연스럽게 경제적 산업적 가치를 창출할 수 있는 생태계를 갖추어야

---

6 BioINwatch, "2018년 바이오 국가경쟁력 지수, 한국 26위", 2018. 10. 4. https://www.bioin.or.kr/board.do?cmd=view&bid=issue&num=282204

한다. 생명과학산업 경쟁력의 침체는 그간 글로벌 제약회사와 같은 대기업의 부재, 사업화를 가능하게 할 시스템의 부족, 그리고 바이오 클러스터, 병원 시스템 등 산업 인프라의 활용이 미흡하다는 점이 주된 원인으로 지적되었다. 이와 함께 생명과학산업 육성의 가장 핵심인 정보통신기술, 나노기술 등의 신기술과 바이오 의료를 연결할 수 있는 융합의학 인재가 절대 부족하다는 점 또한 아킬레스건으로 제시되었다. 전방위로 확장되는 생명과학산업을 지탱하고 발전시킬 수 있는 능력 있고 창의적인 인재가 부족하다.

코로나19로 인해 전 세계 경제가 위축된 가운데서도 제약 및 바이오 산업은 급성장하고 있고, 이에 따라 인재 확보를 위한 노력을 기울이고 있다. 생명과학산업 관련 시장 중에서 정밀·재생의료 시장은 2017년 기준 563억 달러 규모이고 2023년까지 연 13.3%에서 22.1%의 높은 성장률이 전망된다. 의료 인공지능 시장의 경우 2017년 22억 달러의 세계 시장 규모로, 2023년까지 연 48.4% 성장할 것으로 전망된다. 성장세에 맞추어 인재 수요도 증가하고 있다. 국내 제약 바이오 산업도 같은 상황이다. 전자공시시스템에 따르면 2020년 국내 제약·바이오업계 시가총액 상위 상장사 30곳 중 23곳이 일자리를 늘린 것으로 나타났다. 2020년 6월 30일 기준으로 회사의 직원 수는 3만 4,200명으로 1년 전 3만 2,885명과 비교해 1,315명(4.0%) 늘었다.[7] 생명과학산업의 전반적인 성장과 더불어 코로나19에 대응하기 위한 신약 및 진단키트 개발 등으로 인해 생명과학산업의 인재 수요는 당분간

7 "코로나에도 인재 확보 나선 K 제약·바이오…… 시총 상위권 70% 일자리 늘려", 〈조선비즈〉, 2020. 8. 20. https://biz.chosun.com/site/data/html_dir/2020/08/19/2020081904176.html

계속될 전망이다.

지속적인 수요에도 불구하고 생명과학 인재는 부족하다. 생명과학 분야에서 단순 박사학위자의 수는 증가했으나 현재 산업계가 필요로 하는 BINT[바이오기술(BT), 정보통신기술 (ICT), 나노기술(NT)] 융합형 인력 양성은 여전히 미진한 상태다. 보건산업진흥원에 따르면 바이오헬스 신산업 분야 내 전문 인력 추가 수요 전망 결과 2022년 2만 9,000여 명에서 2025년 7만 4,000여 명의 추가 전문 인력이 필요할 것으로 분석되었다.[8]

[표 6-2] 바이오 신산업분야 전문 인력 추가 수요 전망

구분	2022년	2025년
정밀의료	7,876명	21,983명
재생의료	9,595명	22,612명
의료 빅데이터·AI	7,506명	17,936명
신개념 의료기기	4,045명	11,173명
신개념 화장품	236명	552명
합계	29,253명	74,256명

출처: 보건산업진흥원, 〈보건 신산업분야 전문인력 수요전망 및 인재양성방안 연구〉, 2019

생명과학 관련 학부 및 석박사 졸업생은 매년 증가하는 추세다. 실제 국내 관련 전공의 졸업생은 매년 5만 7,000명 수준이다. 대학원 박사 기준으로는 2014년 2,472명 수준에서 2019년 3,589명으로 매년 9% 증가했다. 하지만 산업계에서 느끼는 인력난은 크게 개선되지 못했다. 산업별 채용 인력 중 적합한 인재를 찾지 못해 충원하지 못한 미

---

8 기재부 외 관계부처 합동, 〈바이오산업 혁신대책 Ⅳ—바이오산업 인재양성 추진방안〉, 2020.

충원 비율을 살펴보면, 제약산업의 경우 4.2%, 의료기기 산업의 경우 11.9%에 달한다. 특히 의료, 임상보건 분야 졸업자 대부분은 임상진료 분야에 진출하며, 단 의공학 4%, 임상보건 7%만이 생명과학산업에 진출하고 있다.[9] 대학 배출 인력은 많은 데 반해 현장에서 필요한 인재는 부족한 미스매치 현상이 일어나며 인력 수요 대응이 제대로 이루어지지 못하고 있는 것이다.

[표 6-3] 산업별 인력 미충원율(%)

구분	제약산업		의료기기산업	
연구	연구	4.6	제품개발연구	7.6
	허가, MS	9.7	규제 대응	19.8
	사업개발	18.6	유지보수	15.3
생산	생산	5.9	생산	4.9
	품질관리	3.8	품질	7.5
사무	일반 사무	2.3	일반 사무	4.2
영업 및 마케팅	국내	3.4	국내	8.5
	해외	12.8	해외	13.0
합계		4.2		11.9

출처 : 보건사회연구원, 〈보건산업 전문인력 현황파악 및 수요전망〉, 2017

연구하는 의사, 왜 필요할까?

생명과학 분야의 혁신적인 발전을 위해서 우리 사회는 새로운 직

---

9 보건사회연구원, 〈보건산업 전문인력 현황파악 및 수요전망〉, 2017.

군이 필요하다. 지난 70년간 우리나라 의료 시스템을 세계적 수준으로 구축한 의학 분야 인재들이 바이오헬스 분야로 진출한다면 신성장 동력 창출을 위한 융합 연구개발이 탄력을 받을 수 있다. 병원에서 환자를 보는 임상의사의 역할을 이야기하는 것이 아니다. 연구하는 의사, 즉 임상 적용을 전제로 하여 기초 분야의 첨단 의과학 연구 결과를 미래 먹거리 생명과학 산업으로 발전시키는 의사과학자(Physician-Scientist)의 필요성이 부상하고 있다.

코로나19 위기를 거치며 방역 및 공중의료 시스템, 제약 및 바이오 분야에서 대한민국의 위상이 높아졌다. 이미 국내 병원들의 임상진료와 의료기술을 포함한 의료 서비스 수준은 세계 최고 수준으로 평가받고 있다. 반면에 신약 및 백신 개발, 의료기기 개발 등 의료기술 개발 능력은 이에 미치지 못한다. 이는 생명과학기술을 진료 현장과 접목시켜 원천기술을 개발할 수 있는 의사과학자의 절대적 부족에서 기인한다.

1998년 경제위기 이후 최고 수준의 인재들이 의대에 진학했고 이에 따라 관련 분야인 의과학, 의공학 R&D 분야로 우수한 인력의 진출이 기대되었다. 국가적으로도 이를 촉진하기 위한 여러 제도를 시행했다. 그러나 의사과학자는 절대적으로도, 그리고 다른 나라와 비교해도 여전히 부족하다. 미국 및 유럽과 달리 첨단 생명과학과 실제 의료 현장을 이어주는 의사과학자들이 거의 눈에 띄지 않는다. 그 결과 첨단 생명과학 연구 결과가 임상 현장에 이어지지 못하고, 의료 현장의 필요성이 생명과학 연구를 주도하지 못한다.

현재 우리나라의 의과대학 교육은 임상 중심의 일차진료 의사 양성 교육 중심으로 이루어지고 있다. 의사과학자로서 성공을 거둔 롤 모델도 많지 않다. 그렇다 보니 의사로서 연구개발 활동에 전념하는 의사과학자가 될 수 있다는 인식이 사회적으로 매우 부족할 뿐 아니라 의사과학자 양성 교육에 대한 경험과 그 필요성에 대한 인식 역시 부족하다.

대학병원은 진료, 교육 및 연구를 3대 역할로 내세우지만, 우리나라 대학병원에서는 진료의 비중이 압도적이다. 특히 수도권 대형 대학병원들이 2000년 이후 더욱 대형화되고 환자를 유치하기 위한 경쟁이 심화되면서 임상진료를 담당하는 교원의 수가 급증했고, 대학병원 및 의과대학에서 임상 위주의 분위기가 더욱 강화되었다. 세계를 주도할 가능성이 있는 혁신 신약(first-in-class) 연구개발보다는 소규모 연구들이 주로 이루어진다. 세계 최고의 첨단 연구개발을 강조하는 자연과학이나 공학 분야와는 사뭇 분위기가 다르다. 의과대학은 대학병원에서 활동할 수 있는 임상의사를 만들어내는 일종의 '직업학교'의 역할에 머물러 있다.

IMF 이후 기초의학 분야에 지원하는 의사의 수가 급감했고 의과학 연구에서 중요한 축을 담당하던 의과대학의 기초의학 연구는 고사 직전에 있다. 기초의학의 쇠퇴는 결국 의과대학과 대학병원 전체의 기초연구에 대한 이해 부족으로 이어지고, 의학과 이공계 간 융합 연구 및 협업을 주도할 인력의 고갈로 귀결된다. 한국의 임상진료 분야는 세계적 수준으로 계속 발전하고 있지만, 원천기술을 개발하는 의과학, 의공학 분야의 발전은 여전히 미약하다.

반면 해외에서는 융합형 의사 인재의 필요성을 인식하고 의사과학자 양성을 적극적으로 추진하고 있다. 비교적 이른 시기부터 의사과학자 양성을 추진해온 미국의 경우 다양한 성공 사례가 존재한다. 먼저 미국 국립보건원(NIH)은 '의사과학자 지원 프로그램(Medical Scientist Training Program, MSTP)'을 운영하고 있다. 의과대학 학생 중 MD-PhD 복합학위 과정을 희망하는 지원자를 선발하여 학위 수료까지 8년간 장학금을 지급하며 양성한다. 매년 1만 8,000여 명의 전체 의대생 중 약 4%가 해당 프로그램에 지원하며, 이 가운데 약 170명을 선발하여 의사과학자로 양성한다. MD-PhD 복합학위 과정에 선정되는 것은 의과대학 학생에게 매우 큰 영예다. NIH는 2018년 기준 연간 의학 연구에 약 373억 달러를 투자하고 있으며, MSTP 이외에도 다양한 연구 펀드를 운영하고 있다. 2018년 기준 미국에서는 의과대학 120곳이 해당 프로그램을 통해 재정적 지원을 받고 있다. NIH 프로그램과 별도로 개별 의과대학 수준에서도 의사과학자를 양성하는 여러 프로그램을 독립적으로 활발하게 운영하고 있다.[10]

미국의 MD-PhD 복합학위 교육과정에서는 의사로서 연구개발 활동에 종사할 수 있는 능력을 훈련시킨다. 의과대학에 다니는 동안 학생들이 임상과 기초연구를 병행할 수 있도록 하며, 의사(MD) 학위를 받는 동안 연구자(PhD) 과정의 시작 시점을 다양하게 선택할 수 있도록 하고 있다. 의과대학 재학 중에도 타 단과대학 다른 학과의 강의도 선택하여 들을 수 있는 등 유연하고 탄력적인 방식의 교육과정을 제공하고 있다. 의과대학 학생뿐만 아니라 전공의, 전임의, 교수까지 연구를 지원하고 역량을 함양시키기 위한 다양한 프로그램이 존재한다.

공과대학 기반의 의학대학을 설립한 사례도 존재한다. 2018년 7월 일리노이 주립대학 어바나-샴페인 캠퍼스(University of Illinois at

10 최한올·권채리·황혜진·홍후조, 〈국내외 의사과학자 양성의 현황과 과제〉, 《직업능력개발연구》, 21권 3호, 한국직업능력개발원, 2018.

Urbana-Champaign, UIUC)는 개교 150년 만에 칼 파운데이션 병원과 합력하여, 향후 의사로서 공학 연구개발 분야에서 활약할 인재를 양성하는 칼 일리노이 의과대학(Carle Illinois College of Medicine)을 설립했다. 칼 일리노이 의과대학 설립 이전에도 UIUC는 시카고 일리노이 주립대학(University of Illinois at Chicago, UIC)과 함께 의과대학 프로그램을 운영하고 있었지만 이것만으로는 의사과학자를 양성하는 데 한계가 있다고 판단, 공대가 주를 이루는 어바나-샴페인에 독립적인 의대를 설립하며 미국 내 공학과 의학을 융합한 새로운 의과대학 시스템을 시도하고 있는 것이다. 공립과 사립 중간 형태의 재정 시스템으로 운영하며, 의과대학 졸업 후 전문학위를 취득한 의사혁신가 양성을 목표로 한다.[11] 또한 공학과 과학 분야 인재들이 의과학 분야에서 능력을 발휘할 기회를 제공하고, 새로운 의료 장비와 의학 기술의 혁신에 기여할 것을 강조한다.

미국 듀크대와 싱가포르 국립대(National University of Singapore, NUS)는 '환자만 보는 의사를 넘어 세계적인 의과학자를 양성'하기 위해 듀크-NUS 의과대학을 설립했다. 싱가포르에 설립된 이 대학은 의사(MD)와 박사(PhD)를 양성하는 과정 외에 독립적인 의사과학자(MD-PhD) 교육과정을 운영하고 있다. 졸업생 중 10%가 MD-PhD 복합학위를 받으며 우수한 의사과학자 양성을 목표로 한다. 전체 졸업생 중 30%를 차지하는 임상의들도 과학 연구에 참여하고, 창업한 의사도 많다. 의학과 과학을 연결하는 의사과학자를 양성하기 위해 통합 MD-PhD 과정을 제공하며 의학 교육과 연구 훈련을 병행한다. 듀크-NUS

---

11 미국의 의대는 4년제와 6년제가 있다. 4년제는 모두 어드밴스드 스쿨(advanced school)로 학사 혹은 석사 학위가 아닌 전문 학위를 수여한다.

졸업생이 창업한 스타트업은 2019년 기준 16곳이며, 기술개발센터 (CTeD)를 통해 의사들이 특허 기술을 상업화할 수 있도록 지원하며 골수이식 등 10여 개 분야에서 기술이전과 사업화를 추진하고 있다.[12] 미국과 비교하여 임금, 연구비, 연구 환경 등이 좋지만 논문, IP 등을 달성하지 못할 경우 높은 비율로 예산을 삭감하는 등의 방법을 통해 성과 관리를 유지하고 있다.

이스라엘의 테크니온 공대는 대표적인 이공계 기반의 의사과학자 교육 프로그램이다. 테크니온 공대는 학내 첨단 기술 프로젝트를 의학과 연계해 다양한 기술 개발 및 의학 연구를 진행하기 위해 1969년 의대를 설립했다. 그간 테크니온 공대는 이스라엘 산업계에 뛰어난 기술 인재를 배출해왔다. 실제로 이스라엘 대표 기업 100곳의 CEO 중

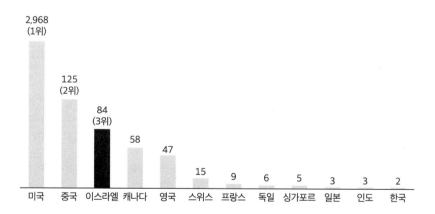

[도표 6-1] 각국의 나스닥 상장 회사 수(2019년 1월 7일 기준)
출처: "사막 농법부터 퀀텀까지…… 이들이 이스라엘 생존의 기술 만든다", 〈조선일보〉, 2019. 10. 12

12 "창업하는 의사 만들어야", 듀크-싱가포르국립대 의전원 패트릭 케이시 부총장 인터뷰, 〈매일경제〉, 2019. 9. 1.

48%가 테크니온 공대 출신이다. 테크니온 공대 의과대학의 졸업생은 대부분 임상진료가 아닌 연구개발에 종사하고 바이오, 의료 분야 스타트업을 창업한다. 테크니온 공대의 의대생은 모두 순수학문을 연구하면서 1~2가지의 이공계 과목 학위를 취득한다. 실제로 의학과 공학의 융합 연구로 알약 모양의 내시경, 척추환자를 위한 보조 로봇, 마비환자를 서거나 걷게 해주는 로봇 등 공학과 의학을 융합한 기술 개발을 중심으로 한 발전을 주도하고 있다.

현재 운영 중인 의사과학자 양성 과정의 현실

우리나라에서도 의사과학자 양성의 필요성과 중요성을 충분히 깨닫고 지난 수년간 다양한 정책과 제도를 시도했으나 제대로 된 성과를 얻지 못했다. 의사과학자가 되기 위해서는 의학-임상 분야 교육을 통해 의사로서의 자격(MD)을 갖추어야 하고, 동시에 과학이나 공학 연구 분야에 대한 깊은 수련을 통해 독립된 연구자로서의 능력(PhD)을 함께 갖추어야 한다.

현재 우리나라에서 의사과학자를 양성하는 방법은 크게 세 가지다. 의과대학 졸업 후 기초의학교실 등 전일제 대학원에서 박사학위를 하는 방법, 의학전문대학원에서 진행하는 MD-PhD 과정, 그리고 전문의 자격을 취득한 후에 카이스트 의과학대학원이나 의과대학 기초의학교실 등 전일제 대학원에서 박사학위를 하는 방법이다.

의과대학 졸업 후 바로 기초의학교실에 진학하는 방법은 1960~1990년대 가장 고전적인 기초의학자 양성 루트였다. 현재 의과대학

기초교실에 재직하고 있는 의사과학자 교수들이 대부분 이렇게 양성되었다. 하지만 2000년대 이후 임상의사로 쏠리는 현상이 심해지면서 기초의학교실에 지원하는 의사는 의과대학 졸업생의 채 1%도 되지 않는다. 의과대학 기초의학교실은 의사과학자 교수 요원을 선발하기도 어려울 정도로 위험에 처해 있다.

2002년, 임상의 양성 중심의 의대 시스템에서 벗어나 기초의학 연구자를 포함한 다양한 분야로 진출하는 의사를 육성하겠다는 취지로 의학전문대학원 시스템 도입을 위한 기본계획을 수립하고 제도를 시작했다. 그러나 임상 위주의 의과대학 교육 환경과 대학병원 내 보수적인 문화로 인해 다양한 분야로 진출하는 의사를 양성하는 데 실패했다. 의학전문대학원에 입학하는 학생들은 새로운 시스템을 의사 영역을 확장하는 기회로 본 것이 아니라 의대에 진학하고 임상의사가 되기 위한 수단으로 이용했다. 2020년 현재, 대부분 의학전문대학원은 기존의 의과대학 제도로 돌아갔다.

현재 우리나라에서 의사과학자를 양성하는 방법으로 가장 잘 운영되고 있는 제도는 전문의 취득 후에 다시 의과학 연구를 위한 전일제 박사과정에 입학하여 PhD 학위를 받는 루트다. 이 제도는 카이스트 의과학대학원에서 2004년 처음 시작했고, 이후 의사들의 병역특례가 가능해지면서 활성화되었다. 카이스트 의과학대학원의 성공에 서울대 의대, 연세대 의대를 비롯한 다수의 의대들이 임상의과학자 양성이란 기치를 걸고 비슷한 제도를 도입했다. 이 제도는 현재까지는 우리나라의 환경과 문화에 잘 맞는 제도로 매우 성공적으로 정착한 제도로 인정받고 있다.

카이스트 의과학대학원의 경우 졸업생의 73%가 의료 현장(대학병원의 임상교원)에서 진료와 연구를 병행하고 있으며 졸업생 중 17%가 연구를 전업으로 대학, 연구소 등에서 연구를 수행 중이다. 2020년 4월 기준 73명의 재학생 중 65명(89%)은 전문의, 8명(11%)은 일반의로 구성되어 있다. 전체 교원 19명 중 21%가 창업을 했고, 의사 교원 7명 중 3명이 창업을 하는 등 교원 창업도 활성화되어 있는 것이 특징이다. 해당 학위과정이 성공적일 수 있었던 이유는 국내 최고의 이공계 대학이 가진 뛰어난 연구 인프라와 의사 병역특례제도 최초 도입과 함께 학문 간 융합 연구가 용이한 환경에 있다고 보인다.

연구하는 의사를 양성하기 위한 사회적 분위기가 필요

보건복지부는 의사과학자를 양성하기 위해 2019년부터 전공의를 대상으로 한 교육 프로그램을 실시하고 있다. 수련 중인 전공의가 연구 기초 역량과 연구 탐색 기회를 충분히 가질 수 있도록 주관기관을 선정하여 교육하는 프로그램이 그것이다. 2020년부터는 전일제 박사 학위 과정을 지원하는 프로그램을 도입했다. 보건복지부는 이에 더해 연구중심병원 R&D 신규 지원 과제에 대해 연구 전담 의사 1명 이상 신규 채용을 의무화하는 등 연구의사 채용을 확대하도록 유도하고 있다. 보건복지부와 과학기술정보통신부가 공동으로 추진하는 의사과학자 공동연구 지원사업을 확대하는 등 대학과 병원을 연계한 융복합 연구를 장려하기도 한다. 다만 이러한 연구 지원 프로그램은 아직 초기 단계이며 소수의 시범사업에 그치고 있는 상황이다.

성공적인 해외 사례들과 그간의 경험에 비추어 볼 때 정부의 체계적인 지원 못지않게 중요한 것은 의사과학자라는 꿈을 부여해줄 수 있는 사회적 분위기다. 이를 위해 다양한 연구 지원 못지않게 의사과학자라는 진로가 매력적인 장래임을 알려줄 수 있도록 성공 모델을 만들고 의과대학 학생들이 이를 직접 느낄 수 있도록 환경을 만들어주어야 한다. 이를 위해 의사과학자 양성 프로그램을 투 트랙으로 다변화하는 것도 고려해볼 만하다. 현존하는 '임상 중심'의 대학병원과 밀접하게 연결되어 있는 의대 기반의 의사과학자 양성 프로그램에 더해 '연구 중심'의 이공계 대학에 기반한 새로운 의학전문대학원 과정을 운영하는 것도 검토해야 한다. 이를 바탕으로 의학 및 의료 체계를 잘 알고 있으면서 동시에 의공학 등 R&D 원천기술을 섭렵하여 헬스케어 분야의 다양한 비즈니스 모델로 발전시킬 수 있는 새로운 의사를 육성할 필요가 있다.

칼 일리노이 의과대학이나 테크니온 공대의 사례에서 알 수 있듯이 이공계 기반의 의학전문대학원은 빠르게 발전하는 글로벌 바이오헬스 시장에서 경쟁력을 가질 인재를 양성하는 데 최적화된 시스템이다. 의학전문대학원에 인공지능, 바이오, 데이터 사이언스 등 분야 융합적 교육 프로그램을 도입해서 글로벌 바이오헬스 산업을 이해하고 선도할 수 있는 인재 양성을 목표로 해야 한다. 의사면허 취득 후에는 연구중심대학과 연계하여 융합 의공학 연구자를 육성하는 프로그램을 운영해볼 수 있다. 이러한 이공계 기반의 의사과학자 양성 과정을 기존의 의대 기반 의사과학자 양성 과정과 병행함으로써 의사과학자 양성 과정을 다양화하고 건전한 의학 융합연구 생태계를 형성하는 효과를 기대할 수 있다.

코로나 이후 빠르게 변화하는 글로벌 환경에 대응하기 위해 전폭적인 개방형 교육 혁신도 병행해야 한다. 코로나19 시대에 온라인 개인 정보를 통한 상호작용이 촉진되는 만큼 국경을 넘어선 협력적 사고와 아이디어 개발도 가능해졌다.[13] 기존의 의과학 교류는 일부 전공에 국한된 학제 간 교류, 혹은 일부 국내외 대학과의 공동연구, 산학 연구 등을 중심으로 진행되어왔다. 각국의 다양한 의료 데이터를 공유하고 협업 연구를 추진할 수 있도록 제도적 개선을 함께 진행하여 전 세계 의사과학자들과의 공동연구를 대폭 확대해야 한다. 의사과학자들의 창업이 활성화된 해외 사례를 직접 접해본다면 의사과학자의 진로가 국내에 한정된 것이 아니라 글로벌 마켓을 대상으로 다양한 성장이 가능하다는 것을 자연스럽게 익힐 수 있다. 대학원 진학 과정 중에 기초의학 교육에 더해 국내외 병원과 연구기관의 인턴십을 통해 실무 경험을 배양할 수 있도록 글로벌 인턴십을 의무화하는 방안도 검토해볼 수 있다.

학제를 뛰어넘는 융합연구를 통해 활발한 창업이 가능하도록 스타트업 지원 프로그램 등으로 보조하는 것도 중요하다. 서울대 의학연구원은 은행권 청년 창업재단 디캠프와 함께 창업 지원 커리큘럼을 시작했다. 2019년 가을 학기에 처음 개설된 '혁신과 기업가 정신' 과목을 통해 병원 실습 전인 의대 본과 2학년생들에게 창업 교육을 실시하고 있다.[14] 대부분 임상의로 진출하는 의대생들에게 창업 역량을 키워주고 멘토링을 실시하는 창업 지원 교육을 정규과정에 포함한 것은 좋은 현상이다.

---

13   Balestrini, Christopher S, MSc. "Physician-Scientist trainees: A 'call to action' to confront future career challenges", *Clinical and Investigative Medicine* (Online); Ottawa, Vol. 43, Iss. 3, Sep. 2020, E25-E26.
14   "서울대 의대·디캠프 '의사 출신 창업 과학자가 나라 먹여 살릴 것'", 〈서울경제〉, 2020. 12. 21.

2020년은 코로나19로 인해 생명과학에 대한 관심이 어느 때보다 고조되었다. 전 세계 경제를 선도할 생명과학산업의 성공 여부는 우수한 인재들이 연구에서부터 산업계에까지 역량을 발휘하여 경제 전반에 파급효과를 낼 수 있는지에 달려 있다.

앞서 소개했듯이 미국에서는 국립보건원의 의과학자 지원 프로그램(MSTP)을 통해 연간 170명의 의사과학자를 양성하고 있다. 최근 15년간 해당 프로그램을 통해 양성된 의사과학자 중 무려 14명이 노벨상을 수상했다. 의과학에 관심을 갖는 학생이 많아지고 양성 시스템이 구축되어야 기초의학 연구의 수준도 높아진다. 이스라엘의 경우 이미 생명과학산업이 국가 경제를 주도하고 있다. 1995년부터 20년간 테크니온 공대 졸업생들은 1,602곳에 달하는 기업을 창업했으며, 이 중 ICT 업종이 53%, 생명과학이 24%를 차지한다. 이 중에서 2019년 기준으로 800곳이 넘는 기업이 운영 중이며, 창업 기업만 따지더라도 최대 10만 개의 일자리가 창출된 것으로 추산된다.[15] 2019년 기준 나스닥 상장 이스라엘 스타트업 수는 84개로 미국, 중국에 이어 3위며, 해당 스타트업 70%가 의료기기 및 의약품 업체다. 이스라엘 기업에 고용된 기술 전문 인력 중 85%가 테크니온 공대 출신이다.[16]

대한민국 최고의 인재들이 모인 한국 의료계는 이미 세계적 수준의

---

15 [대학혁신의 길 Ⅲ-이스라엘을 가다 3] "테크니온공과대학교", 〈영남일보〉, 2019. 8. 6. https://www.yeongnam.com/web/view.php?key=20190806.010060720590001
16 "사막 농법부터 퀀텀까지…… 이들이 이스라엘 생존의 기술 만든다", 〈조선일보〉, 2019. 10. 12.

의료 서비스를 제공하고 있다. 이제 국가 과학기술과 경제를 주도할 의사과학자를 만들기 위한 노력을 서둘러야 한다.

의사과학자 양성은 생명과학경제를 이끌어 가기 위한 핵심 인재 양성이라는 일차적 목표에 더해 사회적 효과를 기대할 수 있다. 우선 의료 인재들에게 다양한 진로를 열어준다는 점에서도 의미가 있다. 그간 대한민국의 의료체계를 둘러싼 논쟁은 의사 수, 병상 수의 충분 여부가 쟁점이 되곤 했다. 생명과학의 세기에는 더 이상 환자와 질병에 대응하는 임상의료체계만을 두고 의료 서비스를 논할 수 없다. 인간의 생애주기를 통틀어, 일상생활에서 생명과학산업 전반의 다양한 서비스와 제품이 제공되는 시대가 도래하고 있다. 의사과학자는 질병 예방과 치료에 더해 유전체 정보, 개인의 생활 데이터 등을 활용해 일상생활에서 적용될 다양한 의료 서비스, 의료기기로 산업적 확장을 주도할 것이다. 의사과학자라는 선택은 기존의 의료 시스템에 매여 있는 의사 인력들에게 새로운 가능성을 제시할 수 있다. 21세기 중반, 성공한 의사의 모습을 진료실뿐만 아니라 산업계에서도 찾아볼 수 있어야 한다.

의사과학자 양성 교육기관을 바이오 클러스터와 연계하여 지방에 설립할 경우 수도권에 집중된 의사를 지방으로 유도하는 효과를 기대할 수 있다. 2019년 기준 서울과 경기권에서 약 5만 명의 의사가 활동 중이다. 전체 의사의 약 절반 정도가 수도권에 집중해 있는 상황이다. 생명과학산업 클러스터와 연계한 의사과학자 양성 프로그램을 통해 우수한 인재들이 지방에서 연구에 전념할 수 있는 환경을 조성할 수 있다. 2000년대 초반 '공대 주도의 바이오 연구'라는 목표를 세운 매사추세츠 공과대학(MIT)은 매사추세츠주의 전폭적인 지원 속에 매사추세츠 종합병원(MGH), 브리검 여성병원, 보스턴 어린이병원 등과 공동 연구를 진행하면서 신약 개발을 주도했다. MIT와 하버드 의대를 중심으로 형성된 보스턴의 바이오 클러스터는 보유 특허 5,600여 개, 고용 창출 효과 8만여 명으로 2016년 미국 1위의 바이오 클러스터로 올라섰다.[17] 생명과학산업 생태계 형성으로 지역경제 활성화에 성공한 대표적인 사례다. 인구 감소로 소멸 위기에 빠진 지방도시들의 새로운 성장 모델을 제시한다는 점에서 의사과학자 양성 기관의 지방 유치를 검토해야 한다.

2021년 한국 사회는 성장의 한계에 봉착해 있다. 생명과학의 세기는 산업화 시대, 정보화 시대를 뛰어넘는 도전과 기회를 제공하고 있다. 국가와 의사 개인, 그리고 지역사회 모두에게 새로운 가능성을 열어줄 수 있는 정책 추진이 절실하다. 의사과학자가 유일한 해답은 아니다. 그러나 개인과 공동체를 위해 가치 있는 도전임은 분명하다.

---

17 이명호·문병철, 〈보스턴 vs 대전—세계 1위 '바이오 생태계' 보스턴을 통해 대전을 본다〉, 여시재 인사이트, 2019. 9.

'스마트 국방' 추진 전략과 정책 과제

장원준(산업연구원 연구위원)

2016년 세계경제포럼(WEF)에서 클라우스 슈바프(Klaus Schwab)가 최초로 개념을 제시한 이후 불과 수년 만에 4차 산업혁명(4th industrial revolution)의 거대한 물결이 전 세계를 몰아치고 있다.

4차 산업혁명의 물결은 전 세계 국방 분야에도 거세게 몰아치고 있다. 국방산업의 특성상 대규모 투자가 선행되는 고위험 첨단기술의 테스트베드(test bed) 역할과 함께 미래 전장을 주도할 무인기, 로봇, 사이버 보안 등을 중심으로 4차 산업혁명 기술 적용이 확대될 전망이다. 또한 4차 산업혁명 시대 도래에 따라 국방 분야에서도 무기체계를 중심으로 스마트화, 첨단화, 융·복합화가 가속화될 것으로 예상된다.

이에 따라, 2차 세계대전 이후 70여 년간 세계 1위 군사 대국으로 자리매김해온 미국도 새로운 변화를 위한 국방혁신에 분주하다. 특히 러시아의 '군 현대화'와 중국의 '군사굴기' 노력이 가시화되면서, 더 이상 '전통적 방식'만으로는 '글로벌 군사 우위(global military superiority)'를 유지하기 어렵다는 인식이 커지고 있다. 이러한 미국이 당면한 군사적 위기의식은 2015년 3차 상쇄전략(Third Offset Strategy) 발표와 무기획득시스템의 전면적 혁신, 4차 산업혁명 기술을 적극 활용한 무기체계 개발과 첨단 중소기업 우대 정책 강화 등으로 나타나고 있다.

우리나라도 2017년 문재인 정부가 출범하면서 100대 국정과제 중 하나로 '4차 산업혁명 시대에 걸맞은 방위산업 육성'을 제시했다. 다가오는 4차 산업혁명 시대에 능동적으로 대처함과 아울러, 방위산업을 '수출산업화'하여 국가의 신성장 산업으로 발전시키는 것이 목표다. 특히 2020년 1월 문재인 대통령은 국방부 업무 보고 자리에서 "4차 산업혁명 기술을 적극적으로 접목해 디지털 강군, 스마트 국방의 구현을 앞당겨야 한다"고 강조했다. 이에 국방부는 4차 산업혁명 기술을 적용한 '스마트 국방 발전 전략'을 적극 추진 중이다.

이에 따라, 이 글에서는 스마트 국방의 개념과 필요성을 살펴보고, 관련 해외 사례 분석과 국내 현황 비교 등을 통해 시사점을 도출해보고자 한다. 이를 통해 진정한 '스마트 국방' 실현을 위한 주요 정책 과제를 제시해보고자 한다.

스마트 국방, 4차 산업혁명 기반의 국방혁신

스마트 국방(Smart Defense)이란 용어는 이론적으로 산업연구원(2017)이 제시한 방위산업에서 4차 산업혁명의 의미인 스마트화, 스핀온(Spin-on)화, 디지털 플랫폼화, 서비스화에서 시작되었다고 볼 수 있다. 이후 2019년 1월 국방부 차관을 단장으로 '4차 산업혁명 스마트

---

1 https://www.hankyung.com/politics/article/202001216754Y

국방혁신 추진단'이 출범하면서 공식적으로 사용하기 시작했다.

[표 7-1] 방위산업에서 4차 산업혁명의 의미

구분	내용
스마트화	무기체계와 인공지능 기술의 융합
스핀온화	4차 산업혁명 기술의 국방 분야 적용 확대
디지털 플랫폼화	국방 분야 데이터 축적 및 분석을 통한 데이터 플랫폼 구축
서비스화	제품+서비스 연계, 분석한 데이터의 상품화로 신시장 창출

자료: 산업연구원,《4차 산업혁명에 대응한 방위산업의 경쟁력 강화전략》, 2017

2019년 국방부는 '국방개혁 2.0'의 추동력으로서 '4차 산업혁명 기반 스마트 국방혁신'을 제시했다. 우리나라 국가 수준과 국민 눈높이에 부합하는 선진화된 국방 운영, 병영 문화, 방위사업을 구현하기 위해 4차 산업혁명의 첨단 과학기술을 국방 전 분야에 반영하는 '스마트 국방'을 적극 추진하겠다고 밝혔다.[2]

따라서 '스마트 국방'이란 '국방개혁 2.0과 연계하여 4차 산업혁명의 첨단기술을 적극 활용하여, 우리 군이 처한 대내외적 난관을 극복하기 위해 국방 운영과 병영 문화, 방위사업에 이르기까지 국방 전 분야를 대상으로 혁신함으로써 국방 목표를 달성하기 위한 핵심 전략'으로 이해할 수 있다.

2 https://www.mnd.go.kr/mbshome/mbs/reform/subview.jsp?id=reform_01060
1000000

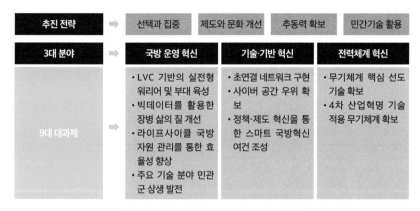

[도표 7-1] 스마트 국방혁신 비전과 전략
자료: 국방부 홈페이지(검색일: 2020. 12. 27)

스마트 국방, 대내외 리스크 극복 위해 필수 불가결

이렇듯 국방부에서 '국방개혁 2.0'과 연계하여 적극 추진하고 있는 스마트 국방혁신은 현재와 미래 우리 군이 처한 대내외적 난관을 극복하기 위해 필수 불가결한 수단으로 인식되고 있다.

우리 군이 처한 대내외적 난관으로는 먼저, 북한의 군사적 위협의 불확실성과 중국, 러시아, 일본 등을 포함한 역내 잠재적 위협의 증가를 들 수 있다. 2018년과 2019년 두 차례의 북·미 정상회담과 2018년 남·북 간 9·19 군사합의에도 불구하고 북한의 군사적 위협과 무기 개발 증강 노력은 계속되고 있다. 북한의 대륙간탄도미사일(ICBM)과 잠수함용탄도미사일(SLBM) 개발, 그리고 최근 북한식 '이스칸데르 미사일(단거리미사일)' 개발에 이르기까지 실질적인 군사 위협은 오히려 강화되고 있어 이에 대한 철저한 대응력 확보가 시급한 상황이다.

아울러 중국의 군사굴기와 러시아의 군 현대화, 그리고 일본의 새로운 군사 무장화는 한미 동맹을 기반으로 한반도를 둘러싼 군사 강대국들에 대응한 적정 군사력 확보의 중요성을 인식케 하고 있다.

이에 따라 4차 산업혁명 기술을 무기체계 분야에 적극 도입하여 기존 무기체계를 스마트화함과 아울러, 미래 전장의 우위를 확보할 수 있는 무인기와 로봇, 유무인 복합(Manned-Unmanned Teaming, MUMTi) 체계 중심의 게임 체인저(game changer)를 신속하게 확보하기 위한 전략으로 '스마트 국방혁신'의 중요성이 매우 커지고 있다.

둘째, 초국가적이고 비군사적인 위협이 확산되고 있다는 점이다. 전시 상황이 아님에도 우리는 적대국의 사이버 안보 위협, 국지적 분쟁, 그리고 코로나19로부터의 대응 등에 이르기까지 다양한 위협에 적극 대처해야 한다. 사이버 전장의 위협은 지금 이 시간에도 이루어질 수 있으며, 이에 대한 대비책을 마련하기 위해서는 인공지능(AI)과 빅데이터(Big Data) 분석 등 4차 산업혁명 기술을 활용한 대응이 필수적이다.

셋째, 인구절벽에 따른 병역 자원 부족도 스마트 국방혁신이 시급한 중요한 요인 중 하나다. 전 세계적으로 출산율이 낮은 국가 중 하나인 우리나라는 징병제를 유지하기 위한 병역 자원이 크게 감소하고 있다. 국방부(2019)는 우리나라 병역 가용 자원이 2020년 이전 최대 38만 명에서 2032년에는 최소 22만 명으로 급격히 감소할 수 있다고 밝혔다.[3] 이에 따라 10~20년 이후 병역 자원 감소 문제를 해결하기 위한 수단의 하나로서 드론, 로봇 등을 포함하는 스마트 국방혁신이 필수적

---

3 https://www.mnd.go.kr/mbshome/mbs/reform/subview.jsp?id=reform_010602
000000

이다.

마지막으로, 국방 재원의 한계를 들 수 있다. 2020년 최초로 국방예산 50조 원 시대를 열었음에도 대내외 군사 위협과 병역 자원 부족 해소 등 여러 난제들을 해결하기에는 한계가 있다는 평가다. 이에 따라 한정된 국방예산으로 선택과 집중을 통해 군사 억제력을 확보하기 위해서는 민간의 우수한 4차 산업혁명 기술을 적극 활용한 스마트 국방 혁신이 매우 중요하다.

종합해보면, 우리나라가 처한 북한의 군사적 위협과 주변국의 잠재적 위협에 적극 대처하고, 초국가적이고 비군사적인 위협에 대응하며, 급격한 병역 자원 감소로 인한 대체 역량 확보와 함께 국가 재정의 현실적 제약을 극복하기 위한 수단으로 4차 산업혁명 기술 기반의 스마트한 국방 운영, 국방혁신 촉진을 위한 기반 인프라 조성, 그리고 군사력 고도화와 지능화 촉진, 미래전 수행 능력 구축의 '4차 산업혁명 기반 스마트 국방혁신' 추진은 불가피한 선택이라고 정리할 수 있다.

주요 선진국, 앞다퉈 스마트 국방 추진 중

미국 등 선진국에서는 우리나라의 '스마트 국방'과 동일한 용어는 찾아보기 어렵다. 그러나 2010년대 들어 미국과 EU 주요국, 러시아와 중국, 일본, 이스라엘 등에 이르기까지 4차 산업혁명 시대에 걸맞은 다양한 국방혁신 정책을 추진하고 있는 나라는 어렵지 않게 찾아볼 수 있다. 일반적으로 2010년대 들어 4차 산업혁명 시대가 도래함에 따라, 미국 등 선진국들은 앞다투어 인공지능, 빅데이터 등의 신기술을 국방 분야에 접목, 무기체계를 현대화, 지능화함으로써 미래 전장에서의 승리와 함께 방위산업의 경쟁력 향상을 도모하기 위해 매진하고 있다고 정리할 수 있다.

미국의 '3차 상쇄전략'은 4차 산업혁명 신기술이 필수

먼저, 미국은 향후 100년간 경쟁국인 중국과 러시아가 넘볼 수 없는 세계 최고 수준의 군사력을 확보하기 위해 동분서주하고 있다. 이에 2014년 미 척 헤이글(Chuck Hagel) 국방부 장관은 '제3차 상쇄전략(Third offset strategy)'을 발표하고 미래 전장 판도를 바꿀 무인, 장거리 공중, 스텔스, 수중 및 복합 체계통합(GSS)의 5대 군사역량 확보에 집중하고 있다. 이를 위한 핵심 군사기술로서 딥 러닝(Deep Learning Systems), 유무인 복합체계(Manned-Unmanned Systems Operation), 네트워크 자동화 체계(Network-enabled)를 적극 개발하고 있으며 그 기반은 바로 로봇, 자동화, 인공지능 등 4차 산업혁명 관련 첨단기술에 있다는 점을 충분히 인식하고 있다.[4]

이러한 3차 상쇄전략의 큰 틀에서 미 육군은 '육군 현대화(Army Modernization)'를 목표로 6대 우선순위를 선정하여 적극 추진하고 있다.[5] 주요 내용을 살펴보면, 2018년 7월 무기 소요 시스템을 혁신하고자 미 육군 미래사령부(Army Future Command, AFC)를 창설했으며, 이

---

4 산업연구원, 〈국방전력지원체계의 효과적 운용을 위한 정책, 제도 발전방향〉, 《KIET 산업경제》 2020년 7월호에서 일부 내용을 수정 보완.

5 GAO, Army Modernization, 2019. 1.

제1차 상쇄전략	제2차 상쇄전략	제3차 상쇄전략
• 1950년대 아이젠하워 대통령 주도 • 핵 억지력 확보 강조 • 전략무기를 활용, 소련에 대응(B-52, ICBM, SLBM, U-2, Nike 등)	• 베트남전(1970년대) 후 해럴드 브라운(Harold Brown) 국방장관 주도 • ISR, 정밀유도무기, 스텔스, 우주 분야 등에 대한 기술 우위 강조(AWACS, B-2, F-117, PGM, JSTARS, GPS 등)	• 2014년 척 헤이글(Chuck Hagel) 국방장관 주도 • 5대 핵심 군사 역량 확보 - 무인(Air refueling UAS) - 장거리 공중(LRS-B, 고고도 UCAS) - 저피탐 공중(Stealthy B2) - 수중 작전(UUVs, SSNs) - 복합 체계 통합(GSS network)

[도표 7-2] 미국 상쇄전략의 변화

자료: 산업연구원,《4차 산업혁명에 대응한 방위산업의 경쟁력 강화 전략》, 2017

를 주도로 육군 현대화를 위한 6대 우선순위를 발표, 중국과 러시아의 군사적 위협에 적극 대응할 수 있는 군사적 역량을 강화하는 데 매진하고 있다.

[표 7-2]와 같이, 미 육군은 장거리 정밀화력, 차세대 전투차량, 차세대 수직이착륙기 등 6대 분야를 중심으로 매우 신속하게 무기를 개발, 현대화하기 위한 노력을 배가하고 있다. 특히 최근 러시아와 중국이 개발한 극초음속 유도무기들의 실전 배치에 대응하기 위해 장거리 정밀화력 분야에 집중하는가 하면, 장병보호체계(Soldier Lethality)를 통해 전투 시 장병 생명 보호와 전투력 향상을 위한 방호복, 개인전투체계, 센서 등 전력지원체계 분야 개발에도 역량을 집중하고 있다.[6]

---

6 산업연구원, 〈국방전력지원체계의 효과적 운용을 위한 정책, 제도 발전방향〉,《KIET 산업경제》 2020년 7월호에서 일부 내용을 수정 보완.

[표 7-2] 미 육군 현대화 6대 우선순위

구분	내용
장거리 정밀화력	사거리, 치명성, 기동성, 정밀성, 표적 획득 능력에서 적을 압도할 수 있는 플랫폼, 역량 개발
차세대 전투차량	유무인 복합 운용으로 근접전투 능력 통합, 어떤 환경에서라도 적과 싸워 이길 수 있는 화력, 기동성 보장
차세대 수직이착륙기	미래 전장에서 장거리, 고고도, 치명성, 충분한 탑재 능력 보유, 유인 또는 무인으로 공격, 수송, 정찰 임무 수행 등
육군 네트워크	전자기 스펙트럼 거부, 저하 이동성/신뢰성/원정 운용 가능한 HW, SW가 통합된 네트워크 구축
공중/미사일 방어	미래전에서 치명성을 갖추고 공중 미사일로부터 방호 능력 개발
장병보호체계	전장에서 전투원의 치사성 강화, 취약점 보강, 신체 방호복, 센서, 무전기, 부하 유지 외골격 등

자료: 미 교육사령부, 《육군 현대화 전략》, 2018

무기 개발의 패러다임을 바꾸는 미국의 '무기신속획득정책'

미국 국방혁신 정책의 또 다른 큰 축은 바로 신속한 무기체계 개발을 위한 법, 제도, 조직 및 시스템 정비에 있다. 미 국방획득대학(DAU) 보고서는 기존 무기체계 개발을 위한 연방획득규정(FAR)은 너무 느리고, 규제가 많고, 복잡하며, 비싸고, 경직적이라고 평가하고 있다. 이에 따라 통상 무기체계 개발은 10~15년이 소요되어 적대국의 군사적 위협에 대응하기에는 너무 비효율적이라는 평가가 지배적이다. 이를 혁신하기 위해 미국은 2016년 국방수권법(National Defense Authorization Act, NDAA) 845조를 개정하여 2~5년 내 신속한 무기체계 개발을 위한 신속획득법령(Other Transactional Authority, OTA)을 정비했다.[7] 아울러 이러한 법령을 기반으로 4차 산업혁명 첨단기술을 적용한 무기를 개발할 수 있도록 신속획득절차(Middle Tier Acquisition, MTA)를 정비했다. 이를 통해 전통적 무기획득절차(PPBEES)와는 다르게 군 소요를 기초로 신속한 국방 기술 개발과 시제품(prototype) 개발, 시험평가와 함께 개발사업 성공 시 일정 조건[8]을 충족할 경우 후속 양산(follow on production)을 가능케 함으로써 2~5년 내에 군이 요구하는 4차 산업혁명 기술을 적용한 무기체계 개발이 가능해지는 국방 획득 혁신을 이루어냈다고 평가된다.

[표 7-3] 미 신속획득사업 형태별 주요 내용

구분	신속 연구개발 (Rapid Research)	신속 시제품 개발 (Rapid Prototyping)	신속 전력화/성능 개량 (Rapid Fielding)
목적	정부 규제에 얽매이지 않고 민간 또는 민군 겸용 기술 개발을 활성화	새로운 역량 입증 및 군사적 수요 충족하는 시제품의 신속 개발을 위한 혁신적 기술 제공	최소한의 개발만을 요구하는 신규 또는 성능 개량 생산을 위한 입증된 기술 제공
목표	기초, 응용 및 첨단 연구개발 사업 활성화	개발 후 5년 이내 운영 환경에서의 시연(Demonstrate) 및 운용 능력 입증 가능한 시제품 제작 완료	6개월 내 생산 착수 및 개발 이후 5년 내 전력화 완료
조건	신속 시제품 개발과 신속 전력화를 위한 혁신적 기술 개발과 새로운 역량 기반	합참의장(JCS)과 전투사령관의 수요 충족을 위한 혁신적 기술과 새로운 역량 기반	합참의장(JCS)과 전투사령관의 수요 충족을 위한 기존 제품 및 입증된 기술 기반
포함 사항	전통적 방산업체의 민간신 기술 활용, 민간 파트너와의 협업, 민간 시장으로의 다각화를 위한 R&D 참여 장려	• 획득 및 자금 조달(funding) 전략 개발 및 구현 • 운용 환경에서 전력화 가능 시제품(Fireable Prototypes)의 성능 시현 및 평가 프로세스 • 시제품 신속 획득 또는 기존 획득 시스템에서 생산 및 전력화	• 제안된 기술/제품의 현행 운용 목적에 대한 성능 입증 및 평가 • 해당 개발사업에 대한 획득 및 자금 조달 전략 개발/구현 • 총수명주기비용 검토 및 군수지원, 상호 운용성 문제 해결 • 총수명주기비용 절감 가능성 검토

자료: www.acqnotes.com/acqnote/acquisitions/middle-tier-acquistions; DoD, *Other Transactions Guide*, 2018. 11. appendix C 참조
• 주: 본 제도는 JCIDS Manual 및 DoD Directive 5000.01 미적용(FY18 NDAA Sec831)

7 이 법령은 현재 10 USC 2371b로 통합되었다.

8 신속 시제품 개발사업(rapid prototyping)이 경쟁 방식으로 선정되고, 해당 사업이 성공할 경우, 수의계약으로 신속 전력화/성능 개량 사업 계약이 가능하다(DoD OT Guide, 2018).

아울러 미국은 첨단 민간기술을 국방 분야에 더 신속하게 적용하기 위해 2015년 국방혁신센터(Defense Innovation Unit, DIU)를 신설했다. DIU의 5대 우선순위로는 인공지능, 자율주행, 정보통신(IT), 우주(SPACE), 병사체계(human system) 분야가 포함된다.[9] DIU는 2018년 미 국방부 획득차관실에 정식 편제되어 실리콘밸리(CA), 오스틴(TX), 보스턴(MA), 워싱턴 D.C 4개소로 확대되어 민간 첨단기업과 국방 분야를 이어주는 교량 역할을 톡톡히 수행하고 있다. 최근 4년(2016~2019)간 72개 사업을 계약하여 33개 사업을 완료했으며, 4차 산업혁명 신기술을 보유한 166개 민간기업과 계약하여 민간투자 90억 달러를 유치하는 괄목할 만한 성과를 거두었다. 특히 무기 시제품 제작에 평균 1년(362일)이 소요되어 기존의 10~15년 대비 개발 기간을 혁신적으로 단축했다는 평가를 받고 있다.[10]

러시아, 대통령 직속 '방위산업위원회' 통해 무기 현대화 매진[11]

푸틴 대통령이 이끄는 러시아도 2010년대 들어 군 현대화 정책을 적극 추진해온 결과, 괄목할 만한 군사적 성과를 거두고 있다. 러시아

---

9 산업연구원, 〈국방전력지원체계의 효과적 운용을 위한 정책, 제도 발전방향〉, 《KIET 산업경제》 2020년 7월호에서 일부 내용을 수정 보완.

10 DIU, *Annual Report*, 2019.

11 김규철, 〈러시아 방위산업 현황과 과제〉, 산업연구원 발표자료, 2018에서 일부 내용을 수정 보완.

는 2011년부터 시작한 '국가무장계획 2011~2020'을 통해 무기 현대화를 적극 추진했다. 무장계획의 주요 내용은 핵 억제력을 강화하고 군 무기체계의 신형 교체와 성능 개량, 항공 및 우주방어, 통신, 전자전 장비, 드론, 로봇, 극초음속 유도무기, 수송기, 개인보호장비 등 대부분 무기체계를 현대화하는 것이다.

이를 통해 2013년 19%에 불과하던 무기 현대화 수준을 2019년에는 무려 68.2%로 끌어올렸으며 2020년 말까지는 '무기 현대화 70%' 목표를 거의 달성할 것으로 전망된다.[12] 이를 기초로 러시아는 새로운 국가무장계획 2018~2027을 발표했으며, 무기 현대화 70%를 지속적으로 유지함과 아울러, 전략핵 전력은 2021년까지 90% 현대화를 달성할 계획으로 알려지고 있다. 이를 위해 총 20조 루블(약 2,600억 달러)에 달하는 국방예산을 투자할 계획이다.

러시아는 대통령이 '방위산업위원회(이하 방산위원회)'의 위원장을 맡아 톱다운 식으로 국가무장계획을 일관성 있게 추진하는 것이 특징적이다. 방산위원회는 1999년 설립된 이후 2014년에 대통령 직속으로 변경되어 실질적인 국가 방위산업 컨트롤타워 역할을 담당하고 있다.[13] 아울러 방산위원회는 방위산업과 군사기술, 국가안보 활동 분야의 정책 수립과 시행을 담당하는 상시 기구다. 러시아의 방산체제하에서 무기획득 소요 결정과 주문은 국방부, 군사기술협력청, 로스아톰(ROSATOM), 로스코스모스(ROSCOSMOS) 등이 담당하며 그 실행은

---

12 김규철, 〈군사 브랜드를 이용한 강대국 위상 회복〉, 《러시아유라시아 포커스》, 제567호 , 다해, 2020, 113쪽.

13 방산위원회는 대통령(위원장), 방산 담당 부총리(부위원장: 유리 보리소프), 국방장관, 총 참모장, ROSATOM 사장, ROSCOSMOS 사장, 재무장관, 경제부장관, 내무장관, 과학기술원장, FSB/SVR 국장, ROSTECH 사장 등으로 구성되어 있다.

로스테크(ROSTECH)와 무기 생산업체가 맡고 시행업체 감독은 군사 대표가 담당하고 있다. 특히 러시아는 무기획득 및 전투 배치를 체계적으로 관리하기 위해 대통령 또는 국방장관 주관으로 반기 1회 '무기 수령의 날' 행사를 실시하여 국가무장계획 진도 확인, 무기 생산 독려, 대국민 자긍심 고취, 대외 무기 선전 등의 효과를 보고 있다.

아울러 러시아 국방혁신 정책의 또 한 가지 특징은 민군 간 협력을 강화해나가는 점이다. 2020년 9월 러시아 방산위원회는 방산업체에서 정밀기술을 활용한 민수용품 생산 확대를 통해 수익 증대 및 일자리 확대, 기술 발전 등의 효과 달성을 추진하고 있다고 밝혔다. 최근 방산업체에서 생산하는 민수용품은 전체 생산량 대비 2018년 21%, 2019년 24%로 증가하고 있으며, 2015년에는 30%, 2030년에는 50%를 목표로 추진하여 국가무장계획(무기 현대화 사업)과 연계한 방산업체의 균형 발전을 도모하고 있다.

국방혁신, 전 분야 스마트화와 속도전 담보하는 새로운 조직 신설이 관건

이상과 같이, 세계 군사 강대국인 미국과 러시아를 중심으로 4차 산업혁명 시대 도래에 따른 국방혁신 주요 정책과 추진 현황, 성과들을 살펴보았다. 이를 통해 우리나라를 중심으로 미국과 러시아, 중국, 일본, 그리고 유럽, 이스라엘 등에 이르기까지 크고 작은 국방혁신 정책을 적극 추진하고 있음을 확인할 수 있다.

미국을 중심으로 무기체계를 신속히 개발하기 위해 법령과 제도, 조직을 강화하고 4차 산업혁명 신기술을 보유한 민간 첨단기업, 대학 연구소와의 협업을 강조하고 있다.

영국도 2016년 국방혁신센터(IRIS) 신설과 국방혁신펀드 8억 파운드 조성, 스타트업 활성화를 위한 엑셀러레이터(DASA), 합동참모본부 내 혁신 허브(JFC Innovation Hub) 등에 이르기까지 국방혁신 정책을 가속화하고 있다. 프랑스는 2018년 국방혁신국(Defense Innovation Agency)을 신설, 인공지능, 로봇 등 민간 첨단기술을 군에 접목하는 개방형 혁신(Open Innovation)을 위해 1.5조 원의 예산을 편성했다.

이와 같이 글로벌 국방 선진국들은 4차 산업혁명 시대에 걸맞은 국방 분야 혁신과 무기획득 분야 개혁을 적극 추진하고 있다. 선진국들이 추진하고 있는 국방혁신 정책이 우리에게 시사하는 바는 다음과 같다.

먼저, 4차 산업혁명 시대에 걸맞은 국방혁신을 위한 법적, 제도적 정비와 이를 추진하기 위한 새로운 조직을 마련하고 있다는 점이다. 미국은 2016 국방수권법을 통해 신속획득법령(Other Transactional Authority)을 개정하는 등 법·제도적 기반을 마련했다. 반면, 우리나라는 국방부 주도로 '스마트 국방혁신'을 추진하고는 있지만, 이와 병행한 법적, 제도적, 조직적 정비는 선진국 수준을 따라가지 못하고 있다. 이에 따라 현행 스마트 국방혁신은 과거 정부가 추진했던 단기적 혁신 정책에 머무를 가능성도 배제할 수 없는 실정이다. 따라서 향후 4차 산업혁명 시대 북한 및 주변국 위협에 적극 대응하면서, 병역자원 급감과 한정된 국방예산의 효율적 활용이라는 대내외적 난관들을 극복할 수 있는 분명한 해결책으로서 '스마트 국방혁신'을 구체화해나가야 할 것으로 사료된다.

둘째, 4차 산업혁명 시대에 걸맞은 무기체계 개발을 위해서는 무엇보다도 무기 개발 속도(Velocity)를 높이고 우수 민간기술을 국방 분야에 적용(Spin-on)하는 역량을 더욱 확대해나가야 한다는 점이다. 미국은 신속획득법령 개정, 국방혁신센터 신설 등을 통해 군수품에 대해 인공지능, 사물인터넷(IoT) 등 4차 산업혁명 관련 신기술을 적용하고 1~2년 안에 신속히 시제품을 개발할 수 있는 체계를 구축하고 있다.[14] 아무리 우수한 무기체계를 개발한다 할지라도 소요 제기부터 개발, 군 전력화까지 10~15년 이상이 걸리는 현재의 전통적 무기획득절차(PPBEES)만으로는 빠르게 변화하는 주변국의 군사적 위협에 대응하기 어렵다는 게 중론이다. 이에 따라, 기존의 무기획득절차에 매몰되지 않고 선진국 수준의 신속무기획득절차(MTA)를 한시바삐 마련할 필요가 있다. 아울러 이러한 신속무기획득절차를 마련해야 인공지능, 빅데이터 등 4차 산업혁명 신기술을 빠르게 무기체계 개발과 접목시켜 비교적 단기간(2~5년 이내)에 시제품을 개발하고 군 시험평가를 거쳐 부대에 배치할 수 있을 것이다. 그러지 못한다면 국내 기업의 첨단 기술을 국방 분야에 적용하기 매우 어려울 것이고, 이에 따른 성과도 기대를 충족하기에는 충분하지 않을 것으로 우려된다.

마지막으로, 4차 산업혁명 신기술을 적용할 수 있는 국방 분야는 무기체계뿐만 아니라 전력지원체계,[15] 군사용 시설, 인프라에 이르기까지 매우 다양하다는 점이다. 국방부도 이러한 점을 충분히 인식하고 무기체계뿐만 아니라 국방 운영과 병영, 군사시설 등에 이르는 전 국방 분야를 스마트화해나가겠다는 전략이다. 그러려면 군사 선진국들의 주

---

14 산업연구원, 〈국방전력지원체계의 효과적 운용을 위한 정책, 제도 발전방향〉, 2020. 7에서 일부 내용을 수정 보완

15 전투복, 전투화 등 무기체계 이외의 물자 및 품목 등을 의미한다.

요 국방혁신 정책들을 벤치마킹하여 국방 전 분야에 대한 스마트 국방 혁신 전략을 지속적으로 추진해 나가야 할 것이다. 이를 위해서는 한 정된 국방예산의 효율적 활용뿐만 아니라 과기부, 산업부, 중기부 등 범부처와의 협력과 함께 창원, 사천·진주, 논산, 대전 등 국방산업 클 러스터를 추진하고 있는 주요 지자체와의 협력 활성화도 매우 중요할 것으로 보인다.

현 스마트 국방혁신, 운영·기술·체계 중심으로 진행 중

현재 국방부는 국방 운영 및 기술 기반, 전력체계의 3대 분야를 중 심으로 약 70여 개의 스마트 국방혁신 관련 사업을 추진 중이다. 향후 '스마트 국방' 전략을 성공적으로 추진하기 위해서는 국방 운영과 병 영 혁신, 전력체계(무기체계)를 중심으로 전방위적이고 구체적인 혁신 전략을 추진할 필요가 있다.

[표 7-4] 국방부 스마트 국방혁신 추진 과제

분야	과제	사업명
국방 운영 혁신 (27개)	1. LVC 기반의 실전형 워리어 및 부대 육성	1. LVC 기반의 합성훈련 환경 국축
		2. 실전적 과학화 훈련 환경 구축
		3. VR/AR 기반 가상 모의훈련 체계 확대
		4. 과학화 예비군훈련 체계 구축
	2. 빅데이터를 활용한 장병 삶의 질 개선	5. AI·빅데이터를 활용한 스마트 안전관리체계 구축
		6. 국방 재난관리정보시스템 구축
		7. 이동 원격진료 체계 구축
		8. 군 의료정보 빅데이터 분석 체계 구축

분야	과제	사업명
		9. 스마트 인재관리 시스템 구축
		10. 급식 운영 데이터를 활용한 최적의 급식 수요 예측
		11. 빅데이터를 활용한 피복·개인 장구류 품질 개선
	3. 라이프사이클 국방 자원 관리를 통한 효율성 향상	12. 빅데이터를 활용한 장비 수명 판단
		13. 빅데이터 기반 수리 부속 수요 예측
		14. 클라우드 기반 체계적 단종 부품 관리
		15. 센서 데이터 활용 상태 기반 정비체계 구축
		16. ICT 활용 현장 중심의 원격정비 지원체계 구축
		17. 빅데이터 분석을 통한 군 물자류 수명 연한 분석
		18. 빅데이터 기반 유도탄 구성품 수요 예측 및 가동률 향상
		19. 로봇 및 빅데이터 기반 스마트 물류센터
		20. 첨단기술을 정비 현장에 활용한 스마트팩토리
		21. 사물인터넷 기반 스마트 탄약고 구축
		22. 3D 지형 정보·BIM 등을 활용한 시설 관리 효율화
	4. 주요 기술 분야 민관군 상생 발전	23. (자율주행) 자율주행 차량 도입
		24. (웨어러블) 작전 지속 지원용 로봇 확보
		25. (3D프린팅) 3D프린팅 활용한 단종·조달 애로 부품 생산
		26. (드론) 군수품 수송용 드론 전력화
		27. (로봇) 유해 발굴용 지하 투과 기술 및 자율이동체 개발
기술·기반 혁신 (13개)	1. 초연결 네트워크 구현	1. 차기 국방광대역통합망 구축
		2. 국방 모바일 환경 구축
		3. 국방 클라우드 환경 구축
		4. 지능형 스마트 부대 구축
		5. 스마트십 무선 네트워크
		6. 지능형 영상 융합 공유체계 구축
		7. 5G 기반 스마트 캠퍼스 구축
		8. 지능형 주파수 관리체계
		9. 스마트 디지털 관제탑 구축
	2. 사이버 공간 우위 확보	10. AI 기반 사이버 방어체계 고도화
		11. AI 기반 사이버 작전 상황 가시화 체계
	3. 정책·제도 혁신을 통한 스마트 국방혁신 여건 보장	12. 무선 암호 정책 개선
		13. 국방 인공지능 발전계획 수립

분야	과제	사업명
전력 체계 혁신	1. 무기체계 핵심 선도 기술 확보	1. 미래 도전 기술 개발 사업
	2. 4차 산업혁명 기술 적용 무기체계 확보	핵심 전력 30개

자료: 국방부, 〈스마트 국방혁신 추진계획〉, 2020

먼저, 국방 운영과 기술 기반 혁신 측면에서는 장병 교육훈련에서부터 원격의료 체계 구축, 급식, 경계, 출입 관리 등의 분야를 우선적으로 스마트화해나가야 할 것으로 보인다. 특히 '선택과 집중'을 통해 '스마트 부대' 사업[16]의 성공적 추진과 이에 대한 전면적 사업 확대가 필요할 것이다. 이를 위해서는 국방부 외에 범부처 협력과 지자체 지원을 병행하여 추진해나가야 할 것이다.

아울러 전력체계(무기체계) 혁신 측면에서는 4차 산업혁명 기술이 적용된 무기체계 확보를 위한 법령 및 제도 정비, 조직 마련 등이 선행되어야 할 것으로 보인다. 선진국 수준의 신속획득법령과 절차 마련, 국방혁신센터 신설 등을 벤치마킹하여 무기 및 전력지원체계 개발을 속도감 있게 추진해나가야 할 것이다. 또한 민간의 첨단기술 보유 기업이 국방 분야에 더 쉽게 진입할 수 있도록 진입 장벽을 낮추고 민간 기업들을 유인할 수 있는 인센티브 체계를 마련하는 데 집중해야 할 것이다.

---

16 육해공군의 부대와 비행단, 항공단 등을 단계적으로 스마트화하려는 전략을 의미한다.

스마트 부대 사업은 육해공군의 부대와 비행단, 항공단 등을 단계적으로 스마트화하려는 전략으로 이해된다. 현재 육군과 공군, 해군에서 일부 부대를 중심으로 시범사업을 수행 중이며, 이를 지속적으로 확대할 계획이다.

육군사관학교는 최근 학교 내 5G망 구축과 스마트 교실, AI 카페, 스마트 도서관, 모바일 맞춤형 체력관리 시스템 등을 도입하여 10여 개 사업을 추진 중이다.[17]

또한 공군이 추진하는 '스마트 비행단' 사업은 인공지능 기반의 기지 종합상황실 현대화와 아울러, 부대 정문 원격 자동 출입 통제, 조류 퇴치 체계, 조종사 건강 관리체계, 조종사 훈련체계에 이르기까지 다양한 사업을 추진함으로써 '스마트 비행단' 사업을 성공적으로 수행 중에 있다.

정부는 국방부와 육·해·공군이 야심 차게 추진하는 '스마트 부대' 사업을 적극 지원해야 할 것이다. 이를 통해 민간의 첨단기술을 국방 운영 및 병영 혁신 분야에 집중함으로써 국민 눈높이에 맞는 첨단 기술 기반의 '스마트'한 군대로 변화해나가야 할 것이다. 특히 군부대가 위치한 지역 내 지자체와 과기정통부, 산업통상부, 중소벤처기업부 등과 협력을 강화함으로써 국방예산의 한계에 따른 사업 추진의 어려움을 해소하는 데도 관심을 기울여야 할 것이다.

---

17 〈헤드라인뉴스〉 보도자료 외, 2020. 5.

전력지원체계 수준을 무기체계(방위산업) 수준으로 격상하는
'국방전력지원체계사업법' 제정해야[18]

　또한 '스마트 국방'을 위해서는 무기체계 대비 열악한 전력지원체계 수준을 대폭 끌어올려야 한다. 선진국들이 장병 보호와 사기 진작을 위해 무기체계 수준의 연구개발과 대폭적인 예산을 지원하고 있음을 주목할 필요가 있다. 따라서 우선 무기체계(방위산업) 수준의 '국방전력지원체계사업법(가칭)' 제정을 적극 검토해야 할 것이다. 현재 무기체계(방위산업)[19] 분야는 2021년 2월 '방위산업 발전 및 지원에 관한 법률(이하 방위산업발전법)'이 시행될 예정이나, 전력지원체계 분야는 관련 법률 없이 국방부 훈령인 '전력지원체계 사업계획'에 의존하는 실정이다. 이에 따라, 전력지원체계 관련 산업의 성장과 발전을 위해서는 중장기 육성·발전 계획을 수립할 필요가 있으며, 이를 위해 무기체계(방위산업) 수준의 법령을 제정할 필요가 있다.[20]

18 　산업연구원, 〈국방전력지원체계의 효과적 운용을 위한 정책, 제도 발전방향〉, 《KIET 산업경제》 2020년 7월호에서 일부 내용을 수정 보완.

19 　전력지원체계는 규정상 방위산업의 일부이나, 정부가 지원하는 방산물자는 대부분 무기체계이며, 전력지원체계는 전체 지정방산물자 1,400여 품목 중 20여 품목(1.5%) 수준에 불과한 실정이다.

20 　산업연구원, 〈국방전력지원체계의 효과적 운용을 위한 정책, 제도 발전방향〉, 《KIET 산업경제》 2020년 7월호에서 일부 내용을 수정 보완.

[표 7-5] 법 체계 비교(무기체계 vs 전력지원체계)

구분	무기체계	전력지원체계
법률명	○ 방위산업 발전 및 지원에 관한 법률(2021. 2. 5)	X [20~24 전력지원체계 사업계획(국방부)]
지원 대상	○ 무기체계로 분류된 방산물자(동법 제2조)	△ 무기체계로 분류되지 아니한 물자 중 방위사업 법 시행령(대통령령)에 의해 지정된 물자
기본계획	○ (제5조)	X
실태조사	○ (제6조)	X
부품 국산화 개발 촉진	○ (제9조)	△ 방위사업법 시행령(대통령령)에 의해 지정된 물자를 생산하는 업체는 포함 가능
국방중소벤처기업 지원	○ (제10조)	△ (상동)
자금융자 및 보조금 교부	○ (제12, 13조)	△ (상동)
전문 인력 양성	○ (제14조)	△ (상동)
수출 지원	○ (제15조)	△ (상동)
수출 산업 협력 (수출 절충 교역 지원)	○ (제16조)	△ (상동)
전문기관 및 협회, 공제조합 설립 등	○ (제18~24조)	△ (상동)

자료: 산업연구원, 《KIET 산업경제》, 2020년 7월호

모든 무기 개발에 적용되는 '무기신속획득제도' 도입해야

마지막으로 4차 산업혁명 신기술의 무기체계 분야 적용을 확대하기 위한 법, 제도 정비와 이를 주도할 새로운 조직을 마련하는 데도 역량을 집중해야 할 것이다. 우선 방위사업청에서 2020년 도입한 '신속시범획득사업'의 한계점을 보완하는 데 집중할 필요가 있다. 사업 범위를 구매에서 연구개발까지 확대하고, 군 시범 적용 수준에서 군 시험평가 수준으로 강화, 시제품 개발 이후 일정 기준 충족 시 양산 사업이

가능하도록 제도를 개선하는 것과 함께, 300억 원 수준인 예산도 크게 확대할 필요가 있다.

[표 7-6] 무기신속획득정책 비교(미국 vs 한국)

구분	미국	한국	비고
법령	신속획득법령(OTA) 개정 (2016~현재)	방사청 예규 신속시범획득사업 업무관리지침(2020. 8)	
제도	신속획득제도(MTA) 신설(2018~현재) • PPBEES 절차 예외 조항으로 인정 • 소요군이 PPBEES 또는 MTA 중 획득 방식 선정 가능	기존 무기체계 획득절차 준용 • 시범사업 종료 이후 소요군 소요 제기 절차 진행 가능	방사청 지침 제14조 (시범운용후속조치)
조직	국방혁신센터(DIU), AFWERX 등 활용	신속획득사업팀 (미래전력사업본부)	
예산	DIU 4,400만 달러(2019) 및 민간투자 90억 달러 유치 • 최근 5년(2015~2019)간 신속획득 사업 예산이 7배(77억 달러) 증가	300억 원(2020)	2000년도 신규사업
양산 가능성	일정 기준 충족 시 가능 • 신속 시제품 개발사업이 경쟁 방식 계약 체결 및 해당 사업 성공 시 수의 계약으로 양산사업 가능	불가 • 시범운용후속조치로 소요군 소요 제기 절차 진행 시 의견 제시	방사청 지침 제14조 (시범운용 후속조치)

자료: 장원준, 〈신속시범획득사업 활성화를 통한 선도형 방위산업 추진전략〉, 2020 방위산업 대토론회 발표자료, 2020. 9.

더 나아가 선진국들을 벤치마킹하여 고비용, 장기간이 소요되는 무기획득절차에 안주하지 않고, 인공지능 등 4차 산업혁명 신기술을 무기체계에 신속히 적용하기 위한 '무기신속획득법(가칭)' 제정에 집중할 필요가 있다. 아울러 현행 별도 사업(신속시범획득사업) 수준에서 기존 무기획득절차 내 신속획득 절차를 반영, 전 무기체계 개발 시 적용이 가능하도록 제도화해나가야 할 것이다. 또한 이러한 신속획득정책을 구체화할 수 있도록 신속획득소요검증단(국방부, 합동참모본부), 신속획득사업단(방위사업청), 미래사령부(K-AFC), 국방혁신센터(K-DIU) 등 조직을 신설하는 것도 적극 검토해야 할 것이다.

결론적으로 4차 산업혁명 시대의 변화 속에서 대내외 군사적 위협에 적극 대응함과 아울러, 장병 보호와 사기 진작, 병력 감축 문제 해소, 더 나아가 국방산업의 발전과 민군 간 협력 강화를 위해서 정부가 추진하는 '스마트 국방' 혁신은 매우 유효한 전략으로 평가된다. 이를 구체화하고 발전시키기 위해서는 국방부와 육해공군이 주도적인 노력을 기울여야 하며, 범정부와 지자체 차원에서도 '디지털 강군, 스마트 국방' 실현을 위해 적극적인 지원과 협력이 필요하다.

대한민국의 외교 전략과
한반도 평화 프로세스 2.0

김영준(국방대 안전보장대학원 교수, 청와대 국가안보실 정책자문위원)

번영과 비극의 갈림길에 선 대한민국

대한민국의 역사는 한반도라는 지역이 지정학적으로 강대국들의 패권 경쟁의 중심이 될 수밖에 없었던 운명을 자연스럽게 보여준다. 때로는 고구려나 발해, 고려와 조선의 일부 시기에 대한민국이 동북아시아에서 정치, 경제, 문화에 공헌하는 주요 국가로 자리매김하던 시기도 있었고, 때로는 주요 국가들의 패권 경쟁의 장이 되어 수많은 침략을 당한 것은 물론 강점을 당한 시절도 있었다. 지금 한반도 분단 역사의 기원은 조선 말기부터 일제강점기, 한국전쟁의 시기까지 세계사의 제국주의-식민지 시기와 냉전의 시기와 밀접한 연관이 있다. 즉 대한민국의 역사는 세계사적 흐름이 한반도의 운명에 지대한 영향을 미쳤음을 여실히 보여준다.

흔히 한반도는 대륙 세력과 해양 세력이 번갈아 영향을 미친 곳이라고 분석하기도 한다. 대한민국의 역사는 이러한 세계사적 흐름과 강대국의 패권 경쟁에 순응하며 생존하고 살아왔던 시기부터, 중견국으로 세계사적 흐름에 영향을 미치려는 기개와 야심이 높았던 시기까지 혼재해 있다. 어느 한 방향이 옳은 것이 아니라 시대 상황에 따라 생존 전략을 둘러싼 내부 논쟁이 이어져온 것이다. 한국 현대사에서도 미국이라는 강력한 동맹국과의 관계 속에서 동맹을 조금 더 우선한 시기와 자주적인 방향을 더욱 우선한 시기가 혼재해왔다. 동맹과 자주가 생존과 번영, 평화와 화합이라는 면에서 모두 중요하고 소중한 선택들이었다.

코로나라는 전대미문의 상황은 세계 각국에게 이러한 위기가 종식된 후 어떠한 생존 전략과 발전 전략을 추구할지 고민해야 하는 동일한 숙제를 주었다. 국력의 차이는 있지만 누구도 이전에 풀어본 적이 없는 동일한 문제지를 받은 것이다. 같은 문제를 대처하는 자세와 전략에 따라 미래가 결정될 수 있을 정도로 무겁고 어려운 문제지를 앞에 놓고 각국은 많은 희생을 치르면서 고민하고 있다. 무역 기반의 개방 국가인 대한민국 역시 어떠한 외교 전략을 수립하고 실천할지가 수년 후, 길게는 수십 년, 수세기 후 대한민국의 모습을 결정지을 것이다.

포스트 코로나와 바이든 행정부 출범

오늘날 한국에 사는 많은 이들이 부동산, 취업, 학벌, 사회복지, 정치의 양극화, 빈부 격차, 환경, 부정부패, 자살률, 노인 빈곤, 수도권 지방 격차 등 다양한 분야에서 만족하지 못하고 많은 문제의식을 갖고 있다. 그러나 한편으로는 많은 국민이 지금이 우리 역사에서 세계적으로 가장 우리나라의 위상이 높고 세계인들에게 매력적인 국가로 느껴지는 상황이라는 데 동감할 것이다. BTS, 〈기생충〉, K-드라마, 라면, 삼성과 LG, 현대, 조선업 등 경제, 문화 분야에서 한국은 전 세계에서 가장 뜨거운 관심을 받는 국가가 되었다. 한국 문화에 대한 열풍과 관심, 한국어 배우기 열풍과 한류 스타, 드라마, 영화에 대한 관심은 정말 놀라울 정도다.

많은 내부 문제를 안고 있음에도 한국의 위상은 역사적으로 보았을 때 가장 높은 상황이다. 이러한 눈부신 한국의 성장을 지속해나가고, 분단의 역사를 종결하고 화해와 번영의 한반도로 갈 수 있는 도약의 지혜를 찾는 일은 전 국민이 초당적으로 고민해야 할 중요한 과제일 것이다.

코로나가 심화시킨 권위주의 흐름, 바이든 행정부와 충돌 불가피

포스트 코로나 시대와 바이든 행정부의 출범은 단기적으로 한국이 당면하게 될 국제사회의 환경을 짐작하게 한다. 많은 전문가들이 포스트 코로나 시대에는 권위주의 통치체제가 강화되고 단기적인 생활 밀착형 이슈 정책 중심의 사회가 될 것이라고 예상한다. 프랜시스 후쿠야마는 특히 코로나 시대가 불러온, 사생활과 개인의 자유가 침해받는 민족주의와 권위주의 통치체제의 강화를 경고했다.[1] 필자는 국가들이 비확산, 군축, 기후변화 같은 거대 담론 대신 코로나, 질병, 자연재해, 재난 등 생활 밀착형 이슈에 집중할 수밖에 없으며, 국민들도 이러한 이슈를 통하여 정치적 지지 의사나 철회를 표현할 것으로 예상한

---

1 Francis Fukuyama, "The Pandemic and Political Order: It Takes a State", Foreign *Affairs*, 99(4), July/August 2020, pp.26~32.

바 있다.[2] 바이든 행정부의 출범은 이처럼 코로나 시대에 강화된 권위주의 국가들과의 가치 충돌을 예상하게 한다. 미국 민주당의 외교 전략은 전통적으로 인권, 자유민주주의 등을 국제사회에서 미국의 리더십을 유지, 강화하게 하는 핵심 요소로 강조했기 때문이다.

예를 들어, 클린턴 행정부 시기에는 코소보 사태에 밀로셰비치의 인종청소를 중단한다는 명분으로 무력으로 개입했으며, 오바마 행정부 시기에는 리비아에 NATO와 함께 개입했다. 서맨사 파워(Samantha Power) 전 미국 유엔대사나 수전 라이스(Susan Rice) 전 국무부 장관 등이 이러한 가치 중심의 미국 외교를 중시한 민주당의 외교안보 인사들이다.

우드로 윌슨 이전에는 미국에 먼로주의로 대표되는 고립주의 전통이 있었으나, 우드로 윌슨과 프랭클린 루스벨트가 1, 2차 세계대전 이후 대외정책에서 미국의 적극적 역할을 강조한 자유주의적 국제질서 전통을 새로 확립했다. 미국 민주당의 자부심은 이러한 미국의 윌슨이즘을 구현하여 미국식 세계질서가 국제사회 발전에 부합한다는 믿음이 신념으로 발아된 것으로 볼 수 있다. 공화당이 부시 행정부의 네오콘과 같이 상대적으로 군사력과 경제적 이익을 위한 미국의 지정학적 패권을 중시해왔다면 바이든 행정부는 미국 민주당의 주류로 윌슨이즘을 유지하고 구현할 준비가 되어 있다. 파리기후협약 복귀와 국제 비확산레짐 강화, 이란 핵협정(JCPOA) 복귀, 미·러 간 New

2 김영준, 〈국제환경의 역동적 변화에 따른 한국 통일외교의 새로운 진로 모색〉, 포스트 코로나 시대 국제정치질서 변화와 통일교육, 전국대학통일문제연구소협의회, 2020. 11. 6, 한국프레스센터; 김영준, 〈북핵과 한반도 비핵화〉, 미래전 양상과 한국의 대응전략, 2020년 국방대학교 군사학 세미나, 2020. 12. 3, 웨스틴조선호텔; 김영준, 〈군축 비확산〉, 2020/21년 국제정세의 회고와 전망, 국제정책연구원 특별 세미나, 2020. 11. 27, 북한연구소.

START(New Strategic Arms Reduction Treaty: 새로운 전략 무기 감축 협정)를 비롯한 군축 협상 재연장 등은 이러한 기조를 바탕으로 한 전망들로 볼 수 있다.[3]

가치 충돌의 국제사회에서 한국의 외교 전략은?

이러한 포스트 코로나 시대와 바이든 행정부의 출범 속에서 외교 전략의 수립과 집행은 대한민국의 운명을 결정지을 매우 중요한 과제다. 바람직한 외교 전략을 수립하기 위해 외교 전략의 핵심 과제를 도출하고, 이를 바탕으로 외교 전략 수립 방안을 설계하는 것은 현 시기에 매우 중요한 과업이다. 외교 분야가 안보, 경제, 문화 모든 분야를 다루기 때문에, 이 글에서는 핵심 과제만을 도출하고, 단기적으로 핵심 국가 이익을 결정짓는 중요 사안에 대한 큰 방향을 설정할 것이다.

3   Frank Ninkovich, *The Wilsonian Century: U.S. Foreign Policy since 1900*, Chicago, IL, University of Chicago Press, 2001; Erez Manela, *The Wilsonian Moment: Self-Determination and the International Origins of the Anticolonial Nationalism*, Oxford, Oxford University Press, 2007; John J. Mearsheimer and Stephen M. Walt, "The Case for Offshore Balancing: A Superior U.S. Grand Strategy", *Foreign Affairs*, July/August 2016, pp.70~83; James Mann, *Rise of the Vulcans: The History of Bush's War Cabinet*, New York, Viking, 2004; Francis Fukuyama, *America at the Crossroads: Democracy, Power, and the Neoconservative Legacy*, New Haven, CT, Yale University Press, 2006; Walter Russell Mead, *God and Gold: Britain, America, and the Making of the Modern World*, New York, Alfred A. Knopf, 2007; 김영준, 〈유엔과 대한민국의 건국과 발전-돗슨(Dodson) 보고서와 UNKRA와 UNCACK의 활동을 중심으로〉, 《한국군사학논집》, 76(2), 2020. 6, 1~27쪽.

한국은 영토의 면적 등을 고려했을 때 모델이 될 국가로 미국, 중국, 러시아 등을 고려하기는 어렵다. 그럼 한국은 현재의 경제력과 문화 경쟁력, 인구와 영토, 지정학적 위치를 고려했을 때 어떠한 외교력을 발휘해야 할까? 다음 과제들이 2021년 대한민국이 직면한 외교 전략의 핵심 과제들이다. 현재의 정치 양극화 상황에서 당파적이거나 한쪽의 정치 세력이 결사반대하는 정책은 추진력을 지닐 수 없다. 다음 핵심 과제들은 초당적으로 범국민적인 문제의식을 담아내면서, 공동으로 해결 가능하고 국익에 기반한 과제들이다.

미국과의 파트너십에 문화적 친밀감 더해야

첫 번째로 한국의 외교 전략에서 무엇보다 가장 중요한 축은 대한민국 발전의 역사와 함께해온 동맹국 미국과의 파트너십일 것이다. 한국에서도 진보, 보수 모두 상관없이 미국과의 자주적 관계나 대등한 관계 등을 주장할 수 있지만, 미국과 적대관계나 동맹 단절, 전쟁을 주장하는 이는 거의 없을 것이다. 한국 내 반미 운동도 해방 전후 미 군정의 역할, 전쟁 기간 양민 학살, 군사독재에 대한 묵인, 광주민주화운동 등에서 미국 정부의 역할, 불공정한 SOFA 등에 대한 반발과 미국의 사과 등을 요구한 것이었지, 미국과의 전쟁이나 동맹 철폐를 주장한 것은 아니었다.

현재까지 한미 동맹은 북한의 침략에 대응하기 위한 한국전쟁의 혈맹 관계를 바탕으로 한 군사동맹의 성격이었고, 냉전기 이후에는 경제적 관계를 강화한 핵심 경제 파트너의 성격도 강화되었다. 지금은 한반도 평화 프로세스를 구축하는 상황에서 한미 동맹의 성격과 내용, 비전을 한층 더 발전시켜야 할 필요가 있다. 한미 동맹의 전략적 비전과 공동의 실익과 문화적 친밀감을 강화해야 한다. 이러한 점에서 모델이 될 수 있는 관계는 미국과 이스라엘, 미국과 일본이 될 수 있다. 미국과 영국은 동일 언어와 민족으로 구성된 한가족이니 예외로 한다면, 미국과 이스라엘, 미국과 일본은 한미 동맹의 전략적 비전을 구현하는 데 모범으로 삼을 수 있는 좋은 모델이다. 이들은 동일한 문명권과 민족, 언어로 구성된 나라들이 아니기 때문에, 특히 2차 세계대전 이후 70년 남짓 동안 인위적인 노력으로 이룩한 인위적인 관계이기 때문에 더욱 적합한 모델이 될 수 있다.

미국과 이스라엘 관계가 발전한 핵심 원인은 2차 세계대전 당시 홀로코스트의 피해자인 유대인과 그들의 구원자인 미국의 결합이라는 점에서 찾을 수 있다. 그러나 이들의 관계가 꾸준히 강화되고 유지될 수 있었던 것은 노력과 상호 이익을 지속적으로 확인하고 강화한 결실이었다. 미국에게 중동 지역의 이스라엘은 핵심 동맹국이었으며, 중동에 홀로 존재한 이스라엘에게 미국과의 관계는 국가안보 전략의 전부라고 해도 과언이 아니었다. 미국과 이스라엘의 상층부 엘리트들 간의 교류는 이미 많이 알려져 있으며, 이러한 엘리트 교류 이외에도 초중고 학교 간 교류, (시, 군 등) 지방자치단체 간 교류, 지역 홀로코스트 박물관 건립, 미국의 주요 언론, 기업에 대한 투자 등 이스라엘의 국가안보 전략과 외교의 모든 것은 미국과의 관계에 집중되어 있다.

예를 들어, 미국의 초중고 역사 교과서에는 유대인이 2차 세계대전 동안 나치에게 희생당한 홀로코스트의 참상과 나치를 이긴 미국의 공헌에 관한 내용이 자연스럽게 이어져 있다. 또한 이스라엘의 건국 과정에서 시오니즘의 당위성에 관한 내용도 2차 세계대전 전후 질서를 서술하며 이스라엘 관점에서 수록되게 하였다. 이러한 미국 역사 교과서 서술 덕분에 미국인들은 2차 세계대전에서 세계 평화에 이바지한 자부심을 느낌은 물론 유대인들이 다시 비극에 처하는 일은 막아야겠다는 자연스러운 공감대가 정의감과 미국의 리더십 역할과 연계되어 내재화되게 된다. 이에 더하여 이스라엘의 수상과 장관, 국회의원들은 워싱턴 DC 및 각 지역 국회의원들과 연중 내내 교류하며 친밀감을 쌓아가면서 미국과 이스라엘의 관계를 발전시켜왔다.

일본과 미국도 어제의 적이 오늘의 동지가 된 상황으로, 일본은 미국의 동북아시아 지역의 핵심 동맹국으로 미국의 지정학적 이익과 일체화하는 것을 외교 전략의 중심으로 두었다. 민간 싱크탱크인 사사카와평화재단과 일본의 대미 공공외교는 이미 많이 알려져 있으며, 중동 지역의 이스라엘, 유럽의 영국, 아시아 지역의 일본은 대체 불가한 1급 동맹으로 미국의 세기를 함께하고 있다.[4]

한국은 사대가 아닌 동맹국, 파트너로서 더욱 미국과 함께 가야 하지만, 미국의 국익에만 맞추지 않은 지혜는 당연히 동반되어야 할 것이다. 현재는 미중 갈등 속에서 미국의 중국 견제와 봉쇄 동맹국 결성체(쿼드 등)에 대한 참여 요청으로 한국은 딜레마에 빠진 상황이며, 바이든 행정부에서도 간판만 가치 동맹으로 바꾼 동일한 요청을 해올 것

---

4 김영준, 〈미 워싱턴 사교계에 '한국'은 없다〉, 여시재, 2020. 12. 2. https://www.yeosijae.org/research/1055(검색일: 2020년 12월 27일); Youngjun Kim, "There is no South Korea in Washington's Inner Circle", Yeosijae, December 14. 2020. https://en.yeosijae.org/research/45(검색일: 2020년 12월 27일); "Denuclearization of the Korean Peninsula", 2020 Nuclear Policy Leadership Initiative Conference, Carnegie Endowment for International Peace, Washington DC, January 31. 2020.

으로 예상할 수 있다. 미국과 함께 가면서 중국과 적대시하지 않는 지혜가 필요한 시기다.

K-방역 필두로 담론의 중심지로 거듭나야

두 번째로 세계 속의 대한민국이 되기 위한 업그레이드된 외교 전략이 필요하다. 한국은 강대국이 패권 경쟁을 벌이는 반도국이기도 하지만 동시에 지정학적으로 싱가포르와 유사한 태평양 지역의 주요 국가다. 한국의 IT산업과 문화산업은 이미 글로벌 구심점이 되어가고 있다. 이를 바탕으로 대한민국은 싱가포르나 네덜란드, 영국의 모델을 구현할 수 있다.

싱가포르는 도시국가로 주변국이 원한다면 24시간 안에 군사력으로 점령할 수 있는 매우 작은 국가다. 싱가포르는 이러한 이유로 전 세계 주요 선진국, 강대국들을 전략적인 공공외교를 통해 우방국으로 만드는 한편, 싱가포르에서 국제행사를 주관하고 주최하는 전략을 실행했다. 즉 1년 내내 싱가포르에서 국제 학술회의, 비즈니스 회의, 국제 스포츠 행사, 국제 문화 행사, 국제기구 회의가 이어지니 다른 나라에게 침략당해 점령당한 싱가포르는 상상할 수 없다. 글로벌 의제를 유치하는 힘, 호스팅 파워로 국제적 위상을 강화한 것이다.

영국은 2차 세계대전 이후 미국의 세기가 확실시되면서 이러한 컨벤션 효과(Convention Effect)와 국제법, 국제질서를 주도하는 담론의 중심지 역할을 했다. 세계 1등 축구 선수를 육성하는 대신 세계적인 축구 선수들을 모아서 세계적인 리그가 된 프리미어리그처럼 세계 1등 국가가 되는 대신 국제법과 국제질서를 주도하는 전략을 구사한 것이다. 영국의 주요 학계와 언론계 등에서는 여전히 기후변화, 국제 해양법, 여성 문제, 국제 빈곤, 기아, 물 부족, 아동 인권 등 전 세계적인 담론을 생산하고 주도하고 있다. 미국처럼 세계를 주도할 패권은 잃었지만 국제질서와 담론을 주도하는 능력은 지속 보유함으로써 국제 정치, 경제 중심지의 역할을 하고 있는 것이다. 영국은 왕실, 영화, 팝 스타, 패션계, 해리 포터, 프리미어리그, 윔블던, 옥스퍼드대학, 케임브리지대학 등 문화와 스포츠, 학술 분야에서도 중심적인 역할을 하고 있다. 아울러 런던은 싱가포르와 더불어 금융 중심지로서 뉴욕에 필적할 만한 역할을 하고 있다.

대한민국은 영국과 싱가포르, 네덜란드의 모델을 지향해야 한다. 현재 K-문화와 IT산업, 삼성, LG, 현대의 힘을 바탕으로 영국, 싱가포르 모델을 구현할 수 있도록 국민적 지지와 초당적인 협력이 필요하다. 새마을운동이 개발도상국의 국가 건설 모델이 된 것처럼 K-방역과 K-국방을 다른 나라의 방위산업과 보건의 모델이 될 수 있도록 확산시켜야 한다. 스마트시티 모델 등 미래 도시 모델도 빼놓을 수 없는, 한국의 장점을 발현할 수 있는 분야다.

미국을 설득할 한반도 평화 프로세스 구상해야

세 번째로 한반도 평화 프로세스를 발전시킬 필요가 있다. 바이든 행정부 출범은 한반도 평화 프로세스에 중요한 두 가지 도전적인 질문을 던지고 있다. '북한 주민의 인권은 언제 개선할 것인가'와 '미중 갈등 상황에 한반도 평화 프로세스가 미국에게 주는 실익은 무엇인가'라는 것이다.

한반도 평화 프로세스는 한국과 북한의 입장에서 평화와 번영, 냉전의 종식과 비핵화라는 명분과 실익을 중심으로 만들어진 논리였다. 즉 러시아와 중국이 포함된 철도-에너지 공동체에 북한을 편입시키고 경제 발전과 체제 보장을 받은 북한이 비핵화를 수용하고, 남북 관계를 통일을 위한 단계로 발전시켜 냉전을 종식한다는 것은 한국과 북한에게는 매우 효과적인 모델이자 로드맵이다.

그러나 한반도 비핵화의 최종 결정권자이자 주도권을 가졌다고 볼 수 있는 미국에게 한반도 평화 프로세스는 북한의 핵미사일 위협 제거 이외에 독재, 인권, 중국 문제에 대하여 실익과 명분이 거의 없는, 동기부여가 없는 논리다. 바이든 행정부가 이스라엘과 국민의 절반 이상, 공화당이 반대하는 이란 핵합의를 복원하려면 국정 에너지를 총동원하는 승부수를 던져야 한다.[5] 미국이 한반도 평화 프로세스에 동참하게 하려면 이란 핵 합의에 쏟고 남은 국정 동력을 쏟을 동기부여가 바이든 행정부에 필요하다.

지금의 한반도 평화 프로세스는 북한 김정은 위원장의 독재에 면죄부를 주고, 정치범 수용소와 북한 주민의 인권을 외면한다는 죄책감에서 미국 민주당 정부를 해방시켜주지 못한다. 지금의 한반도 평화 프로세스는 한국과 북한만 수긍할 청사진이며, 중국 견제에 총력을 기울이는 미국에게 북한 독재와 인권 문제 미해결은 물론 중국을 견제하는 데 필요한 주한미군과 유엔사 등이 감축 및 철수될 상황을 부르는 실익도 없는 그림이다. 미국의 적극적인 동참을 유도하기 위해서는 미국에게 한반도 평화 프로세스에 동참해야 하는 실익과 명분을 제공해야 한다. 그러지 못하면 바이든 행정부 시기는 한국이 고대하는 클린턴 3

5 김영준, 〈바이든 시대, 한국의 전략은 1-오히려 커진 트럼프 세력〉, 여시재, 2020. 11. 27. https://www.yeosijae.org/research/1053; Youngjun Kim, "The Biden Era: South Korean Strategy 1-Trump lost a battle, not a war", Yeosijae, December 10. 2020. https://en.yeosijae.org/research/44(검색일 2020년 12월 27일)

기의 페리 프로세스 2.0 시대가 아니라, 오바마 3기의 전략적 인내 2.0 시대로 진행될 것이다.[6]

한반도 평화 프로세스를 반대하는 쪽에서는 북한이 비핵화할 가능성이 없으며 핵을 보유하여 파키스탄 모델을 지향할 것이라고 생각한다. 그리고 국제적인 제재를 지속하면 북한이 붕괴하거나 제재로 인한 내부 압력으로 협상을 추진할 것이라고 생각하기에 반대하는 것이다. 이러한 주장들도 과거에 북한이 70년 넘게 해온 일들을 볼 때 논리적이고 설득력이 있으나, 지난 10년간 노력해온 국제 경제제재로 인한 북한의 붕괴와 핵무기 포기라는 항복 선언 이외에 새로운 대안을 제시하지 못하고 있다. 이러한 대안 없는 비판은 핵미사일 능력을 지속적으로 증대하고 있는 북한을 제재만 하면서 기다려야 한다는 점에서 기회비용이 매우 높다고 볼 수 있다.[7]

핵심 외교 전략과 한반도 평화 프로세스 2.0

한국의 외교 전략도 초당적이고 범국민적인 지지가 없으면 다른 정책과 마찬가지로 추진력을 받기 힘들고, 정권이 바뀌면 지속되기도 힘들다. 특히 대북 정책과 한미 동맹 문제는 정책의 본 내용보다 한국 현

6 William Perry, *Review of United States Policy toward North Korea: Findings and Recommendations*, October 12. 1999; John Bolton, *The Room Where It Happened*, New York, Simon & Schuster, 2020.

7 김영준, 〈미 워싱턴 사교계에 '한국'은 없다〉, 여시재, 2020. 12. 2. https://www.yeosijae.org/research/1055(검색일: 2020년 12월 27일); Youngjun Kim, "There is no South Korea in Washington's Inner Circle", Yeosijae, December 14. 2020. https://en.yeosijae.org/research/45(검색일: 2020년 12월 27일)

대사 해석과 결부되어 지나치게 정치화되어 사회적으로 매우 소모적인 국론분열을 불러왔다. 미국 및 북한과 관련한 외교적 사안은 오랫동안 국론을 분열시켰고 세대 간, 진영 간 싸움을 격화시켰다. 따라서 미국과 북한에 대한 외교 전략은 초당적이고 범국민적인 지지를 바탕으로 합리적이고 국익 중심으로 수립해야 한다.

미국은 다른 여느 국가들처럼 악마나 천사가 아니라 대한민국의 국익을 위한 최상의 동맹국이자, Post-1945(2차 세계대전 후) 국제질서를 주도하는 글로벌 리더다. 북한도 한국전쟁과 각종 도발로 도저히 용서할 수 없는 대상이지만 동시에 통일의 대상이자 무력 공격이 아닌 다른 정책적 수단으로 평화적으로 공존해야 하는 대상국이다. 일본이나 중국 역시 마찬가지다. 국민감정과 역사 문제가 늘 이성보다 앞서고 외교도 사람이 하는 일이기에, 구성주의 관점에서 외교정책은 국민의 역사적 기억을 바탕으로 수립될 수밖에 없다. 그럼에도 미국이나 북한과 마찬가지로 중국과 일본도 지정학적으로 의식하면서 전쟁이 아닌 공존을 모색해야 하는 지역 국가들이다. 이러한 점에서 앞의 핵심 과제들을 해결할 대한민국의 외교적 전략은 핵심 과제와 자연스럽게 연계된다.

대한민국 외교 전략 첫째

한미 동맹, 일상화된 소통 창구 마련한 미국-이스라엘 지향해야

첫째로, 한미 관계를 대북 군사동맹을 넘어서 미국-이스라엘 수준의 전략적 동맹 관계로 격상해야 한다. 북한의 침략에 대응하기 위한 군사동맹을 넘어서 문화적 공유를 바탕으로 국익과 가치를 공유하는 미래 지향적인 공동체로 발전시켜야 한다. 대한민국은 미국의 자유민주주의, 언론의 자유, 인권 등을 바탕으로 현대국가로 건립되었고, 냉전과 독재 등의 역사들을 겪으며 지금의 대한민국으로 발전해왔다. 정치·경제 모델로서 미국은 북유럽의 복지국가 모델이나 독일-프랑스의 대륙국가 모델과 차이가 있다. 미국이 정치·경제 국가 모델로 바람직한지는 다른 영역의 문제이고, 외교의 영역에서 한미 동맹은 더욱더 강화하고 격상해야 한다. 미국인들에게 이스라엘과 같이 주변국에 침공을 당하면 무조건 도와주어야만 하는 관계로 격상시키고, 미국인과 한국인이 하나가 되도록 대미 외교 전략을 대한민국 국가안보 전략의 핵심에 두어야 한다. 이는 미국에 사대하거나 미국이 원하는 대로 모든 주권을 포기한다는 의미가 아니다. 한미 관계를 비즈니스 관계에서 가족의 관계로 격상해야 한다는 의미다.

이러한 격상된 관계에서 한국을 위하고 사랑하는 이들이, 미국의 어느 정당이 집권하든 백악관과 국무부와 국방부와 언론계, 학계에 자리 잡고 있어야 한다. 주한 미국 대사나 한미연합사령관도 우리가 원하는 사람이 발령될 수 있는 수준으로 한미 관계를 더욱 가깝게 만들어야 한다. 이런 점에서 외교부에서 미국 문제만 전담하는 부처를 차관급으로 격상해야 한다. 청와대에도 대미 소통을 전담하는 비서관을 차장급으로 신설하고, 국방부에도 대미 전담 차관을 신설하는 등 한국을 사랑하는 미국을 만드는 데 국가의 자원과 노력을 총동원할 필요가 있다. 한미 간 지속적 소통을 위한 한미 국회의원 모임도 연중행사나 골프, 식사, 출장의 단기적 소통이 아닌 수시로 화상 등으로 상의하고, 당과 당 소통을 강화해야 한다. 워싱턴 DC 캐피톨 힐(Capitol Hill)에 여야 정당 사무소를 설치하고, 여의도 국회 내에 미국 공화당, 민주당 연락사무소와 광화문 지역에 미국 공화당과 민주당 사교 클럽도 신설해서 한국과 미국의 의원 및 정당 간 소통을 강화해야 한다. 주미 한국대사관에도 국방, 외교, 경제, 문화 분야 등 인력을 대폭 강화하고, 한국 국제교류재단도 현재 워싱턴 DC 사무소의 조직을 정책, 문화 공공외교 중심이 되도록 대폭 강화하고 예산도 대폭 신설해야 한다. 대기업들과 미국 의회 간 소통을 강화하고, 주요 지역구(스윙 스테이트 등) 등에 한국 기업이 전략적으로 진출하여 이를 통해 일자리 창출로 선거 결과에 이득을 보는 주지사, 상원, 하원 의원 등과 관계를 강화하는 전략도 구상해야 한다. 아울러 미국 언론을 대상으로 한국 정부 인사들과 학자들의 출연을 전략적으로 강화해야 한다.

이러한 대미 소통 강화 정책을 청와대 대미 외교 차장과 외교부 대미 차관, 국방부 대미 차관 등이 주도해야 한다. 대미 외교안보전략 회의를 만들어 여야 원내대표, 외교통일위원장과 월간 회의 등으로 지속 강화해야 한다. 미국 상하원 의원들에 대한 치밀한 관리 전략으로 미국 의회 내 지한파 의원들을 조직적으로 육성해서, 한국 관련 우호적인 법안 통과 등을 로비 수준에서 국가 외교 수준으로 끌어올려 전략적으로 관리해야 한다. 한국의 대통령, 국무총리, 국회의장, 외교부, 국방부 장관도 반기 1회 이상 미국 의회의 주요 싱크탱크, 의회 사교 클럽(Capitol Hill Club) 등을 방문하여 이스라엘처럼 미국과 초당적으로 네트워크를 강화하고, 미국 주요 전직, 현직 인사들을 초청하여 네트워크를 관리해야 한다. 이는 단순한 대미 공공외교를 넘어서 대한민국 국가안보 전략과 외교 전략의 핵심으로 정권이 바뀌더라도 중장기적으로 지속해야 한다.

외교에서는 공식 회담 전에 이미 사교의 장에서 모든 것이 결정된다. 공식 회담에서는 서명만 하는 것이지, 그 자리에서 협상을 시작하는 것은 이미 늦다. 한미연합훈련도 대북, 대중 자극을 줄이기 위해서, 한반도가 아니더라도 알래스카, 대서양, 캔자스, 플로리다 어디에서든 실시해야 한다. 국군은 미군과의 협력, 평화유지군 등의 경험을 전 세계에서 쌓아야 한다. 미군과 전방위 훈련을 하며 전우애를 쌓을 기회를 더 많은 국군에게 주고 세계적인 간부로 양성해야 한다.[8] 이러한 한미 간의 소통 증대와 일체화 전략을 통해 한반도 비핵화든 전작권 전환이든 유엔사의 미래든 상호 간의 민감한 문제에 관하여 가감 없이 대화를 나누는 장을 확대함으로써 상호 오해와 불신, 친중으로 기우는 것 아니냐는 미국의 우려를 없애고, 장기 비전을 발굴 공유해야 한다. 예를 들어, 중국에 대한 미국의 국가 전략에 동참하고 북한 문제 우선 해결을 보장받는 등 정책 거래와 단계별 추진 전략의 공감대를 만들 수 있는 것이다.

한미 간에 청사진을 공유하지 못한 상태에서 전작권, 북한 비핵화, 유엔사, 종전 선언 등 개별 문제에 대한 논의는 소모적이고 상호 원하는 결과를 얻을 수도 없다. 전작권 전환도 한국 정부가 원하는 한국의 자주성을 확보하면서 미국이 원하는 대중 견제를 강화할 묘안을 상호가 마련할 수 있는 것이다. 평화 협정 체결 이후 주한미군의 역할을 논의하고, 유엔사도 단순히 철수냐 감축이냐 해체냐가 아니라 북한을 포함한 남북미 연합훈련, 유엔사+북한 등의 창의적인 방안들을 검토해야 한다. 한미가 일체화되고 상호 의심 없는 하나의 공동체가 된다면 문제될 것이 없다. 근본적으로 상호가 의심하고 비즈니스 관계로 회담

8 김영준, 〈미 워싱턴 사교계에 '한국'은 없다〉, 여시재, 2020. 12. 2. https://www.yeosijae. org/research/1055(검색일: 2020년 12월 27일); Youngjun Kim, "There is no South Korea in Washington's Inner Circle", Yeosijae, December 14. 2020. https://en.yeosijae.org/research/45(검색일: 2020년 12월 27일)

전에 계산을 하고 시나리오별 협상 전략을 세우는 소모적인 관계를 넘어서 가족 같은 관계로 새로운 청사진을 공유하는 일체화 단계로 들어설 수 있다면 한국 정부가 정권 교체 시마다 미국의 신뢰를 얻고 대북정책의 공감대를 얻기 위해 노력하는 비용을 절감하고, 한국과 미국이 공동으로 추구하는 국제질서와 동북아시아 질서에 대해 공동의 기획과 전략을 수립할 수 있을 것이다.

대한민국 외교 전략 둘째

글로벌 의제 유치해 선진국형 외교로 거듭나야

둘째는 세계 속의 대한민국으로 자리매김하기 위해 호스팅 파워(Hosting Power)를 강화시키는 것이다. 이미 이전 정부에서 국제기구 유치 및 글로벌 금융 허브, 국제영화제 등을 추진해오고 있다. 지자체들의 지나친 경쟁 등으로 사용하지 않을 국제시설들을 여기저기 지어 예산만 낭비한 사례들도 있어왔다. 이러한 분산된 노력들을 일원화해서 외교의 핵심 전략으로 조정, 관리, 발전시켜야 한다. 싱가포르처럼 세계적인 싱크탱크, 국제기구, 언론사, 기업의 아시아 태평양 지역 본부들을 유치하고, '샹그릴라 대화' 같은 주요 회담이나 행사를 유치하는 등 호스팅 파워를 기르는 데 많은 노력을 기울여야 한다.

국방부가 주관한 서울안보대화나 제주포럼 같은 국제 세미나를 개최하고, 한국이어야만 하는 주제들을 문화적 콘텐츠와 연계시킬 수 있도록 해야 한다. 예를 들면 여의도나 광화문에 세계적인 싱크탱크들을 한 빌딩에 유치해서, 다양한 주제들에 대한 온라인-오프라인 세미나를 수시로 국회-정부-기업-학계와 연동해서 진행하는 것이다. 카네기국제평화기금(Carnegie Endowment for International Peace)의 경우 칭

화대학에 카네기 칭화 센터를 개설했고, 국제전략연구소(International Institute for Strategic Studies, IISS)나 다양한 싱크탱크도 지역사무소를 두고 있다. 글로벌 싱크탱크 빌딩에 미국, 영국, 유럽의 외교안보 싱크탱크, 예를 들어 국제전략연구소, 국제전략문제연구소(Center for Straegic and International Studies, CSIS), 카네기국제평화기금, 우드로 윌슨센터(Woodrow Wilson International Center for Scholars), 후버연구소(Hoover Institute), 대서양위원회(Atlantic Council), 브루킹스연구소(Brookings Institute), 헤리티지연구소(Heritage Institute), 미국기업연구소(American Enterprise Institute), 미국공영라디오(National Public Radio, NPR), 스톡홀름국제평화문제연구소(SIPRI), 오슬로국제평화연구소(Peace Research Institute Oslo, PRIO) 등을 유치하고, 국제외교안보 행사를 주관한다면 세계적인 주목을 받을 수 있는 행사를 비용 대비 효과적으로 진행할 수 있다.

런던, 싱가포르 등을 목표로 기후변화, 해양법, 아동 인권, 빈곤, 물부족, 여성 인권, 민주주의, 국제 개발, 테러 등 다양한 담론을 주도하는 국제회의를 주최해야 한다. 이벤트성 국제회의를 여는 데 그치는 것이 아니라 국제 개발, 평화, 민주주의, 인권, 빈곤 퇴치 등 전 국제적인 담론을 주도하려면 선진국 수준으로 국민의식을 끌어올려야 한다. 그래야만 영혼 없는 국제행사를 유치하는 데 그치지 않고 영국처럼 국제 담론을 주도하고 기여하는 중견 선진국으로 대한민국을 업그레이드할 수 있는 것이다. 한국의 이야기를 외국에 들려주고 설득하려는 기존의 외교를 넘어서서, 국제사회의 쟁점과 이슈가 되는 이야기를 먼저 꺼내고 이에 대한 담론을 형성하고 이를 주도하여 기여하는 영국과 같은 담론 주도 외교를 펼쳐야 하는 것이다. 그러려면 학계와 싱크탱크, 정당 연구원, 정부의 정책 커뮤니티가 함께 발전하는 속에서 이러한 국제행사를 통해 담론을 주도하며 확산시켜야 한다. 담론을 주도하지 못하는 국제행사는 어느 국가에게도 한국이란 나라를 각인시키거나 존중받게 하지 못한다.

호스팅 파워란 단순히 국제행사를 주최하는 능력을 의미하는 것이 아니라 국제 여론과 담론을 선도하는 국제 외교 능력을 의미하는 것이다. 예를 들어 동북아 핵미사일 군비경쟁과 무관해 보이는 독일 외교부도 최근 영국의 IISS에 펀딩을 해서 동북아시아 핵미사일 경쟁 완화 방안에 대한 국제회의와 프로젝트를 IISS를 통해 주도하여, 필자를 포함한 한중일미의 정부 담당자와 전문가들을 참여시킨 국제행사를 주관했다. 한중일미의 입장을 정리하고 이를 바탕으로 동북아시아 핵미사일 경쟁을 완화할 로드맵과 방안을 마련하고자 했다.[9] 이러한 것이 선진국형 국제 외교이고, 이러한 노력이 실패하더라도 다양한 분야에서 시도하고 노력하는 모습 자체가 선진국형 외교인 것이다. 아동 인권, 여성 인권, 국제 개발, 빈곤, 기후변화, 물 부족, 테러와 해적 등 대한민국이 담론을 주도할 수 있는 분야는 많고, 이제는 대한민국만의 문제에서 벗어나 글로벌 문제를 주도하는 쪽으로 대한민국 외교를 선진화해야 한다.

9 Missile Dialogue Initiative at the IISS sponsored by the German Ministry of Foreign Affairs. https://www.iiss.org/research/defence-and-military-analysis/missile-dialogue-initiative(검색일: 2020년 12월 27일)

대한민국 외교 전략 셋째

북한 체제와 인권 문제에 대한 출구 전략을 담은 한반도 평화 프로세스 수립해야

셋째는 한반도 평화 프로세스 2.0을 수립하는 것이다. 앞서 설명한 대로 한반도 평화 프로세스는 많은 성과를 냈지만 한국, 북한 내부 설득용 논리가 강했다. 동북아 다자안보협력체제를 헬싱키 프로세스처럼 러시아의 동방경제포럼이나 우리의 신북방정책과 연계하고, 중국과 러시아가 참여하는 철도-에너지 협력 공동체에 북한도 동참시키겠다는 야심 찬 구상은 계속 이어가도 좋다. 그러나 미국의 입장에서 보면 중국과 갈등이 증폭되는 상황에서는 한반도 평화 프로세스가 결코 매력적이지 않을 것이다. 북한의 핵미사일 위협을 제거하는 것 이외에 북한의 독재와 인권 문제를 해결한다는 명분도 중국을 견제한다는 실익도 얻을 수 없기 때문이다.

한반도 평화 프로세스가 결국 미국의 주도와 북한의 수용으로 결정되는 것임을 감안하면 그 프로세스에서 가장 중요한 역할을 할 미국의 입장을 반영해서 업그레이드해야 한다. 동북아시아 철도-에너지 공동체 구상에 대해 미국은 가능하다고 보지도 않거니와 참여하거나 지지해서 얻는 실익도, 북한 독재와 인권 문제를 해결한다는 명분도 모두 얻지 못한다. 특히 민주주의-인권을 중시하는 미국 민주당 정부가 이를 기치로 반중연대를 구성하려고 계획하는 상황에서 지금의 한반도 평화 프로세스는 매력적이지 못하다. 미국의 입장에서 중국을 견제하는 데 도움이 되고 북한의 독재나 인권 개선에 도움이 되거나 최소한 미국이 북한과 협상하는 것이 북한의 독재정권을 인정하거나 인권 문제를 외면하는 것이 아니라고 생각할 수 있는, 즉 출구 전략이 포함된 내용으로 한반도 프로세스를 발전시켜야 한다.

필자는 미국의 상원, 하원과 워싱턴 DC의 주요 싱크탱크, 대학 등에서 미국의 국회의원, 전문가들을 만나 다양한 이야기를 나누며 한반도 평화 프로세스 2.0의 내용을 구상하고 발표해왔다.[10] 미국의 시각에서 북미 비핵화 협상이 북한의 독재를 인정하고 인권을 외면하는 것이 아니라 미국의 국익에 부합하고 북한 주민들의 삶의 질을 먼저 향상시키는 것이라고 받아들일 수 있는, 단계별 비핵화처럼 단계별 인권 개선에 대한 내용들을 포함해 미국의 참여를 이끌어야 한다. 핵을 가진 북한이 중국과 군사동맹을 강화해서, 강화되고 있는 중러 군사협력에 북한의 군대까지 참여하지 않고, 비핵화를 추구하는 북한이 한국과 미국의 편에 서도록 하는 것이 미국의 지정학적 이익에 부합한다는 내용들로 한반도 평화 프로세스를 업그레이드해야 한다. 미국 바이든 행정부 인사들과 미국 민주당, 공화당, 언론과 학계의 엘리트, 미국 국민들이 보기에 미국의 민주주의-인권의 가치에 부합하고, 국익에 부합하

10   Youngjun Kim, Origins of the North Korean Garrison State: People's Army and the Korean War, London: Routledge, 2017; Youngjun Kim, "Post Trump-Kim Summit: Reverse Kissinger Strategy", The George Washington University, Washington DC., Sept. 11. 2018; Youngjun Kim, "North Korean Perspective and ROK-US Cooperation for Conventional Arms Control", Conventional Arms Control on the Korean Peninsula Seminar, Korea Economic Institute, Washington DC., July. 9. 2019; Youngjun Kim, "Conventional Arms Control on the Korean Peninsula: Issues and Challenges", The George Washington University, Washington DC., Nov. 4. 2019; Youngjun Kim, "A Strategic Goal of Kim Jong Un and Reverse Kissinger Strategy", University of California Berkeley, Berkeley, CA., Oct. 12. 2018; Youngjun Kim, "Social and Cultural History of the Korean People's Army", Association for Asian Studies Conference, Hong Kong, China, Jun. 25. 2017; Youngjun Kim, "The Making of the North Korean Middle Class", Association for Asian Studies Conference, Washington DC., Mar. 25. 2018; Youngjun Kim, "Denuclearization of the Korean Peninsula", 2020 Nuclear Policy Leadership Initiative Conference, Carnegie Endowment for International Peace, Washington DC., Jan. 31. 2020; Youngjun Kim, "ROK-US Joint Study on Denucleaizatgion of the Korean Peninsula", Seoul-Washington DC., Nov. 23-24, Westin Chosun Hotel-Carnegie Endowment for International Peace.

는 한반도 평화 프로세스 2.0으로 발전시켜야 할 시기다.

2018년부터 한반도 평화 프로세스 1.0은 많은 성과를 거두었고, 좋은 시작점을 만들었다. 싱가포르 북미 회담과 남북 간 판문점 선언, 평양공동선언, 남북군사합의 등을 결실로 낳은 중요한 발전을 이루었다. 이제는 전략적 인내 2.0이나 오바마 3기가 아닌 페리 프로세스 2.0과 클린턴 3기를 이끌어낼 한반도 평화 프로세스 2.0을 구상하고 만들어서 적용할 시기다. 단계별 비핵화에 대한 한미 공동 연구도 새로운 바이든 행정부 시기의 북미 비핵화 협상을 위해서 매우 필요하고, 이를 바탕으로 지속적이고 현실적인 비핵화 방안을 수립해야 한다.[11]

초당적이고 범국민적 지지를 바탕으로 한 외교 전략 모색과 집행

한반도의 지정학적 위치로 인하여 대한민국에게 외교는 생존과 평화, 번영을 위한 핵심 전략이 될 수밖에 없었다. 기존의 강대국과 신생 강대국 사이에서 지혜로운 외교 전략을 발휘하지 못한 경우 엄청난 국가적 희생과 멸망의 위기에 처한 경험을 많이 갖고 있다. 주변 강대국들의 패권 경쟁과 이익에 따라 한국의 운명도 좌지우지되고 독자적인 국력과 외교술을 발휘하지 못했을 경우 국민들은 엄청난 고통과 피해를 겪어야만 했다. 21세기 대한민국은 이제껏 경험하지 못한, 정치 · 경제 · 사회 · 문화 등 여러 분야에서 국제적으로 존중받고 사랑받는

---

11 김영준, 〈왜 북한은 우크라이나랑 다른가? 우크라이나 핵 폐기 과정 분석과 북한식 CTR 모델 연구〉, 《세계지역연구논총》, 37(4), 2019, 67~93쪽; Toby Dalton and Youngjun Kim, "Negotiating Nuclear Arms Control with North Korea: Why and How?", *The Korean Journal of Defense Analysis*, 33(1), March, 2021, pp.1~21.

국가로 발돋움했다. 국민들의 노력과 희생, 지혜가 맺은 결실이다. 앞으로 한 세기도 한국의 외교 전략이 한국의 번영과 생존, 평화와 안보를 결정지을 것이다.

미국과 중국의 패권 경쟁, 코로나라는 전대미문의 글로벌 위기, 북한의 핵 문제 등 산적한 과제들은 오늘날 한국에게 지혜로운 외교 전략을 수립하고 발전시켜야 함을 요구하고 있다. 외교 전략은 당파적이거나 일시적인 판단으로 수립해서는 안 된다. 20세기만 해도 한국은 조선시대 말기의 열강들의 간섭과 충돌, 일제강점기와 한국전쟁, 분단의 고통을 감내해야 했다. 냉전 이후에도 북한의 핵 개발과 중국과 일본의 군사대국화, 미중 갈등 등 언제든 한국을 위기로 몰아넣을 수 있는 시기를 겪어오고 있다.

앞서 제안한 외교 전략의 핵심 과제들 이외에도 한국에는 수많은 외교적 과제들이 있다. 그럼에도 이 글에서는 핵심적인 과제를 도출하고, 이에 대한 핵심 외교 전략을 제시했다. 이 글에서 다루지 못한 더 많은 외교적 과제들과 이에 대한 해법도 추가로 연구해야 할 것이다. 냉혹한 국제정치 현실 속에서도 대한민국은 오늘날까지 번영과 성취를 이루어왔다. 이제는 그 번영과 성취를 바탕으로 포스트 코로나 시대와 바이든 행정부 시기를 맞이하여, 더 나은 시대적 성취와 업적, 평화와 번영을 달성할 외교의 지혜를 모색하고 초당적·국민적 동의를 이끌어내는 전략을 수립해야 할 것이다.

디지털 민주주의와 미래 혁신

허태욱(경상국립대 행정학과 부교수)

4차 산업혁명 시대 디지털 민주주의는 왜 중요한가?

디지털(Digital)은 시민의 정치적 참여와 시민의 역할 증진 (empowerment)에 어떠한 변화를 불러오는가? 그동안 지속적으로 제기되어왔던 이 질문은 4차 산업혁명 시대로 전환되고 있는 현재 시기에 더욱 중요한 화두를 던져주고 있다. 디지털 전환 시대의 디지털은 이제 단순히 정보통신기술(Internet and Communication Technology, ICT)과 관련된 용어에 머물지 않고, 디지털 경제, 디지털 문화, 디지털 정치와 같이 디지털을 기반으로 하여 나타나는 모든 현상을 수식하는 용어로 주목받고 있다.[1]

우리 모두가 주지하는 바와 같이, 오늘날 인터넷과 휴대전화는 우리의 삶 곳곳에서 매우 큰 영향을 미치고 있다. 인터넷에서 단 몇 번의 클릭만으로 필요한 정보를 찾을 수 있고, 자신이 알고 있는 정보를 불

---

1 허태욱, 〈4차산업혁명시대 블록체인 거버넌스 시스템으로의 전환과 시민사회의 역할에 관한 서설적 연구〉, 《NGO연구》, 12(2), 95~125쪽; KAIST 문술미래전략대학원, 〈카이스트 미래전략 2020〉, 2019.

특정 다수와 공유할 수 있다. 그리고 다양한 소셜네트워크서비스(SNS)를 통해 사람들과 네트워크를 구축하고 교류하며 자신만의 정체성을 새롭게 만들어나가기도 한다. 인터넷과 정보사회 연구의 선구자인 마누엘 카스텔(Manual Castells)이 지적했듯이 정보통신기술은 우리 생활을 재구성하고 전환(transformation)시키는 중요한 핵심 동인이 되었다. 정보통신기술의 발달은 무엇보다 시간과 공간을 초월해 의사소통을 할 수 있도록 커뮤니케이션 양식이 변화함을 의미한다. 특히 4차 산업혁명 시대의 새로운 디지털 기술과 커뮤니케이션 플랫폼은 우리 생활과 의식, 경제, 문화뿐만 아니라 국가 정책 결정에까지 지금보다 훨씬 더 큰 변화를 가져올 것이다.[2]

정보통신기술로 인해 변화할 국가, 시민, 기업의 미래 모습은 정보화 시대의 운영 메커니즘으로 불리는 디지털 거버넌스(Digital Governance)를 통해 구현된다고 할 수 있다. 디지털 거버넌스는 인터넷, 휴대전화와 같은 정보통신기술을 이용해 사회를 운영하는 새로운 메커니즘의 등장을 설명하는 개념으로, 디지털 기술을 이용한 정부의 행정으로 이해되기도 한다.[3]

그러나 디지털 거버넌스는 단지 국정 운영의 메커니즘 차원을 넘어, 4차 산업혁명 시대의 정보통신기술과 정부, 시장, 시민사회의 관계, 정보통신기술과 민주주의의 관계, 그리고 민주주의와 의사소통의 관계를 모두 포함한다. 디지털 거버넌스는 정보통신기술을 활용해 시민,

---

2 KAIST 문술미래전략대학원, 〈카이스트 미래전략 2020〉, 2019; KAIST 문술미래전략대학원, 〈카이스트 미래전략 2021〉, 2020.

3 윤성이, 〈정보사회의 민주주의와 e-거버넌스〉, 미래전략포럼, 2009; 조화순, 《디지털 거버넌스 국가·시장·사회의 미래》, 책세상, 2010.

정부, 기업이 새로운 관계를 형성하고 공동체의 운명을 결정하고 관리하는 운영 메커니즘이라고 할 수 있다.

4차 산업혁명 시대 다양한 기반 기술들의 발전으로 인해 시민의 참여가 다각적으로 확대되고 있다. 과거에는 시민들이 오프라인 기반의 면대면 참여에 제한되었지만, 이제는 언택트(Un+Contact, 비대면 접촉)를 통한 온라인 기반의 참여가 확대되면서 많은 시민이 참여할 기회를 얻게 되었다. 또한 전통적인 정치와 함께 온라인 공간에서의 정치적 소통이 인공지능(AI), 무선인터넷과 소셜미디어, 스마트폰 등 정보통신 기술의 확산을 통해 매우 용이해졌다. 이러한 변화를 통해 오프라인에서 면대면을 통한 정치 행위가 주류였던 시대를 지나 온라인을 기반으로 하는 정치과정이 새로운 주류적 방식(주체)으로 등장하고 있다.

그러나 한편으로 한국을 포함한 여러 국가에서 민주주의가 위기에 처했음을 보여주는 징후들이 발견되고 있다. 아래 [도표 9-1]에서 보여주는 것처럼, 하버드대 스티븐 레비츠키(Steven Levitzky) 교수와 대

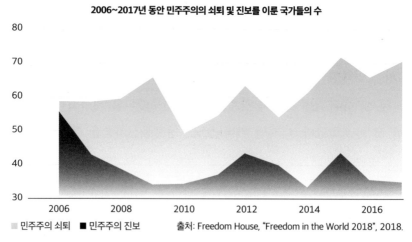

2006~2017년 동안 민주주의의 쇠퇴 및 진보를 이룬 국가들의 수

■ 민주주의 쇠퇴　■ 민주주의 진보　　출처: Freedom House, "Freedom in the World 2018", 2018.

[도표 9-1] 민주주의의 후퇴

니얼 지블랏(Daniel Ziblatt) 교수는 2018년 출간 저서《어떻게 민주주의는 무너지는가(How Democracies Die)》에서 민주주의로 구분할 수 있는 국가의 수가 최근 10여 년간 감소해온 것을 밝히고 있다. 즉 민주주의로 이행하다 정치적 불안정 및 군사적 이유로 권위주의 상태로 회귀한 국가들이 증가했고, 비교적 선진 민주주의로 여겨지는 국가들(미국 및 영국 포함)에서도 극우로 치닫는 우경화 현상이 등장하고 있는 것이다. 이는 경제적 불평등과 불안 등이 대의민주주의에 근본적인 문제들을 던져주고 있다고 볼 수 있다.

한국은 '결함 있는 민주주의'?

한국의 경우,《이코노미스트(*The Economist*)》부설 경제분석기관인 이코노미스트 인텔리전스 유닛(Economist Intelligence Unit)의 '민주주의 지수(Democracy Index)' 조사(매년 실시)에 따르면, 최근 5년간 '결함 있는 민주주의(flawed democracy)'의 수준에서 벗어나지 못했다. 2019년 결과에서도 한국은 전체 167개국 중 23위로, 22개국이 속한 '완전한 민주주의(full democracy)' 유형에는 포함되지 못했다. '선거 과정 및 다원주의' 부문에서는 상대적으로 높은 점수(9.17)를 받았지만, '시민 자유'(8.24), '정부 기능'(7.86), '정치 문화'(7.50) 부문은 낮은 수준으로 조사되었으며, 특히 '정치 참여' 부문은 7.22점으로 최저 결과가 도출되었다.[4]

---

4   2021년 2월 2일 발표된, '민주주의 지수 2020'에서 한국은 5년 만에 '완전한 민주주의' 국가로 재진입했다. 10점 만점에 8.01점을 받아 완전한 민주국 기준인 8점을 가까스로 넘겼다.

이러한 사례에서 확인할 수 있는 바와 같이, 우리나라를 포함한 전 세계 대부분 국가에서 대의제 민주주의를 운영하고 있으나 시민들은 정치와 관련된 이슈들을 전문적인 정치인이나 정책 결정자에게 위임하여 정치적 과정에 무관심하거나 무책임한 태도를 보이는 문제들이 지속적으로 나타났다고 할 수 있다. 이러한 한계들로 인해 대표성(정당성)에 문제가 제기되는 경우가 종종 발생했고, 또한 국민들로부터 권한을 위임받은 정치인들이 이해관계를 추구하는 과정에서 여러 사회 문제가 더욱 풀기 힘들어지고 어려워지는 현실을 볼 수 있다.

이제 우리는 디지털 전환 시대로 변화하는 과정에서 디지털 기술의 활용을 통한 새로운 시민 참여와 정치적 변화의 가능성에 주목해야 할 것이다. 특히, 우리나라는 세계적 수준의 경쟁력을 갖춘 IT를 정치에 융합하여 시민들의 적극적인 참여를 유도할 수 있는 디지털 민주주의의 잠재력을 더욱 크게 발현할 수 있다.[5] 디지털 기술을 통해 소통 속도와 범위가 근본적으로 혁신되어 전환되고 있으며 우리 사회의 정치 사회 시스템에 혁명적 변화를 불러올 수 있는 것이다.

디지털 민주주의를 향한 다각적 노력

4차 산업혁명 시대의 기술 발전은 의사결정 구조와 방식에 새로운 변화를 견인하고 있으며, 디지털 민주주의, 즉 '디지털크라시(Digitalcracy)'를 통해 구현되고 있다. 디지털크라시는 디지털 및 모바

---

5 김민수, 〈디지털 사회혁신을 위한 과학기술의 역할〉, 과학기술+사회혁신 포럼, 2015; 이재홍, 〈디지털 사회혁신을 위한 시민사회 제언〉, 과학기술+사회혁신 포럼, 2015.

일과 (직접)민주주의가 결합한 의사결정 방식을 의미한다. 정보통신기술 네트워크의 발전으로 정보와 지식, 문화가 저렴한 비용으로 형성·교환되면서 시민들의 정보 접근성 및 민주적 이용 가능성이 증가했다. 더불어 시민의 권능(empowerment)이 강화되면서 새로운 디지털 민주주의의 시민 참여 플랫폼들이 나타나고 있으며, 네트워크상에서 e-공론장(public sphere)이 형성되고 있다.

이러한 디지털 민주주의는 사회 구성원의 통합을 목표로 '다중 지배'에 중점을 두는 '헤테라키(heterarchy)'의 질서를 형성한다.[6] 헤테라키는 위계(hierarchy)와 구별되는 사회질서 원리로, 수평적이면서도 협업의 의사결정을 지향한다. 헤테라키 질서상에서는 개인과 정부, 정당, 시민단체가 권력을 공유하는데, 여기서 디지털 기술은 매우 중요한 매개 역할을 하며, 시민들의 민주적 참여 촉진, 정치적 책임성 구현, 참여자 간 협동 촉진, 주권자로서 시민의 영향력 향상, 갈등 조정 등의 효과를 향상시켜 나간다.[7]

디지털 기술, 특히 소셜미디어 등을 통한 시민들의 정치 참여는 대표적으로 다음과 같은 측면에서 중요한 순기능이 있다. 첫째, 시민들의 정치/사회적 참여와 의사 표현이 양적으로, 그리고 질적으로 크게 확대된다. 이는 결과적으로 민주주의를 강화(reinforcement)하는 중요한 역할을 한다. 대의민주주의 가장 큰 한계로 제시되는 민주적 대표성과 책임성의 위기를 극복할 수 대안으로 각광을 받아왔으며, 실제적

---

6   서용석, 〈첨단기술의 발전과 미래정부의 역할과 형태〉, 《미래연구 포커스》, 과학기술정책연구원, 2016.

7   김선혁, 〈정보통신기술혁명과 민주주의의 미래〉, 《국제·지역연구》 25(3), 2016, 95~124쪽.; 조권중, 〈디지털과 시민의 정치 참여〉, 《세계와 도시》, 서울연구원, 2015. 7.

으로 상호작용적인 소통과 다양한 e-시민참여 플랫폼의 도입이 강조되고 있다. 이러한 시민들의 참여와 관여(engagement)를 통해 민주주의를 공고화할 가능성이 주목받는다고 할 수 있다.

둘째, 기존의 수동적인 시민이 아닌 적극적이고 스마트한 시민들로 역량이 크게 강화된다. 시민들은 이전과는 다르게 능동적으로 자신만의 다양한 디지털 디바이스(페이스북, 트위터, 유튜브, 어플 등)를 통해 정보를 습득하고 의견을 교환하면서 단순한 정보 수용자에서 적극적이고 스마트하게 정보를 제공하는 정보 생산자로 그 역량과 역할을 키워나가고 있다. 이를 통해 소셜미디어 등에서 소셜 공론장('청와대 국민청원' 사례 등)이 형성 및 변화해나가면서 시민 참여의 질을 향상시키고 있다. 실제로 우리는 2017년 5월 '장미 대선'에서 디지털 민주주의 사례(더불어민주당 대선 후보 문재인의 정책쇼핑몰, '문재인 1번지' 등)의 직간접적 영향을 체감할 수 있었다.

최근에는 SNS 라이브 스트리밍을 비롯한 소셜 플랫폼 관련 기술의 진화와 뉴스 소비 매체로서 소셜미디어를 사용하는 이용자들의 행태 변화로 인해, 시민들이 정치 관련 정보를 매우 쉽게 얻으면서 각종 정치적 이슈에 대한 의견을 공유하고 있다. 이로 인한 영향은 대중적이며 즉각적이고 매우 광범위한데, 이제는 전통 신문·방송 등의 의제 설정 기능이 상당 부분 소셜미디어로 이전되었다고 할 수 있다. 과거에는 정치 엘리트나 미디어가 독점하던 의제 설정 기능이 파워 유튜버, 트위터리안(Twitterian), 인플루언서(influencer), 나아가 일반 개인에게로 확장되고 있으며, 이는 정보 및 정책 수용자로 머물던 시민들이 이제는 정보의 생산/공유/확대를 통해 숙의하고, 의제를 설정하는 주체로 전환되고 있음을 보여준다.

현재까지 디지털 민주주의는 민주주의를 강화시킬 가능성과 함께, 반대로 쇠퇴시킬 수 있는 한계들도 드러내고 있다. 시민들이 다양한 디지털 디바이스를 활용해 정치에 참여한다고 하더라도 새롭게 등장하는 문제들로 인해 정부의 통제가 강화되거나 시민권이 약화될 수 있다는 것이 대표적이다. 관련 예로, 정부와 권력자들이 시민들의 프라이버시를 침해하고 정보를 감시할 수도 있으며, 이로 인해 조지 오웰(George Orwell)의 소설 《1984》에서와 같이 시민들의 기본권이 위축될 수 있다는 불안감이 상존한다.

이러한 디지털 민주주의의 한계 및 장애 요인들은 크게 세 가지로 요약해볼 수 있다. 첫째, 온라인 플랫폼이 아직 서로 다른 견해를 가진 사람들이 합리적인 토론을 벌이는 공론장의 요건을 갖추지 못했다는 점이다. 즉 정보통신기술을 활용한 시민 참여는 양적으로는 증가했지만, 심의 없는 참여, 책임 없는 참여라는 비판이 여전히 문제점으로 지적되고 있다. 기술적으로는 시민 참여의 통로가 확대되어 많은 시민의 목소리를 담아내고 있지만 이에 관한 책임과 심의성은 상대적으로 낮아지고 있는 것이 디지털 민주주의의 중요한 장애물로 나타나고 있다.

인터넷 공간(e-공론장)은 정보통신기술을 활용하여 여러 층위의 사람들의 의견을 수렴할 수도 있고 다수의 의견을 공유한다는 점에서 장점이 있지만, 이 공간은 자칫 목소리 큰 사람의 공간으로 전락하거나 정치적 편향을 가진 사람들이 조직적으로 활동할 경우 심각한 분열을 겪을 수도 있다. 우리나라처럼 이념적/세대별/지역별/성별 대립이 강할 경우에는, 확증 편향(confirmation bias)[8]이 가중되어 결국에는 에코 챔버 현상(echo chamber effect)[9]이 나타나게 된다. 이는 인공지능 등의 알고리즘이 개인 선호도에 따라 추천하는 편향된 정보에 주로 노출되는 현상인 '필터 버블(Filter Bubble)'에 의해 가속화되어, 집단 간의 분극화(polarization) 경향이 강해지고 있다.[10] 더불어 최근에는 가짜 뉴스(fake news)까지 문제가 되고 있다. TV나 신문 같은 전통적인 언론의 제약을 받지 않는 트위터와 페이스북 등의 소셜미디어를 통해 가짜 뉴스를 생산하여 유권자의 현명한 정치적 선택 행위를 왜곡할 수 있는 점이 민주주의의 심각한 장애물로 지적되고 있다.

둘째, 첫째 한계점의 결과라고도 할 수 있는 포퓰리즘의 득세, 그리고 시민들의 디지털 역량 격차(디지털 갭, 디지털 리터러시) 문제를 지적할 수 있다. 참여를 촉진하는 매체이자 익명과 폭넓은 표현의 자유가 허용되는 공간인 인터넷에서는 시민 참여를 빠르고 쉽게 확대할 수 있다. 그러나 이와 동시에 숙의민주주의와 대의민주주의를 위협하는 포퓰리즘으로 귀결될 수 있다는 우려들이 지속적으로 제기되고 있다. 즉 다양한 온라인 소통 공간에서 시민들이 손쉽게 의견을 표현하고 논쟁적 사안에 대해 빠르게 반응하는 만큼 중우정치(포퓰리즘)의 폐해로 이어질 수 있다는 우려다. 이러한 장애 요인은 모든 시민(유권자)들이 온라인과 소셜미디어 시대의 여론 환경에 필수적인 역량을 갖추고 있지는 못하다는 점과 세대 간/계층 간의 격차가 상당히 크다는 문제와

---

8 자신의 생각을 강화해주는 정보만 듣는 경향.

9 비슷한 생각을 가진 사람들끼리만 소통하면서 사회적으로 의견 대립을 해소하지 못하는 현상.

10 허태욱, 〈미래 민주주의-블록체인 거버넌스와 O2O 직접민주주의〉, 미래도시 서울포럼(3차), 2019.

도 연결이 된다. 새롭게 변화/진화하고 있는 디지털 환경은 시민들의 역량을 더욱 필요로 하지만, 이러한 역량을 가르치고 배울 수 있는 장 (sphere)은 아직 매우 협소하고 파편적인 방법으로 제공되고 있다고 볼 수 있다. 기본적으로 사람들의 인지적 성향과 태도는 빠르게 변화 하는 기술과 사회 환경에 발맞추어 변화 및 적응하는 데 큰 어려움을 겪고 있다고 할 수 있다.

셋째는 기술적인 한계로, 현재 디지털 민주주의에서 활용되는 정 보통신 플랫폼 및 관련 기술이 어뷰징(abusing, 오남용) 및 조작에 매 우 취약하다는 문제다. 2016년 미국 대선에서 케임브리지 애널리티카 (Cambridge Analytica) 정보 유출 사건[11]에서 확인된 것처럼, 소셜미디 어에서 개인 정보를 활용해 맞춤 정보와 광고를 제공하는 정밀 맞춤형 (micro targeting) 광고가 여론 조작의 수단이 되기도 한다. 최근 우리 나라에서도 '네이버 뉴스홈'에 주로 노출되는 기사들이 보수 신문 편 향적인 문제가 보도되기도 했다. 이 사안은 이미 네이버가 쇼핑·동영 상 분야 검색 서비스에서 검색 알고리즘을 조작해 공정위로부터 시정 명령과 함께 과징금 267억 원을 부과받은 사례와도 연결되어, 인공지 능 알고리즘의 편향성을 드러내는 사건으로 현재 이슈화되고 있다.

실제로, 현재의 디지털 기술은 제도와 기술을 악용하는 세력에 상당 히 취약한 구조라고 할 수 있다. 디지털 기술은 기계와 알고리즘에 의 해 작동하는데, 알고리즘은 공개되지 않고 특허로 보호되기 때문에 디 지털 기술은 복잡성과 비가시성을 지닌다. 문제는 디지털 기술을 개발

11 2018년 초에 페이스북의 정치 자문 회사인 케임브리지 애널리티카가 수백만 페이스 북 가입자의 프로필을 그들의 동의 없이 수거해서 정치적 선전을 하려는 목적으로 사용한 일 이 세상에 밝혀지면서 일어난 사회적 물의 및 정치적 논쟁이다.

하고 플랫폼을 운영하는 세력(소프트웨어 프로그래머 등)이 사회가 알아차리지 못하고 통제할 수 없는 상황을 만들어낼 수도 있다는 것이다.

디지털 민주주의 국내 혁신 사례: '빠띠' & '민주주의 서울'

빠띠(parti)는 정보통신기술과 디지털 플랫폼 기술을 활용해 더 나은 민주주의를 만드는 민주주의 활동가들의 사회적 협동조합이다. 구성원들은 미디어와 커뮤니티 서비스를 만들어오던 개발자와 디자이너, 그리고 마을 활동가, 비영리단체 활동가, 데이터 운동 활동가 등 다양한 배경을 가진 사람들로 이뤄져 있다. 빠띠는 정보기술을 활용해 우리 사회가 더 나은 민주주의 체계를 갖추게 하는 것을 목표로 한다. 또한 온라인 민주주의 플랫폼으로 다양한 이슈에 대해서 시민들이 토론하고 현실 정치에 영향을 미칠 수 있는 여론 형성을 목표로 혁신적인 활동을 하고 있으며, 다양한 일상 민주주의 실험을 활발하게 진행하고 있다.

더 나은 민주주의를 만드는 사회적 협동조합인 빠띠가 진행한 주요 사업들은 첫째, '이슈 커뮤니티'다. 민주적으로 소통하고 협력하는 이슈 커뮤니티를 위한 플랫폼 '빠띠 그룹스'[12]를 만들고, 이를 바탕으로 커뮤니티 사업을 진행했다. 빠띠 그룹스는 시민들이 평소 관심 있던 일상의 이슈에 관한 커뮤니티를 만들거나, 찾을 수 있는 플랫폼을 지향하고 있다. 예를 들어, 현재 빠띠 그룹스에는 다양한 이슈 커뮤니

---

12 https://parti.xyz

티가 활동 중인데, 대표적으로는 제로 웨이스트(zero waste)를 지향하는 사람들의 커뮤니티 '쓰레기 덕질'이 있다. 쓰레기 덕질에서는 쓰레기 관찰기 쓰기, 제로 웨이스트 도전하기, 줍줍등산(등산하며 쓰레기 줍는 모임), 일회용컵 보증금제 도입 촉구 캠페인 등 다양한 활동이 따로 또 같이 이루어진다. 제로 웨이스트에 관심은 있지만 어떻게 참여, 기여해야 할지 몰랐던 사람들이 쓰레기 덕질에 모였고, 그렇게 모인 사람들이 서로 지지하고, 함께 실천하고, 나아가 중요한 환경 이슈에 대응하는 행동도 벌이고 있다.[13]

둘째 주요 사업은 '공론장 형성'이다. 특히 이를 위해 빠띠는 서울시와 파트너십을 체결하고 2017년부터 2019년까지 '민주주의 서울'[14] 플랫폼을 기획/운영했다. '민주주의 서울'은 서울의 공론장이라는 목표를 가지고 시민과 지방정부가 함께 삶에 밀접한 여러 이슈들과 미래의 논의들을 함께 숙의하고 결정하기 위한 플랫폼이다. 2006년부터 서울시의 시민정책 제안 디지털 거버넌스 플랫폼인 '천만상상오아시스'(총 16만 7,000여 건의 시민 제안)를 확대/발전시켜서 2017년에 구축했다.[15] 그동안의 온라인 플랫폼은 누구나 제안이 가능했지만 제안한 정책이 채택된 후 실제로 실행되는지 여부를 시민이 알기 어렵다는 한계가 있었다. '민주주의 서울'은 시민이 제안, 결정, 실행 등 모든 과정에 적극적으로 참여토록 설계했다. 이를 통해 사회문제부터 시민들이 일상에서 느끼는 소소한 불편까지 서울의 모든 이슈를 논의하는 '서울의 공

13 황은미, 〈공익데이터를 활용한 디지털 시민, 디지털 액티비즘〉, 열린 컨퍼런스-디지털기술, 사회를 말하다, 서울 디지털 사회혁신지원센터, 2020.

14 https://democracy.seoul.go.kr

15 한국정보화진흥원, 〈ICT를 통한 착한 상상-디지털 사회 혁신〉, 2015; 한국정보화진흥원, 〈블록체인 기반의 의사결정 사례 및 시사점〉, 2017.

론장'을 만들어가는 것을 목표로 한 것이 중요한 특징이다. 소수의 시민이 제안하고 더 많은 시민이 함께하는 공론화 단계를 거쳐 정책에 반영되도록 하여 시민 참여의 효능감(efficacy)를 형성시키는 모델로, 행정기관의 역할도 구체적으로 고려한 설계라는 장점이 있다(서울시 '난임 부부 지원', 재건축 재개발 지역의 '길고양이 보호 사업' 등 실제 사례).

셋째 주요 사업은 '공익 데이터 시민 활용'이다. 데이터가 새로운 자원으로 주목받는 요즘, 누구나 활용할 수 있는 공공재로서 데이터에 대한 관점도 주목받고 있다. 빠띠는 '데이터 액티비즘(Data Activism)'을 주장하고 있다. 이는 시민이 데이터를 스스로 생산하고 활용할 수 있도록 하는 동시에, 헌법에 명시된 개인정보자기결정권에 기반해 개인정보 보호 문제를 다루고, 공공 자원을 들여 생산한 정보를 공익 데이터로 공개하자는 것이다.

디지털 민주주의 해외 혁신 사례: '디사이드 마드리드'

스페인의 수도, 마드리드시에서 운영하는 직접민주주의 온라인 플랫폼인 디사이드 마드리드(Decide Madrid)는 시민이 시의 재정과 입법, 행정 과정에 직접 참여할 수 있도록 하는 온라인 웹사이트로, 시민 참여, 정보 공개, 정부 투명성의 3대 가치를 이뤄나가고 있다. 16세 이상의 시민이라면 누구나 마드리드시의 정책 및 입법 제안이 가능하고, 토론과 제안, 참여 예산 정보, 투표 기능 등도 함께 제공한다. 현재 마드리드시 유권자 1%(초기 시범 운영 기간에는 2%)의 동의를 얻은 제안에 대해 시민들의 찬/반 투표를 실시한다. 투표에서 과반의 동의를 얻으면 실제 정책이나 입법화를 진행하며, 이러한 과정에서 시민이 자유롭게 주제를 제안하고 함께 토론을 진행한다. 마드리드시 정부는 도시 발전과 환경, 주거 등의 각 부서들이 시민의 제안이나 의견들을 모아 부서의 예산을 집행하는 데 적극적으로 활용하도록 하고 있다.

디사이드 마드리드를 통한 직접민주주의 실험은 2015년부터 본격적으로 진행되었다. 마누엘라 카르메나(Manuela armena) 시장이[지금 마드리드(Ahora Madrid) 정당]이 선출되면서 시민 참여 정책에 가장 높은 우선순위를 두었고, 이에 따라 마드리드 시청은 디사이드 마드리드를 2015년에 오픈하여 직접 운영하고 있다. 처음에는 작은 담당 부서에서 관리했으나 현재는 시에서 직접 관리하는 부서로 규모가 커졌다.[16] 처음으로 디사이드 마드리드 웹사이트를 오픈한 후 마드리드 시 내의 '광장'을 리모델링하면서, 오래되고 낡아 상태가 좋지 않던 광장을 어떻게 개선하면 좋을지 시민들에게 의견을 청취하는 방식으로 진행되었다.

디사이드 마드리드의 의견 수렴 과정은 크게 '의견 제안', '의견 개진', '찬성/반대 결정'의 세 가지 과정을 거친다. 특히 두 번째 과정에서는 '찬성'만 할 수 있는데 기준치가 마드리드시 유권자 1%(약 3,200명 내외)를 넘으면 세 번째 과정으로 넘어갈 수 있다. 시민들이 내는 제안 내용을 보면 사회적인 가치를 담고 있는 것들이 많다. 간단한 리모델링부터 가정 폭력, 여성 정책, 실업자를 위한 정책 등으로 다양하며, 실제로 마드리드시는 시민의 의견에 따라 진행하고 있는 프로젝트가 많다. 한편, 의견을 제안할 때는 특정 개인이나 단체의 이해관계와 관

---

16 현재 해당 부서에 약 30명이 넘는 공무원이 근무하고 있다. KAIST 사회기술혁신연구소, 〈디지털 사회혁신과 리빙랩-시민가이드〉, 2016.

련된 제안은 받지 않는다. 마드리드시의 지원 예산은 6,000만 유로(약 800억 원)에서 시작해서, 1억 유로(약 1330억 원)를 넘어 확대되고 있으며, 사업당 지원은 1만~10만 유로(약 1,300만~1억 3,000만 원)로 다양하게 이루어지고 있다. 2018년에는 3,500건이 넘는 의견이 수렴되는 등 시민들이 적극적으로 참여하고 있다.[17]

민주적 공동체를 구현하기 위한 디지털 플랫폼인 디사이드 마드리드는 진정한 시민의 참여 및 권한을 강화하기 위해 '투명성'을 기반으로 두고 그 과정 및 결과를 정기적으로 공유하고 있다. 시민과 끊임없이 소통하며 행정의 경직성을 탈피하기 위해 가장 기본적인 공유를 실천하고 있는 것이다. 마드리드시 정부는 적극적으로 시민의 편에 서서 시민 친화적 행정의 극대치를 구현하기 위해 디사이드 마드리드를 발전시키려는 다각적인 노력을 하고 있으며, 마드리드 시장의 리더십과 결단력이 이를 추동하고 있다. 구체적으로, 마드리드시 정부는 시민들의 신뢰를 쌓을 수 있는 쌍방향 소통 방식을 끊임없이 고민하고 있으며, 이를 위해 블록체인 기술을 활용하는 가능성을 모색하고 있다.

특히 웹사이트를 이용하는 시민들이 어디에서 어려움을 겪는지 촬영하여 이를 통해 축적된 빅데이터를 통해 사이트를 보완해나가고 있다. 더불어 시민들의 다양한 의견과 정책 입안, 실현 과정이 흥미로운 시각적 이미지로 보이게 하여 시민들이 눈으로 쉽게 이해할 수 있도록 구현했다. 이러한 시도들은 시민들이 느낄 수 있는 정책에 대한 거리감과 무게감을 줄여주고 재미와 흥미를 유발해 참여 욕구를 불러일으키는 촉매제가 되었으며, 또한 시민들이 제안한 의견 하나하나가 실현

17 KAIST 문술미래전략대학원, 〈카이스트 미래전략 2020〉, 2019.

되는 과정을 시민 모두가 지켜볼 수 있도록 함으로써 시민들이 직접민주주의를 체감할 수 있도록 하고 있다. 이는 각 국가의 지방정부에서 이러한 온라인 민주주의 플랫폼을 적용 및 활성화할 때 주목해야 할 중요한 특성이다.

더 나은 민주주의와 사회적 신뢰 기술, 블록체인

디지털 민주주의의 양면성(앞서 살펴본 긍정적 영향 및 한계)에도 불구하고, 우리는 인터넷과 정보통신기술 등장 이전의 시기로 회귀할 수는 없을 것이다. 디지털 기술에 기반한 참여민주주의(디지털크라시)가 갈등 증폭과 극단화 등의 문제를 지니고 있다고 해서, 시민들이 디지털 디바이스를 통해 참여하는 수단과 권한을 제한하고, 전통적인 대의성만을 강화하는 방향으로 돌아갈 수는 없기 때문이다.

현 세대, 그리고 미래 세대가 경험하게 될 디지털 전환 시대에는 더 나은 민주주의로 나아가는 다양한 길이 등장할 것이다. 더 나은 민주주의를 위한 주요 요건으로는 첫째, 시민들의 대리인(정치인) 선출, 일상적 감시, 직접적 의견 반영 등의 정치 활동을 혁신하는 것이 포함되어야 한다. 둘째로, 더 나아가 투명하고 신뢰할 수 있는 정보를 생산 및 공개하고, 시민들이 속한 커뮤니티(공간 및 층위)에서 다양한 구성원들이 주체로서 소통 및 협력하고 권한을 발휘하는 실질적인 민주주의의 상태를 구현해야 한다. 셋째, 시민들이 공공의 의사결정에 좀 더 깊이 참여하면서 자율성과 참여의 효능감을 누릴 수 있도록 하는 신뢰와 협력의 기술 기반 시스템을 구축해야 한다. 사실 현재까지의 정치-사회 거버넌스는 기술의 제약 때문에 분권과 자치, 신뢰와 협력을 구현하는 데 한계가 있었으나 4차 산업혁명 시대가 본격화되는 시점에 이르러서는 정보 기술과 디지털 플랫폼 기술을 활용해 이 한계를 넘어서는 사회를 만들 수 있을 것이다.

이와 같은 맥락에서 우리는 근(近)미래 신뢰 기술의 대표 주자라고 할 수 있는 블록체인을 통해 거버넌스를 혁신하고 더 나은 민주주의로 나아가는 길에 주목할 필요가 있다. 데이터가 담긴 블록들이 체인처럼 연결된 형태를 띠는 블록체인은 '제2의 인터넷 네트워크 컴퓨팅 시스템'이라고 볼 수 있으며, 가장 큰 특징은 분산성, 투명성, 익명성, 보완성(시스템 안정성)이다. 블록체인 네트워크의 기본 원리는 모든 개별 사용자가 블록체인 사본(암호화 저장)을 각자 갖고 있으며, 과반수가 넘는 사용자가 동의한 거래 내역만 진짜로 인정(합의 알고리즘)하며, 영구적으로 보관할 블록으로 묶이고, 새로 만든 블록은 앞서 만든 블록체인 뒤에 덧붙이게 되는 것이라고 할 수 있다. 블록체인은 다수의 독립적 거래 당사자(익명성)의 컴퓨터에 똑같이 저장되는 '분산 장부 기술'에 기초한 분산형 구조라서 기존의 공인된 제3자(Trusted Third Party, TTP: 은행, 카드회사 등) 없이 P2P(Peer to Peer) 거래를 통해 수수료를 절감할 수 있고, 신뢰성(투명성)을 담보할 중앙 집중적 조직이 필요 없

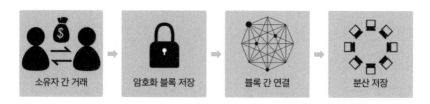

소유자 간 거래   암호화 블록 저장   블록 간 연결   분산 저장

[도표 9-2] 블록체인의 기본 원리와 특징

출처: KCERN, 〈블록체인과 거버넌스의 혁신〉, KCERN 제30차 정기포럼, 2017

다. 그러므로 존에 국가 및 중앙 정부기관들만이 담보하던 신뢰 인증을 블록체인의 분산(P2P, peer-to-peer) 네트워크가 제공하는 것이 가능해진다. 극적으로는 개인 간 네트워크를 의미하는 것을 넘어 개인-신뢰 기술-개인(Person-Trust Technology-Person)의 사회적 기술로 매개되는, 사회 구성원들의 관계 네트워크 기반 기술로 확장될 수 있을 것이다.

구체적으로, 블록체인을 통해 현재의 디지털 민주주의 한계점으로 앞서 지적한 정보통신기술 플랫폼의 조작 및 오남용 문제를 근본적으로 해결할 수 있을 것이다. 블록체인 네트워크에서는 사실 기록/행위들을 사후 부정하거나 조작하는 것이 불가능(비가역성)하며, 모든 문서/행위들의 사실성(암호화된 블록의 해시 값의 반영구적 보관 및 확인)이 보증된다. 이를 통해 왜곡되지 않는 투명한 의사소통을 보장할 수 있으며, e-공론장에서 시민들 간의, 시민들을 위한 의사소통적 권력의 정당성을 제공할 수 있다. 이는 또 다른 디지털 민주주의의 장애 요인으로 앞서 언급한, 온라인 공론장에서의 합리적 토론(숙의) 미흡 문제, 포퓰리즘의 득세로 연결될 수 있는 한계들을 개선하는 데도 중요한 역할을 할 수 있을 것이다.

특히 블록체인 기반의 '숙의 장부'를 통해 e-공론장의 다양성이 충분히 발현될 수 있는 조건들(모든 이해관계자 참여, 자유로운 의사 표시 가능, 비밀 보장, 의사 표시 기회 동등하게 보장, 집단사고와 편향의 영향 최소화 등)을 구현할 수 있다. 관련 사례로, '한국스마트인증'은 2019년 블록체인 기반 숙의형 의사결정 플랫폼인 '디포라(Defora)'를 출시했다. 디포라는 동형암호 기술을 통해 프라이버시를 보호하면서도 여론 몰이를 방지할 수 있다. 예를 들어, 다양한 기관에서 의사결정 시에 다양한 의견 제시 및 평가 투표를 지원하며, 일련의 모든 과정을 블록체인에 기록하여 의사결정의 투명성을 확대함과 더불어, 각 구성원의 기여도도 쉽게 확인할 수 있다.

블록체인의 민주적 잠재성과 디지털 민주주의

《블록체인 혁명》의 저자 알렉스 탭스콧(Alex Tapscott)은 국민의, 국민에 의한, 국민을 위한 '블록체인 민주주의'를 주창하며, 블록체인 덕분에 시민들은 정부의 행위를 변경 불가능한 원장(元帳, ledger)에 기록할 수 있게 될 것이고, 힘 있는 소수 사이의 견제와 균형을 넘어 다수의 합의에 근거한 정책들을 펼칠 수 있을 것이라고 예측한다. 실제로, 블록체인의 대표적인 민주적 잠재성(essentials)은 중앙 집중형 서버-클라이언트 모델로 사실상 대체되어버린 지금의 인터넷을 다시금 탈중심의 수평적(헤테라키) 구조로 되돌리는 P2P 네트워크로 발현된다고 할 수 있다. 블록체인은 이러한 인터넷 탈중심성을 탈국가, 탈은행, 투명성, 반권위주의, 수평성, 자율성, 암호화, 개인적 자유 등의 원리들로 확장시켜 나간다.[18]

이와 같은 블록체인의 탈중심 관련 기술 원리들은, 국가 통제로부터 자유로운 개인들의 자기결정에 따라 작동하는 자유 시장을 최우선으로 강조하는 보수적 자유주의와 일맥상통한다고도 볼 수 있다. 이는 기존의 웹 2.0에서 강조해온 '참여', '협력', '공유'라는 디지털 민주주

18 이항우, 〈블록체인의 디지털 민주주의-자유지상주의를 넘어 커먼주의로〉, 《경제와사회》 120, 2018, 313~345쪽.

의 표제어들과도 연결된다. 블록체인을 통한 개인들의 자유와 자율성 보장은 기존의 정부 역할을 완전히 진부한 것으로 만들 수 있기에 자유주의론자들을 매료시키는 것이다. 그러나 이러한 관점에서 블록체인과 암호화폐(비트코인, 이더리움 등)는 기술-시장주의로 더욱 노골화되는 자유지상주의 프로젝트가 가진 한계들을 내재할 수밖에 없다.

반면에 자본주의적 가치들을 대체할 수 있는 탈중심성, 자주-관리, 협력, 자기조직화(self-organizing), 자원의 동등한 접근권, 공정한 분배, 사회의 지속 가능성과 같은 대안적 사회조직 원리를 구현하고자 하는 커먼주의(commonism)에 입각한 블록체인 민주주의는 새로운 대안적 민주주의의 가능성을 보여준다.[19] 커먼즈의 원리는 블록체인의 기술 특성과 쉽게 결합할 잠재력을 지닌다. 커먼주의 블록체인은 자율적 개인들의 집단적 의사결정을 통해 자유시장과 자유경쟁에 초점을 맞추는 것(보수적 자유주의)만이 아니라 평등, 연대, 호혜, 협력을 지향하는 민주주의 시스템의 발전을 담보하는 더 나은 디지털 민주주의의 사회기술 장치가 될 수 있는 것이다.

이와 관련하여 최근에 블록체인 기반 디지털 민주주의를 커먼주의 전통과 적극 결합하려는 시도로, 페어쿠프(FairCoop)의 '페어코인(FairrCoin)' 사례가 있다. 이는 커먼의 암호화폐라고 할 수 있는데, 기존의 암호화폐들과는 다르게 지속 가능성과 공정성이라는 사회적 가치를 구현한 협력-증명 알고리즘을 활용하여, 수평적이고 탈중심적인 방식으로 블록체인을 관리/유지한다.[20] 또한 기존 암호화폐들의 전철

---

19 이항우, 위의 글; 이항우, 〈클라우드(Cloud)에서, 다시 크라우드(Crowd)로-피투피와 탈중심 인터넷의 복원점들〉, 《경제와사회》, 117, 2018, 146~174쪽.

20 FairCoin, "FairCoin V2 White Paper", 2016: FairCoin, "FairCoin FAQS", 2018.

을 밟아 투기 대상으로 활용되는 것이 아닌, 실제적 교환 수단이 될 수 있도록 다양한 자주-관리 장치들을 페어쿠프 총회에서 마련하여 적용해나가고 있다.[21] 이를 통해 다른 암호화폐들의 일반적 원리들은 따르지만, 커먼주의에 기초하여 수평적 협력, 사회적 생산, 협력적 공유의 암호화폐로 발전해나가고 있다.

한편, 블록체인 기술을 활용한 디지털 민주주의의 실제 적용 및 실천은 '블록체인 투표 시스템'을 통해 우선적으로 나타나고 있다. 블록체인 기반 전자투표 시스템은 선거 보안을 담보할 대안으로 부상하고 있는데, 선거 유권자(참여자) 모두가 감시 및 관리하면서도 효율성, 익명성, 안정성까지 담보할 수 있어 각광받고 있다. '블록체인 투표 시스템'을 도입하면 유권자는 스마트폰 클릭 한 번으로 안전하고 빠르게 어디서나 투표할 수 있기 때문에 투표의 장벽을 엄청나게 낮출 수 있다. 이것은 곧 일상에서 디지털크라시의 직접민주주의가 구현되는 것을 의미한다. 주요 정책에 대해 수시로 국민투표를 할 수 있고, 관련 데이터를 모두에게 공개하는 것도 가능하고, 투표 이력을 영구히 보존할 수 있으며, 재검표도 매우 쉽기 때문에 선거 과정도 투명하게 관리할 수 있다. 현재 실제로 유럽에서는 정당 차원에서 블록체인 투표 시스템을 사용하고 있으며(스페인 포데모스 정당, 덴마크 자유동맹당 등), 인구 130만의 에스토니아에서는 국가 차원에서 블록체인 투표 시스템을 개발하여 활용하고 있다. 또한 현재 서울시 영등포구청, 경기도 등 지방정부에서 공공사업 평가 시스템에도 활용하고 있으며, 중앙선거관리위원회에서도 블록체인 기반 전자투표 시스템(K-Vote) 시범 사업

---

21 FairCoop, "Building a New Economy", 2014; FairCoop, "Integral Revolution", 2018.

을 진행한 바 있다.

'블록체인 민주주의' 실현을 위한 법적 선결 과제

이와 같은 블록체인 기반 기술을 디지털 민주주의에 활용하기 위해서는 블록체인에 각종 정보를 기록할 때 적용할 수 있는 법적 근거를 확립하는 것이 필수적이다. 먼저, 블록체인 기록의 문서성을 법률로 인정하는 방안을 마련해야 한다. 현재 〈전자문서및전자거래기본법〉, 〈전자정부법〉상 전자문서 적용 문제 등을 관련 학계에서 다양하게 논의하고 있다. 미국에서는 〈전자거래기본법(UETA)〉의 세부 조항을 통해 분산 원장을 전자문서로 인정하기 위한 법적 근거들을 마련하고 있다. 우리나라에서도 〈전자문서및전자거래기본법〉상 수신인 특정과 함께 분산/공유 관계 등을 포함하도록 하는 것이 필요하며, 또한 블록체인 공통 표준을 마련하여 블록체인 거래의 법적 안정성을 확보하는 것이 중요하다. 이를 통해, 각종 민원증명서 발급 시 블록체인 시스템을 활용하여 전자파일 형태로 발급하고 행정기관에 직접 전송할 수 있을 것이다.

이와 더불어, 블록체인 기반 전자투표 도입을 위해서 형식적인 차원에서는 〈공직선거법〉, 〈국민투표법〉, 〈국회법〉 등을 개정하여 전자투표에 관한 규정을 신설할 수 있을 것이다. 일본의 경우와 같이 〈전자투표에 실시에 관한 특별법〉(2001년 제정, 2002년 시행)을 제정하여 전자투표에 관한 단일법으로 운영하는 것도 좋은 방안일 수 있다.[22] 더 중요한 내용적인 차원에서는 전자투표(블록체인 기반 또는 기존 인터넷/모바일 기반) 실시에 대한 사회적 여론의 성숙과 합의를 다양한 방법으로 도출하는 것이 선행되어야 할 것이다.

---

22 이준복, 〈블록체인에 기반한 전자민주주의 구현방안 연구-신뢰성을 확보한 전자투표 시스템 구축을 중심으로〉,《법과 정치》, 25(1), 2019, 215~244쪽.

참고문헌

김민수, 〈디지털 사회혁신을 위한 과학기술의 역할〉, 과학기술+사회혁신 포럼, 2015.

김선혁, 〈정보통신기술혁명과 민주주의의 미래〉, 《국제·지역연구》, 25(3), 2016, 95~124쪽.

권오현, 〈디지털 민주주의 플랫폼을 만드는 사회적 협동조합 빠띠〉, 《월간 SW중심사회》, 통권 71호, 소프트웨어정책연구소, 2020.

서용석, 〈첨단기술의 발전과 미래정부의 역할과 형태〉, 《미래연구 포커스》, 과학기술정책연구원, 2016.

송경재, 〈민주주의 기술 – 전자민주주의의 진화를 위하여〉, 《월간 SW중심사회》, 통권 71호, 2020.

윤성이, 〈정보사회의 민주주의와 e-거버넌스〉, 미래전략포럼, 2009.

이재흥, 〈디지털 사회혁신을 위한 시민사회 제언〉, 과학기술+사회혁신 포럼, 2015.

이준복, 〈블록체인에 기반한 전자민주주의 구현방안 연구 – 신뢰성을 확보한 전자투표 시스템 구축을 중심으로〉, 《법과 정치》, 25(1), 2019, 215~244쪽.

이항우, 〈클라우드(Cloud)에서, 다시 크라우드(Crowd)로 – 피투피와 탈중심 인터넷의 복원점들〉, 《경제와사회》, 117, 2018, 146~174쪽.

이항우, 〈블록체인의 디지털 민주주의 – 자유지상주의를 넘어 커먼주의로〉, 《경제와사회》, 120, 2018, 313~345쪽.

전병유·정준호, 〈디지털 공유 경제와 블록체인〉, 《동향과 전망》, 103, 2018, 114~146쪽.

조권중, 〈디지털과 시민의 정치 참여〉, 《세계와 도시》, 서울연구원, 2015.

조화순, 《디지털 거버넌스 국가·시장·사회의 미래》, 책세상, 2010.

탭스콧 D. & 탭스콧 R, 《블록체인 혁명》, 을유문화사, 2017.

한국정보화진흥원, 〈ICT를 통한 착한 상상 – 디지털 사회 혁신〉, 2015.

한국정보화진흥원, 〈블록체인 기반의 의사결정 사례 및 시사점〉, 2017.

허태욱, 〈4차산업혁명시대 블록체인 거버넌스 시스템으로의 전환과 시민사회의
　　　역할에 관한 서설적 연구〉, 《NGO연구》, 12(2), 2017, 95~125쪽.

허태욱, 〈미래 민주주의 – 블록체인 거버넌스와 O2O 직접민주주의〉, 미래도시
　　　서울포럼(3차), 2019.

황은미, 〈공익데이터를 활용한 디지털 시민, 디지털 액티비즘〉, 열린 컨퍼런스 –
　　　디지털기술, 사회를 말하다, 서울 디지털 사회혁신지원센터, 2020.

KAIST 문술미래전략대학원, 〈카이스트 미래전략 2020〉, 2019.

KAIST 문술미래전략대학원, 〈카이스트 미래전략 2021〉, 2020.

KAIST 사회기술혁신연구소, 〈디지털 사회혁신과 리빙랩 – 시민가이드〉, 2016.

KCERN, 〈블록체인과 거버넌스의 혁신〉, KCERN 제30차 정기포럼, 2017.

FairCoin, "FairCoin V2 White Paper", 2016.

FairCoin, "FairCoin FAQS", 2018.

FairCoop, "Building a New Economy", 2014.

FairCoop, "Integral Revolution", 2018.

Freedom House, "Freedom in the World 2018", 2018.

지능정보 시대, '융합적' 정부 조직을 만들자

전병조(여시재 대표 연구위원·전 KB증권 사장)

구조적 문제로 인한 저성장 기조의 고착

없는 살림에 집안싸움 난다. 문제가 한꺼번에 터지고 해결되지 않으니 정쟁만 난무한다. 대책이라고 내놓으면 그게 또 다른 싸움거리가 되어버린다. 갈 길은 먼데 바람은 더 세차게 불고 날마저 저문다.

한국 경제는 안팎으로 전례 없는 도전에 직면해 있다. 4차 산업혁명이 몰고 온 디지털 전환·지능정보 혁명, 미중 경쟁만으로도 벅찬데 한 세기에 한 번 있을 법한 전염병 대유행까지 겹쳤다. 내부 문제만으로도 힘겨운 우리 경제를 더욱 난감하게 하고 있다.

한국 경제는 2000년대 이후 본격적인 저성장 국면에 접어들고 있다. 주력 제조업의 경쟁력 약화가 동시에 진행되면서 '일자리 없는 성장'이 점차 심화하고 있다. 성장의 양적·질적 내용이 모두 나빠지고 있는 셈이다.

새로운 도전과제들과 변화는 '대전환'의 시대를 예고하고 있다. 익숙하던 거의 모든 기술 · 산업 · 직업 · 국제무역질서가 변하고 있다. 4차 산업혁명의 물결에 우리나라는 매우 일찍부터 동참해왔다. 4차 산업혁명 관련 기술 개발과 수용 속도도 다른 나라에 비해 빠른 편에 속한다. 기술적 측면에서만 보면 선도 국가 중 하나에 속한다.

디지털 경제 전환과 지능정보 기반 경제의 확산은 기회이자 위험 요인이기도 하다. 위험 요인을 더 많이 부각하는 견해도 있지만, 우리가 가진 역량을 바탕으로 기회를 잘 살려나간다면 새로운 성장과 발전의 기회를 만들 수 있다. 디지털 경제에서의 성패가 향후 경제적 지형을 크게 변화시킬 수 있다는 점에서 각국의 기술 우위 확보 경쟁과 혁신 경쟁이 치열해질 것으로 예상한다. 이는 곧 우리가 현재 선도 그룹에 속해 있지만 앞으로 대응 여하에 따라 오히려 경제 순위가 하락할 수도 있다는 것을 의미한다.

대외경제 환경과 질서 또한 대전환의 물결 속에 있다. 미중 패권 전쟁은 무역 · 기술 · 군사 등 모든 부문으로 확산하면서 우리가 처한 지정학 · 지경학(地經學)적 환경을 근본적으로 바꾸고 있다. '자유무역주의'가 후퇴하고 '지역주의'가 강화되면서 세계 공급망(Global Value Chain)의 근본적인 변화를 초래하고 있다.

전염병 위기와 함께 미 · 중 패권 전쟁은 더욱 증폭되면서 국제경제 질서가 새로운 냉전으로 변모하고 있다. 미국의 리더십 변화로 다소 변화가 예상되지만, 미중 대결은 방식만 달라질 뿐 근본이 바뀔 것 같지는 않다. 이제 양국 간의 패권 경쟁은 상수로서 대처해나가야 할 새로운 질서임은 틀림없다. 어떤 방향의 변화든 우리에겐 또 하나의 불확실성 요소일 뿐이다.

산업화 시대 정부 조직은 지능정보 시대에는 한계

우리가 직면한 도전을 극복하고 기회를 살려나가기 위해서는 정치·경제·사회 각 부문의 대응 체계를 새롭게 다듬을 필요가 있다. 새로운 대응 체계는 변화를 선도하고 관리해나가야 할 정부 역할을 재편하고 기능을 새로 다듬는 데서 시작해야 한다.

현재 정부 조직과 기능은 산업화 시대에 최적화된 설계라고 볼 수 있다. 1961년 출범한 경제기획원은 우리나라의 빠른 산업화와 성장을 이끌어낸 성공 요인 중 하나로 꼽힌다. 경제기획원은 기획·조정 기능을 통해 산업별 육성 책임을 맡은 다른 부처를 조화롭게 연결함으로써 단시간 내 산업화를 이룩하는 데 기여했다. 정부가 교체될 때마다 수차례 정부 조직을 변경해왔지만, 산업화 시대에 뿌리를 둔 조직 설계의 기본 골격은 크게 변하지 않았다.

지능정보 기술을 기반으로 하는 새로운 경제적 변화는 정부의 역할과 일하는 방식의 변화를 요구한다. 이런 변화들은 산업화 시대에 최적화된 조직 설계의 한계를 드러낸다.

현재 정부 조직은 기능 중심의 분류(예: 외교, 국방, 재무, 보건복지 등)와 고객 중심의 분류(산업자원, 중소벤처, 농림식품, 해양수산 등)가 혼재되어 있다. 4차 산업혁명은 정부의 기능과 고객(정책 수요자)을 동시에 변화시키고 있다.

산업화 시대에는 자원의 동원·투입이 우선으로 고려된다. 정부의 기능도 상당 부분 이를 조절하는 데 초점이 맞추어져왔다. 부족하면 채우고 넘치면 규제한다. 이러한 '자원 투입 조절형 정부'의 역할과 작동 방식은 정교하고 중첩된 규제를 수반한다. 규제는 고객군별 조직에만 국한된 것이 아니다. 오히려 기능별 조직의 규제가 더 복잡하고 정교하다. 즉 기능별 조직은 이해관계가 다른 고객 간 외연적 경계를 설정하기 위해(고객 간 분쟁 발생 또는 요청 때문에) 정교하고 균형 잡힌 규제를 만들어낸다. '자원 투입 조절형 정부'는 행정작용의 측면에서 보면 '규제'를 핵심적 수단으로 작동하는 정부라고도 할 수 있다.

4차 산업혁명이 주도하는 변화는 서로 다른 분야를 연결하고 융합시키면서 정부 조직을 부적응 상태에 빠뜨린다. 초연결과 융합, 빅데이터와 인공지능 기술 확산, 플랫폼 기업과 '임시직 경제(Gig Economy)'[1] 출현 등 산업화 시대의 정부 조직 설계가 예정하지 못한, 수용하기 어려운 변화들이 나타나고 있다.

고객 중심 조직들이 만들어놓은 각종 '고객 보호 규제'(업권별 영업 보호장치)는 이제 융합과 시너지를 방해하는 '칸막이 규제'가 되어 혁신을 방해하는 요인으로 작용한다. 이러한 규제들은 기존 고객들을 보호하지도 못할뿐더러, '창조적인 이방인'의 진입도 막아 혁신을 저해한다. 과거 성공적이었던 '조직' 설계가 '규제'(제도)로 인해 4차 산업혁명 시대에는 걸림돌이 되고 있는 것이다.

기술이 경제적 성과를 크게 바꾸는 시대로 전환되고 있다. 지능정보

---

1 산업현장에서 필요에 따라 사람을 구해 임시로 계약을 맺고 일을 맡기는 형태의 경제 방식을 말한다. 노동자 입장에서는 어딘가에 고용돼 있지 않고 필요할 때 일시적으로 일을 하는 '임시직 경제'를 가리킨다. 네이버 지식백과와 〈한경 경제용어사전〉 참고.

시대가 도래하면서 기술경쟁이 본격화되고 있다. 자원 투입보다는 '기술'과 '혁신'이 더욱 중요한 시대가 되었다. 산업화 시대의 규제로 포용하기 어려운 신사업들이 많이 등장하고 있다. 규제 대상 여부가 불분명한 것들이 등장하는가 하면(관가 용어를 빌리자면, 기존 규제 틀에서 보면 일종의 '변칙 영업'이 되어버린 것들), 아예 규제할 근거가 불명확한 경우도 있다. 규제 대상과 유사한데, 법 적용 여부에 자신이 없어진다. 섣불리 움직이면 대규모 민원과 언론의 질타가 기다린다. 산업화 시대에 만들어진 정부 기능 설계는 변화무상한 혁신 앞에 한계를 드러내고 있는 셈이다.

고객 중심 조직과 기능 중심 조직이 혼재하는 조직은 혁신을 방해하거나 왜곡한다. 유사한 기능을 고객별로 추진하면서 시너지와 융합을 저해하기 때문이다. 나아가 재정과 정책 에너지도 낭비는 물론 혁신을 주도하는 집단과 기득권 간 사회적 갈등도 유발한다. 예를 들어, 모빌리티 혁명은 비단 육상 교통에서만 일어나는 것이 아니다. 그럼에도 이동수단에 대한 정책 기능은 육지와 바다로 나뉘어 있다. 생명 관련 산업은 기능 중심 조직과 고객 중심 조직이 뒤엉켜버린 대표적인 사례다. 의료와 제약과 먹거리 산업으로 나뉘어 있고 먹거리 산업은 또 육지와 바다로 나뉘어 있다. 해양생물자원에서 새로운 치료 물질이 만들어지기도 한다. 바이오산업에 대한 정책이 고객군별로 나뉘어 있으면 융합을 통한 시너지와 혁신 기회를 잃어버리게 된다.

새로운 변화가 요구하는 기능과 고객 변화에서 오는 정책 수요를 분석하고 이에 걸맞은 기능 재편 방안을 고민해야 한다. 이러한 작업은 이해관계 충돌에 따른 논란을 수반하며, 이해관계 조정을 위해 많은 노력이 필요하다. 다양한 대안을 마련하여 심도 있는 논의가 필요하다. 그러나 여기서는 지면의 한계로 그러한 대규모 작업을 시도할 수는 없다. 따라서 아래에서는 정부조직 재편을 본격적으로 논의하게 될 때 검토할 만한 대안 중 일부를 제안하고자 한다.

과학기술 중심의 경제정책 체제 구축

새로운 변화가 제기하는 도전이 무엇이든 저성장의 흐름을 되돌리는 노력을 최우선으로 고려해야 한다. 2000년 이전과 같은 고성장을 재현하기는 어려울지 모른다. 이제는 성장에 매달리지 말고 있는 것 가지고 질 좋은 삶을 누리는 데 초점을 맞추자는 견해도 있다. 그러나 이러한 생각의 암묵적 전제는 앞으로도 '낮은 수준이지만 경제가 계속 성장'할 것이라는 믿음이다. 그러나 성장 자체가 불가능해지거나 아예 역성장할 위험을 간과한 견해다. 앞으로 돈 쓸 일이 들어올 수입보다 많아질 것이다. 고령화·저출산, 분배 구조의 약화는 더 많은 재정을 요구한다. 선거를 치를 때마다 지출 항목은 더욱 늘어날 것이다. 적정 수준의 성장이 없으면 늘어난 복지 재원은커녕 기본적 재원조차 마련하기 어려울지도 모른다.

성장 잠재력을 높이기 위해서는 무엇을 해야 하나? 잠재 성장률을 높이기 위한 가장 유효한 방법은 '총요소생산성'을 높이는 것이다. 최근까지 잠재 성장률 하락에 기여한 가장 큰 요인은 총요소생산성의 하락이다. 생산요소 투입 확대를 통한 성장에는 한계가 있다. 노동과 자본의 투입은 최근까지도 성장잠재력 확대에 긍정적으로 기여하고 있지만, 기여도는 점차 줄어들고 있다. 생산연령인구의 감소로 인해 외국 노동력이 획기적으로 보충되지 않는 한 노동의 투입이 계속 늘어나기 어렵다. 자본 축적이 상당 수준 이루어진 마당에 단순한 자본 투입 증가로 성장률을 높이기 쉽지 않다. 결국, 잠재 성장률을 높이기 위해서는 총요소생산성을 높이는 수밖에 없다.

지능정보화 혁명은 생산성에 대한 기존 생각을 완전히 바꾸어놓을 것이다. 빅데이터와 인공지능을 기반으로 하는 산업의 스마트화는 기

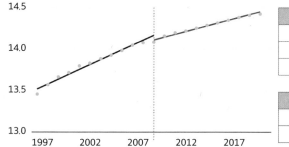

구분	증가율(%)
기간 A	5.47
기간 B	3.07
변화	-2.40

Chow 검정	
통계량	69.90
p-값	0.00

● 관측값 ━ 1998~2008년 ━ 2009~2019년

주: Chow 검정은 기간 A(1998~2008년)에서의 추세선 기울기와 기간 B(2009~2019년)에서의 추세선 기울기 사이에 차이가 없다는 귀무가설의 성립 여부를 확인.

출처: 국회예산정책처, 〈한국경제의 구조변화와 대응전략〉, 2020

[도표 10-1] 실질 국내총생산의 자연대수값 추이

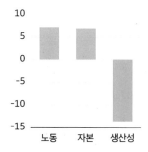

항목	기간 A	기간 B	변화
노동	18.5	25.5	7.0
자본	37.7	44.3	6.7
총요소생산성	43.9	30.2	-13.7
국내총생산	100.0	100.0	0.0

(2009~2019년 기여율)-(1998~2008년 기여율)　　　　　　　(단위: %, %p)

[도표 10-2] 생산요소별 성장률 기여율 변화

존 생산의 법칙을 완전히 변화시키고 있다. 경제의 총량적 생산성은 이러한 지능정보화 기술 역량과 이를 적용하는 정도에 크게 좌우될 것이다.

산업의 스마트화와 그로 인한 생산 법칙의 변화는 기존 경제정책 개념의 변화를 의미한다. '자원 투입형 경제'에서는 거시경제정책이 가장 중요하다. 노동시장과 자본시장의 투입 수준이 거시정책에 가장 큰 영향을 받기 때문이다. 그러나 지능정보 기반 경제에서는 데이터 경쟁력과 이를 활용하는 역량이 가장 중요하다. 특히 인공지능 기술 역량과 빅데이터 경쟁력은 향후 10년 뒤 경제 순위를 바꾸어놓을 것으로 보인다.

한국은 잠재적인 디지털 경제 역량에서 높이 평가받고 있다. 미국 터프츠 대학 연구팀이 개발한 총 데이터 생산지수(Gross Date Product)는 한 국가의 종합적인 디지털 역량을 측정하는 지수로 최근 주목받고 있다. 필자는 이 지수를 기존의 GDP와 달리 '디지털 GDP'로 부르고자 한다. 디지털 GDP는 총 네 가지 요소로 측정한다. 한 국가의 브로드밴드 소비 총량, 인터넷 사용자 수, 데이터 유통에 대한 접근성, 1인당 브로드밴드 소비량이 그것이다. 이 디지털 GDP 지수에서 한국은 미국, 영국, 중국, 스위스에 이어 5위를 차지했다. 인구 대국인 중국과 미국이 상위권을 차지하지만, 인구가 비교적 적은 영국, 스위스와 함께 한국이 5위권에 포진하고 있다는 사실은 상당히 고무적이다.[2] 풍족한 디지털 인프라로 인해 높은 위상을 차지하고 있지만, 이는 어디까지나 잠재적인 가능성을 의미할 뿐이다.

---

2 디지털 GDP에 대한 자세한 설명은 전병조, 〈디지털 大도약을 위한 4대 방향과 15개 프로젝트〉, 여시재 인사이트, 2020. 7. 참조

인공지능 관련 기술 경쟁력을 확보하기 위해 각국이 치열한 기술 전쟁을 벌이고 있다. 우리나라의 경쟁력은 높은 수준에 속하지만 선도국에 비하면 아직 갈 길이 멀다. 일부를 제외하고는 안심할 수 있는 수준이 아니다.

지능정보화 시대에는 기술 경쟁력을 갖추지 못하면 지속 성장을 담보할 수 없다. 기술정책이 경제정책의 중심이 되는 시대가 도래하고 있다. 과학기술정책의 성패는 경제적 성과를 좌우하는 가장 중요한 요인이 되고 있다. 과학기술정책은 더 이상 거시 경제정책과 산업정책의 보조 수단이 아니다.

산업화 시대에 설계된 경제정책의 조정·기획 기능으로는 지능정보사회가 예고하는 변화를 담아내기 어렵다. 기술 경쟁에서 우위를 확보하기 위해 첨단 기술 개발을 우선으로 고려해야 할 것이지만, 그것만이 능사가 아니다. 기술이 경제와 산업 전 분야로 스며들어 실제 혁신(제품 혁신·공정 혁신·가치사슬 혁신)으로 연결되어야만 비로소 생산성 향상이 이루어질 수 있다. 혁신을 제약하는 시대착오적인 규제는 내버려둔 채 기술만 개발한다고 생산성 향상이 일어나지는 않는다. 혁신이 뒷받침되지 못하면 우리가 개발한 첨단 기술은 혁신 생태계가 비교우위에 있는 다른 나라에서 활용될 것이다.

기술 혁신이 경제 모든 부문에 적용되고 활용되어 실제 혁신으로 이어지기 위해서는 과학기술정책이 경제 기획·조정 기능과 융합되어야 한다. 과학기술정책이 기획 및 조정 기능과 결합하면 경제정책 운용에 큰 변화를 가져올 것으로 기대된다. 우선 경제 운용의 기조가 '생산성 향상과 혁신 중심'으로 변화될 수 있다. 단순한 자원 투입·관리 중심의 정책 운용에서 벗어나 기술 우위 확보와 혁신 확산에 초점을 맞추게 될 것이다.

　기술 혁신과 확산을 위해서는 '융합적 관점'에서 규제를 재설계하고 조정하는 기능이 필요하다. 부처의 기능을 조정하는 것은 쉬운 일이 아니다. 기존 규제에서 누리던 기득권을 쉽게 포기하려 하지 않기 때문이다. 온 힘을 다해 반대한다. 이러한 저항은 고객 중심 부처의 고객들에게서 더욱 심하게 나타날 것이다. 새로운 규제의 틀이 만들어지지 않는 한 앞으로도 많이 나타날 것이다.

　4차 산업혁명에 필요한 혁신을 수용하기 위해서는 기존의 규제를 완화하거나 폐지하는 수준의 변경만으로 불가능하다. 변화하는 기술과 산업 변화에 맞추어 완전히 '재설계'해야 한다. 이러한 재설계는 기술 변화에 대한 높은 이해력을 조직 내(in-house)에 보유하지 않는 한 기대하기 어렵다. 이해할 수 없으면 모른 척하거나 신중한(?) 접근을 강조하면서 미룰 것이다.

　과학기술정책이 경제 기획·조정 기능과 결합하면, 경제정책이 단단한 미시적 기초에서 '혁신 확산에 필요한 제도 변화'를 도모할 수 있다. 기술정책과 기획·조정 기능의 융합은 예산 기능으로 뒷받침될 때 더욱 효과를 발휘할 수 있다. 과학기술정책 중심의 경제정책 총괄 부처는 가칭 '경제과학기술부'의 창설을 의미한다.

　기존 거시경제정책은 전통적인 재무정책 및 관리 부처로 통합·재편될 것이다. 경제과학기술부가 수행하지 않는 거시경제·금융·세제·국고·국유재산·대외 경제 등의 기능을 수행하는 재무부 또는 재정경제부 창설이 필요하다. 재무부는 국가의 재원과 재산 관리를 총괄하는 전통적인 기능을 수행한다.

지능정보 혁명은 성장과 일자리에 대한 많은 변화를 예고하고 있다. 특히 지능정보기술과 플랫폼 산업의 확산은 일자리 시장에 '파괴적 변화(disruption)'를 가져온다. 디지털 전환은 전통 산업의 일자리를 불안정하고 불완전한 형태로 변화시킨다. 디지털 전환이 가속화될수록 전통적 부문의 일자리는 줄어들 것이다. 그렇다고 전통적 일자리를 지키는 것만이 능사가 아니다. 많은 자원과 인력을 미래가 없는 산업에 기약 없이 묶어놓을 수 없기 때문이다.

어렵지만 근본적인 방안은 새로운 일거리와 일자리를 만드는 것이다. 자동차가 등장하면서 마차는 사라졌다. 그렇다고 일자리가 아예 없어진 것이 아니다. '마차 관련 일거리'가 '자동차 관련 일거리'로 대체된 것일 뿐이다. 문제는 이러한 전환 과정을 어떻게 만들어낼지다.

혁신 기업 육성은 일자리 변화에 대한 유효한 대책으로 혁신에 앞선 나라에서 주목을 받고 있다. 이들은 혁신 기업을 육성하기 위해 국가의 역량을 집중하고 있다. 혁신 기업의 일자리 창출 가능성은 우리나라에서는 물론 여러 나라에서 확인되고 있다.[3] 2014년에서 2017년 사이 기업 유형별 고용 증감을 살펴보면 이노비즈 기업[4]의 연평균 고용증가율은 1.58%, 벤처인증기업의 연평균 고용증가율은 8.26%이다. 두 그룹의 평균 고용증가율은 6.2%로 전체 평균 3.0%를 상회한다.[5]

---

3 전병조, 〈스타트업 육성을 통한 일자리 위기 극복〉, 여시재 주간 인사이트, 2020. 7.

4 이노비즈(innobiz)란 'innovation'과 'business'를 합성해서 만든 신조어로, 기술 혁신 활동을 통해 경쟁력을 확보하거나 장래에 성장할 가능성이 있어서 정부가 우대하여 지원하는 중소기업을 가리킨다.

5 디지털 GDP에 대한 자세한 설명은 전병조, 〈디지털 大도약을 위한 4대 방향과 15개 프로

4차 산업혁명 시대에 일자리 만들기에 가장 유효한 방법은 창업과 창작이다. 따라서 창업과 창작이 활발하게 일어날 수 있도록 정부 지원 체계를 재조정할 필요가 있다.

우리나라의 창업 지원 체계는 오랜 기간에 걸쳐 진화해왔다. 정권의 변동에도 불구하고 큰 흐름을 유지해오고 있는 드문 정책이다. 이러한 일관된 흐름은 높은 성과를 나타내고 있다. 특히 최근 벤처 투자가 대폭 증가하면서 일자리 창출 성과도 가시화되고 있다. 2018년 벤처기업의 고용 인원은 71만 5,000명으로 재계 4대 그룹 종사자 합계(66만 8,000명)보다 많다. 벤처기업 평균 종사자 수도 19.8명으로 전년보다 5.3% 늘었다.

그러나 이러한 가시적 성과에도 불구하고 아쉬운 부분도 있다.[6] 무엇보다도 혁신 생태계가 종합적인 관점에서 육성되지 못하고 있다. 우리나라의 혁신 생태계 경쟁력은 겨우 20위권에 불과하다. 높은 기술 역량에 비하면 언뜻 이해가 되지 않는다.

혁신 거버넌스는 전체 혁신 생태계를 육성하는 데 초점을 맞춰 추진해야 한다. 스타트업이라고 해서 별도 부처에서 담당하는 것은 전체 혁신 생태계를 육성하는 측면에서 바람직하지 않다. 혁신 정책이 기존 중소기업 보호 정책 차원에서 이루어지는 것도 시대착오적이다. 혁신은 경제 전반에 걸쳐 이루어져야 한다. 기업의 규모와 관계없다. 혁신의 성과가 경제 전반으로 확산하기 위해서는 오히려 주력 산업들의 혁신이 더욱 중요해졌다. 이들이 스타트업들의 '시장'이고 '잠재 고객'이기 때문이다.

젝트〉, 여시재 인사이트, 2020. 7. 참조

6 전병조, 〈개방적·협력적 스타트업 생태계 조성〉, 여시재 주간 인사이트, 2020. 9.

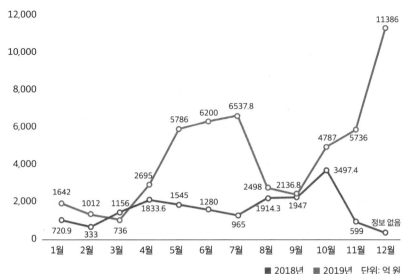

자료: 플래텀·로켓펀치, 〈2019 국내 스타트업 투자 동향 보고서〉, 2020. 3

[도표 10-3] 2018~2019년 월별 스타트업 투자 유치 금액

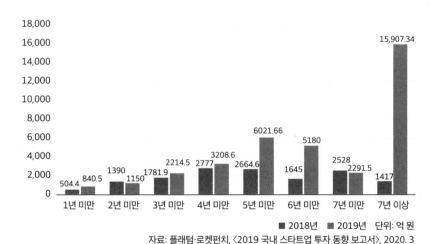

자료: 플래텀·로켓펀치, 〈2019 국내 스타트업 투자 동향 보고서〉, 2020. 3

[도표 10-4] 2018~2019년 업력별 스타트업 투자 유치 금액
(2018년 1조 5,840.2억 원 / 2019년 5조 1,152.6억 원)

대기업의 혁신은 스타트업들이 개발하기 어려운 고난도 첨단 기술 개발을 주도하는 역할을 담당한다. 이들이 혁신 속도와 폭을 넓혀나가야 관련 산업 전반에 걸친 혁신이 촉진되고 혁신 생태계 전체가 활성화된다. 대기업을 포함한 전체 혁신 생태계가 활성화되면 창업에 뛰어드는 스타트업들이 늘어난다. 스타트업들이 인식하는 위험(기술 확보 · 제품 판매 · 투자 회수 위험)이 줄어들기 때문이다.

대기업과 중소기업이 상생 · 협력하는 혁신 생태계를 활성화하는 것이 중요하다. 더 이상 대기업과 중소기업을 대척점에 놓는 이분법적 관점으로는 성공적인 혁신 생태계를 만들어갈 수 없다. 공정거래 질서를 다지는 제도적 장치들은 그간 꾸준히 개선 · 보완해왔다. 이를 바탕으로 상생 · 협력적 혁신 체계를 구축하는 것이 중요하다.

경쟁력 있는 혁신 생태계를 조성하기 위해 혁신 거버넌스를 일원화할 필요가 있다. 대기업과 스타트업의 혁신을 통합적으로 지원하는 '산업혁신부'의 신설을 제안한다. '산업혁신부'는 현행 '중소벤처기업부'의 기능과 '산업자원부'의 산업정책 업무를 통합한다.

바이오산업 통합 거버넌스 구축

저성장 기조에서 벗어나 잠재 성장률을 높이기 위해서는 새로운 전략산업을 육성하는 노력도 병행해야 한다. 미래에는 어떤 산업이 새로운 성장 동력이 될까? 국내외 자본시장의 투자 동향은 이에 대한 직관적인 답을 제공한다. 《파이낸셜타임스》는 2020년 중 시가총액이 1조 달러 이상 증가한 산업들을 조사했다. 디지털 · 플랫폼 · 바이오 관련 산업들의 시가총액이 가장 많이 증가했다. 미국과 한국 자본시장의 시가총액 변화도 같은 결과를 보여준다. 양국 자본시장은 디지털 산업(플랫폼 산업 포함)과 바이오산업을 미래 산업으로 예고하고 있다.

우리나라는 디지털 산업 분야에서 선도적인 경쟁력을 보유하고 있으며 주된 성장산업으로 자리 잡고 있다. 그러나 현재의 우위를 계속 유지해나갈 수 있을지는 누구도 장담 못한다. 미국·중국은 물론 전통적인 기술 선진국들도 기술 패권 경쟁에 국가의 명운을 걸고 있다. 반

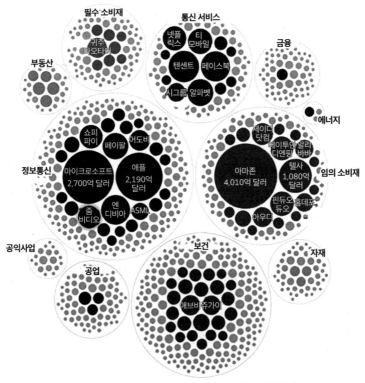

출처: 《파이낸셜타임스》, 2020. 6. 17

[도표 10-5] 2020년 중 시가총액 1조 달러 이상 증가한 산업군

도체, 2차전지 등 이미 앞서가고 있는 분야에서는 초격차를 만들어 추격 여지를 없애는 한편, 선도적인 기술 개발을 통해 새로운 성장 산업을 지속해서 육성해나가야 한다.

정부는 한국 경제를 '추격형 경제'에서 '선도형 경제'로 전환하고 혁신 성장을 주도할 3대 중점 육성 산업으로 '미래형 자동차', '비메모리 반도체'와 함께 '바이오' 분야를 선정했다. 이어 5월에는 연구개발비를 연 4조 원으로 확대하고 국가 바이오 빅데이터 구축 및 규제 철폐 등을 통해 바이오헬스 분야를 한국의 5대 수출 주력 산업으로 육성하는 '바이오헬스 산업 혁신전략'을 발표했다.

바이오산업은 반도체와 디지털 산업에 이어 새로운 성장 동력 산업이 될 잠재력을 가지고 있다. 과학기술정보통신부의 2017년 《생명공학백서》에 따르면 글로벌 바이오 시장은 2030년 4.4조 달러로 급성장할 것으로 전망된다. 이는 반도체, 자동차, 화학제품 등 3대 산업의 합계인 3.6조 달러 이상의 규모다.

그러나 생명과학 산업을 통합적으로 인식하고 정책적 지원 체계를 마련하는 데는 다소 아쉬운 부분이 많다. 현재 우리나라 바이오산업 정책 기능은 세 군데로 나뉘어 있다. 의약 분야는 보건복지부에, 농업과 식품은 농림식품부, 수산은 해양수산부에 정책 기능이 분담되어 있다. 다른 나라 사정도 마찬가지다. 각기 독특한 정책 고객들이 있어 다른 나라도 유사한 분담 구조로 되어 있다.

바이오산업은 융합을 통해 더 나은 성과 창출이 가능하다. 많은 연구는 특히 의약, 헬스케어 분야와 농업 식품 분야의 융합을 강조하고 있다. 다양하게 흩어져 있는 생명 관련 산업을 고객군별로 나눌 것이 아니라, 융합과 시너지 관점에서 통합적 정책 거버넌스를 창출할 필요가 있다. 이러한 융합적 거버넌스를 창출하기 위해 '생명과학부' 신설을 제안한다. 생명과학부는 보건복지부 기능 중 의료 · 제약 · 보건 행정과 농림식품부의 농업 · 임업 · 식품, 해양수산부 수산행정을 하나의 거버넌스 아래 통합하여 수행하도록 한다.

신기후체제로 이행하기 위해 환경과 에너지 정책을 융합

신기후체제 출범으로 우리나라도 탄소배출 감축 목표를 가속적으로 추진해야 할 시점에 놓여 있다. 우리나라의 기후변화 대응 성과는 OECD 국가 중 가장 낮은 수준이다. OECD 회원국 중 다섯 번째로 온실가스 배출이 많으며 온실가스 배출 증가율이 가장 빠르다. UNEP(2018)는 우리나라 기후변화 정책이 미흡하다고 평가하고 있다. 기후변화 대응 노력을 소홀히 하면 기후 관련 한국의 신인도는 더욱 낮아질 우려가 있다.

[표 10-1] 주요 국가의 GDP 성장률과 온실가스 배출량의 탈동조화(Decoupling) 지수

	OECD	영국	독일	일본	미국	한국
온실가스 배출량과 경제성장(1990~2017)	0.00	-0.29	-0.25	0.04	0.01	0.36
1990~1999	0.13	-0.2	-0.72	0.11	0.22	0.85
2000~2009	-0.08	-0.37	-0.16	-1.16	-0.17	0.36
2010~2017	-0.43	-3.0	-0.49	0.00	-0.28	0.27

출처: 국회 예산정책처

신기후체제로 인해 기후변화 관련 규제가 새로운 무역장벽으로 대두될 가능성도 있다. 특히 온실가스 배출 감축에 적극적인 유럽 국가들은 환경 규제를 통해 우리 수출 및 산업 생산에 영향을 줄 가능성이 커지고 있다. OECD 국가와 동떨어진 기후변화 대응 성과는 수출 경쟁력을 제약할 수도 있다.

기후변화 관련 산업을 전략산업으로 육성함으로써 생명산업과 함께 새로운 성장 동력으로 육성하는 정책 전환이 필요하다. 이를 위해서는 에너지 정책과 산업을 환경정책과 적극적 융합함으로써 혁신을 이끌어낼 필요가 있다. 환경산업과 에너지산업을 융합하는 '환경에너지자원부'의 신설을 검토할 만하다. 기존 환경부 기능에 산업자원부의 에너지 자원정책 기능을 통합적으로 수행한다. 통합 부처는 에너지 정책과 환경정책 기능 간의 갈등을 줄이고 조화를 도모하는 정책을 창출할 수 있을 것으로 기대된다. 기후변화 대응 성과에서도 눈에 보이는 차이를 만들어낼 것이다. 무엇보다도 기후변화 대응에 대한 강한 의지를 표명함으로써 기후 대응 관련 부정적 이미지를 완화하는 데 기여할 것으로 보인다.

이상 새로운 변화에 직접 관련된 정부 기능을 중심으로 재편 방안을 살펴보았다. 이외에도 정부 기능을 재편해야 하는 요소들은 많다. 이들에 대한 논의는 정부 개편이 본격적으로 거론되는 시점에서 더욱 깊이 있게 다룰 것이다. 여기서는 간략하게 핵심적인 내용만 정리하고자 한다.

모빌리티 혁명을 선도하는 통합 교통물류 거버넌스 구축(교통부)

모빌리티 혁명이 육상 · 해상 · 공중에서 공통적인 기술적 기반을 가지고 이루어진다는 점에 착안하여 이를 통합적으로 다루는 부처의 창설을 제안한다. 교통과 물류는 수단별로 따로 움직이는 것이 아니라 상호 연계되어 운용될 때 최적화가 가능하다는 점에서도 통합적 정책 부처의 필요성이 있다.

국토 공간 재설계와 주거복지 확대(국토주택부)

스마트 기술의 접목, 산업구조의 변화, 고령화 심화는 산업화 시대의 국토 공간 설계와 다른 관점을 요구한다. 도시 공간은 물론이고 농산어촌의 변화도 새로운 관점에서 접근이 필요하다. 특히 고령화로 농산어촌에 빈집이 늘면서 주거환경이 급격히 변화하고 있다. 교통과 물류 수송정책이 교통부로 이관될 경우 국토정책은 주거정책에 중점을 둔 정책 기능을 발휘할 수 있을 것으로 예상한다.

국민의 안전과 복지 전달 체계를 일원화(행정복지안전부/내무부)

복지정책은 지방자치단체와 연계하여 효율적인 복지 전달 체계 운영이 가능한 행정안전부로 통합 이관하여 운영하는 것을 제안하고자 한다. 복지 행정은 지방자치조직과 긴밀히 연계하여 작동되어야 한다. 재난 및 생활 안전 위해 요소와 복지 수요는 지방마다 여건이 다르므로 지역 여건에 최적화된 체계를 구축할 필요가 있다.

K-뉴딜의 성공을 위해서는 정부 기능의 혁신적 재편이 필요

새로운 변화에 대응한 주요한 정책 기능의 재편 방향에 대해 살펴보았다. 정부는 4차 산업혁명 물결에 적극 대응하고 한국 경제의 재도약을 위한 '한국판 뉴딜(K-New Deal)' 정책을 발표했다. K-뉴딜 정책은 과거 산업화 시대에 자원 투입을 통한 추격형 경제에서 원천기술 개발을 선도하는 '초일류 경제' 구축을 목표로 한다.

이러한 목표는 산업화 시대의 정부 조직으로는 달성하기 어렵다. 지능정보 혁명 시대의 제품을 산업화 시대의 '공장'에서 만들어낼 수 없는 노릇이다. 규제든 지원이든 변화하는 경제에 걸맞은 정책을 만들기 위해서는 정책 기능 자체를 새롭게 재설계해야 한다.

거시정책을 통한 자원 투입 수준의 조절만으로는 저성장 흐름을 되돌리기 어렵다. 첨단 기술 개발을 통해 기술 전쟁에서 우위를 확보해야 하고, 혁신을 통해 생산성 향상을 이루어야 한다. 이를 위해 '기술 주도형 경제 시대'에 걸맞은 새로운 정부 조직 설계를 고민할 때다.

새로운 조직 설계의 공통 원리는 '융합'이다. 혁신적 아이디어와 새로운 사업들이 산업화 시대의 경계를 자유롭게 넘나들며 확산할 수 있도록 융합적 제도를 만들어내야 한다. 혁신으로 사라지는 일자리를 혁신이 다시 만들어내도록 지원해야 한다. 그래야 혁신과 일자리가 조화될 수 있다. 제도는 조직과 기능 설계의 산물이다. 그래서 조직을 바꾸지 않으면 제도도 바뀌기 어렵다. 융합적 제도를 촉진하려면 '융합적 조직 재설계'가 이루어져야 한다. 기술정책과 경제기획조정 기능의 통합, 혁신 생태계의 통합 거버넌스 구축, 생명과학 산업을 위한 융합적 혁신 체계 구축·환경과 에너지 융합 거버넌스 구축 등은 기술 주도형 융합 경제에 부합하는 새로운 정부 조직 재편 방향에 대한 제안이다.